„Aufstand" – „Revolte" – „Widerstand"

T0326566

Europäische Hochschulschriften

Publications Universitaires Européennes
European University Studies

Reihe XXI
Linguistik

Série XXI   Series XXI
Linguistique
Linguistics

Bd./Vol. 343

PETER LANG

Frankfurt am Main · Berlin · Bern · Bruxelles · New York · Oxford · Wien

Friedemann Vogel

„Aufstand" – „Revolte" –
„Widerstand"

Linguistische Mediendiskursanalyse der
Ereignisse in den Pariser Vorstädten 2005

Mit einem Vorwort von Prof. Dr. Ekkehard Felder

PETER LANG
Internationaler Verlag der Wissenschaften

Bibliografische Information der Deutschen Nationalbibliothek
Die Deutsche Nationalbibliothek verzeichnet diese Publikation
in der Deutschen Nationalbibliografie; detaillierte bibliografische
Daten sind im Internet über <http://www.d-nb.de> abrufbar.

Gedruckt auf alterungsbeständigem,
säurefreiem Papier.

ISSN 0721-3352
ISBN 978-3-631-58949-6

© Peter Lang GmbH
Internationaler Verlag der Wissenschaften
Frankfurt am Main 2009
Alle Rechte vorbehalten.

Printed in Germany 1 2 3 4 5 6 7

www.peterlang.de

Meinen Eltern
Rainer und Renate Vogel

„Eines ist jedenfalls sicher:
nichts ist weniger unschuldig, als den Dingen einfach ihren Lauf zu lassen."
(P. BOURDIEU: 1997, 429)

„Wenn aber Interpretieren heißt,
sich eines Systems von Regeln, das in sich keine wesenhafte Bedeutung besitzt, gewaltsam oder listig
zu bemächtigen, und ihm eine Richtung aufzuzwingen, es einem neuen Willen gefügig zu machen,
es in einem anderen Spiel auftreten zu lassen und es anderen Regeln zu unterwerfen,
dann ist das Werden der Menschheit eine Reihe von Interpretationen."
(M. FOUCAULT: 1996, 78)

Vorwort

Wir alle nehmen eine Vielzahl gesellschaftspolitischer Ereignisse nicht durch unmittelbare Primärerfahrung wahr, sondern symbolvermittelt in den Diskursformationen einer modernen Medienlandschaft. Unser individuelles Wissen gründet in erheblichem Umfang auf der Wahrnehmung sprachlicher und bildlicher Zeichen in Medienangeboten. Das grundlegende Medium unserer Wissenskonstitution ist demnach die natürliche Sprache.

Im Unterschied zu den verdienstvollen Analysen der Medien- und Kommunikationswissenschaften setzt die relativ junge Wissenschaftsrichtung der linguistischen Mediendiskursanalyse nicht bei den Inhalten und deren Interpretation an, sondern vorgeschaltet an dem Medium, durch welches uns überhaupt die Inhalte erst zugänglich gemacht werden. Damit versucht dieses Paradigma nicht nur der Kantischen Philosophie gerecht zu werden, der wir die Einsicht in die unhintergehbare Bedingtheit des menschlichen Erkenntnisvermögens verdanken, sondern rückt konsequent die natürliche Sprache als Erscheinungsform der Dinge in den Mittelpunkt der Aufmerksamkeit. Der Fokus wird also von den Dingen und Medieninhalten weg auf deren Erscheinungen verlagert, die uns in der Gestalt kommunikativer und medienvermittelter Sprach- und Bildzeichen begegnen.

Hier setzt die Untersuchung von Friedemann Vogel an. Individuelles und kollektives Wissen ist wesentlich durch Massenmedien, ein Meinungsmacher im vielstimmigen Konzert der politisch kulturell einflussreichen Protagonisten, geprägt. Wer Meinung macht und damit gesellschaftspolitisch agiert, muss sich selbstkritisch sowohl dem Erkenntnisprozess als auch der Entstehung der zur Diskussion stehenden Inhalte bewusst sein. Zugespitzt formuliert könnte man sagen: ein Mensch als zoon politikon im Gemeinwesen muss sprach- und gegenstandsreflektiert argumentieren. Der Autor verschreibt sich in seiner Studie einer rein sprachwissenschaftlichen Herangehensweise und schafft dafür gleichsam die Voraussetzung, eine reflektiert politische Position im Bewusstsein der vielfältigen Perspektiven einnehmen zu können. Damit wird auf eindrucksvolle Weise gezeigt, wie die konsequente Trennung zwischen Beschreibungsebene (bezogen auf die sprachliche Darstellung einerseits) und Beurteilungsebene (in Bezug auf den politischen Inhalt andererseits) in höchstem Maße den Idealen einer linguistischen Aufklärung nahe kommt und in diesem Sinne auch politisch ist, wenngleich eben nicht parteipolitisch. Eine solchermaßen verstandene Linguistik verdeutlicht Erkenntnisbedingungen als Voraussetzung und Basis eines agonalen Diskurses über die richtige Politik. Macht und ihre sprachlich-diskursive Bedingtheit wird hinsichtlich kommunikativer Durchsetzungsverfahren transparenter, ein zutiefst demokratischer Gesellschaftsbeitrag.

Der Vorstellung einer unabhängig von der Sprache existierenden Realität, die lediglich durch Sprache abgebildet wird, steht die hier vertretene Auffassung konträr gegenüber, der zufolge die sprachlichen Mittel als eine spezifische und kulturell geprägte Wahrnehmungsfolie uns Deutungsrahmen vorgibt, innerhalb derer wir die Input-Daten (z.B. Sprach- und Bildzeichen) erfassen und verarbeiten. Dadurch wird die erkenntnisformende Kraft der sprachlichen Mittel fokussiert. So genannte Fakten und Informationen werden der ihnen immanenten Perspektivität überführt – das heißt Macht und

Interesse werden explizierbarer. Die sprachgebundene Disposition der Sachverhalte ist noch heute für manchen Medienakteur und Medienrezipienten (die immer wieder über Objektivität räsonieren) eine schwer verdauliche Kost, so wie Kants Absage an das naive Vertrauen in die unmittelbare und objekt-angemessene Erkennbarkeit der Wirklichkeit auch für manchen Zeitgenossen mit einer tiefen Enttäuschung und grundständigen Erschütterung einherging. Sie ist aber – konsequent zu Ende gedacht – im Gegenteil Grundbedingung freien Denkens und Voraussetzung diskursiver Aushandlungsprozesse. Ohne diese Erkenntnis könnten einflussreiche Protagonisten allgemein gültige Wahrheit beanspruchen. Angesichts dessen aber, dass erst durch Sprache die Gegenstände als so oder so bestimmte entstehen und verhandelbar werden, bleibt alles im Fluß. Kein Garant für gute Politik, aber dafür, dass es unbedingt erforderlich ist, sich mit ihr auseinanderzusetzen.

Die materialreiche Medienanalyse des Autors beschäftigt sich mit den so genannten Unruhen in französischen Vorstädten ab Oktober 2005 und ist im Erkenntnisinteresse einer hermeneutisch orientierten Linguistik angesiedelt. Sie verfügt darüber hinaus über interdisziplinäre Ausstrahlungskraft. In ihr wird eindrucksvoll dargelegt, wie mit Hilfe sprachwissenschaftlicher Beschreibungsinstrumentarien ein gesamtgesellschaftlich äußerst relevantes Phänomen der Medienberichterstattung mit exemplarischem Methodenzugriff präziser erfasst werden kann.

Ich wünsche diesem Buch viele Leser, und dem Autor in der Folge zahlreiche anregende Diskussionen.

Heidelberg, im Oktober 2008   Prof. Dr. Ekkehard Felder

Inhaltsüberblick

1 Einführung

Bourdieu äußerte 1977 in einem Interview, „wenn man von der Linguistik" spreche, müsse „man sich klar sein, dass man von Politik spricht." (P. BOURDIEU: 2005, 28) Mit diesem Satz suchte der Soziologe kritisch zu beschreiben, dass sprachliche Prozesse bei der Konstitution politischer Sachverhalte und Interventionsmöglichkeiten mitwirken und hieraus soziale Handlungsmaximen für politisch Handelnde abzuleiten seien. Denn – so erkannte er auf Grund eigener soziologischer Studien – die sprachliche Konstitution etwa „einer Entlassung, [...] einer Ungerechtigkeit" als „einzelnen Vorfall, als ein persönliches Erlebnis" statt eines „kollektive[n] Ereigniss[es]" begrenzt die Handlungsoptionen all jener Gesellschaftsmitglieder, die keine Möglichkeit zur Überprüfung des jeweils sprachlich (re)präsentierten Sachverhaltes haben. Mittels sprachwissenschaftlicher Konzepte und medienlinguistischer Ansätze im Besonderen lassen sich Bourdieus Überlegungen in zunächst zwei Thesen systematisieren:

(1) Alle Gesellschaftsmitglieder sind sowohl auf durch Ausdrucksformen vermittelte Wissenskonzepte als auch auf konzeptionell vermittelte Ausdruckformen und -muster angewiesen, wollen sie auf Sachverhalte in der Welt kommunikativ rekurrieren. Dieses (reflexive) Verhältnis von konventionalisierten Ausdrucksformen (seien sie im Ton, im Bild – oder deren spezialisierten Mischformen: mündlicher und schriftlicher Sprache realisiert), kognitiver Semantik und diskursiver Sachverhaltskonstitution begründet sich in kulturspezifischen Lernprozessen, die wiederum Zugang bieten für unterschiedlichste, bereits bestehende und miteinander konkurrierende Konzepte. In einer massenmedial geprägten Gesellschaft ist es sehr wahrscheinlich, dass sich jene Sachverhaltskonstitution über Weltinhalte in den Köpfen der Aktanten durchsetzt, die eine möglichst große Verbreitung findet bzw. einzige Quelle für Sachverhalte ist, die sich einer unmittelbaren Überprüfung entzieht.

(2) Mögliche Sachverhaltskonstitutionen sind jedoch nicht allein von Konzepten und deren bloßer kognitiver Verfügbarkeit abhängig, sondern darüber hinaus scheinen sie je nach Kultur und Geistesgeschichte auch als wahrscheinlicher oder weniger wahrscheinlich aufzutreten (man vergleiche etwa die deutsche mit der französischen Vorstellung von revolutionären Umbrüchen). Das heißt, ungeachtet kontinuierlicher Aktualisierung kognitiver Konzepte und mit ihnen Ausdruckslesekompetenzen sowie der Möglichkeit potentiell neuer Sachverhaltskonstitutionen, könnten diese Wissensrahmen selbst durch übergeordnete Rahmen- oder Metakonzepte in ihrer Verwendung für Sachverhaltskonstitutionen determiniert sein. Es handelte sich um eine Ordnung der semantischen Felder, die hegemoniale Folgen nach sich zöge und das Postulat der Freiheit ‚demokratischer' Mediendiskurse in Frage stellte.

Aus linguistischer Sicht liegt es folglich nahe zu fragen, welche Konzepte im öffentlichen Diskurs der Medien für individuelle Sachverhaltskonstitutionen zur Verfügung stehen sowie ferner, ob und welche Konzepte an spezifische Ausdrucksformen kulturell gebunden sind, nur in solchen öffentlich auftreten können und schließlich eine metakonzeptionelle Grundlage für das (sprachliche) Handeln von Kommunikanten in der Gesellschaft bieten. Vor diesem Hintergrund steht auch das Erkenntnisinteresse der vorliegenden Arbeit.

1.1 Erkenntnisinteresse der vorliegenden Untersuchung

Die eingangs skizzierten Thesen sollen anhand linguistischer Studien zum Mediendiskurs dreier auflagenstarker Zeitungen über die Ereignisse in den französischen Vorstädten von November 2005 bis 2007 eine empirische Kontur erhalten. Genauer zielt die Arbeit auf folgende zentrale Fragestellungen:

(1) Wie konstituiert sich der diachrone und synchrone Mediendiskurs in der Berichterstattung der Printmedien NEUES DEUTSCHLAND, Süddeutsche Zeitung und DIE WELT

    a. ausdruckseitig: Welche sprachlichen Mittel (insbesondere auf Lexem-, Syntagmen-, Text- und Bildebene) rekurrieren auf welche Referenzobjekte (vgl. 3.3.1)?

    b. konzeptseitig: Welche Wissensrahmen bzw. „handlungsleitenden Konzepte" lassen sich semasiologisch aus den sprachlich konstituierten Sachverhalten plausibel erschließen und wie werden sie bewertet (Sachverhaltskonstitution und Sachverhaltsbewertung; vgl. 3.3.2)?

    c. funktional: Welche Rolle nimmt der Diskurs über ein fremdländisches Ereignis in Paralleldiskursen etwa zu inländischen Sachverhalten ein und umgekehrt (Sachverhaltsverknüpfung)?

    d. metadiskursiv: Gibt es einen Diskurs über die Diskurskonstitution selbst und welche inner- bzw. transdiskursive Funktion kommt ihm zu?

(2) Welche intermediären Auseinandersetzungen gibt es um Sachverhaltskonstitutionen sowohl ausdrucksseitig als auch inhaltsseitig („Semantische Kämpfe", vgl. 2.2.4)?

(3) Lassen sich einzelne Form-Konzept-Relationen ermitteln und intermediär voneinander abgrenzen? Das heißt: Welche Ausdrucksformen und/oder Wissensrahmen korrelieren mit spezifischen Ausdrucks- und Sprachhandlungsmustern (wie insbesondere Rubriken und Textsorten)? Lassen mögliche Korrelationen Rückschlüsse auf metakonzeptuelle Diskursordnungen und ihre hegemonialepistemische Rolle in der Gesellschaft zu? Inwiefern können schließlich Analyseergebnisse zu Form-Konzept-Relationen Aussagen zur Frage nach der gesellschaftlich-diskursiven Konstitution von Kunst beitragen?

1.2 Bisheriger Forschungsstand zum Diskurs über die Unruhen in Frankreich

Mit den Ereignissen in den Pariser Vorstädten hat sich bislang vor allem die französische und deutsche Soziologie befasst, von deren Ergebnissen für die hier behandelten sprachwissenschaftlichen Fragestellungen zwei Aspekte zu berücksichtigen sind: zum einen die Rekonstruktion der Ereignisse als eine erste Grundlage für Textkorpuserhebungen und Referenzobjekt-orientierte Untersuchungen, zum anderen vereinzelte metadiskursive Aussagen, die zu prüfen auch ein Anliegen dieser Arbeit sein soll.

Die Durchsicht eines Großteils bisher auf Deutsch veröffentlichter soziologischer Studien zu diesem Themenkreis ließ einige übereinstimmende und im untersuchten Textkorpus in verschiedener Weise (implizit wie explizit) eingeflochtene Ereignisse als Orientierung zu Grunde legen (vgl. Anhang 8.1). Nach einer Vorgeschichte verschiedener Unruhen in der Vergangenheit seit den 50/60er Jahren[1] beginnt das hier behandelte Hauptereignis, die Vorstadt-Unruhen vom Herbst 2005, am 27. Oktober im Pariser Vorort Clichy-sous-Bois. Nachdem zwei Jugendliche auf Grund heftig umstrittener Umstände zu Tode kamen (s. 4.3.2.1) und ein Jugendlicher schwer verletzt wurde, begannen Jugendliche noch am Abend desselben Tages in ihrem Ort Autos in Brand zu setzen. Innerhalb weniger Tage wiederholten sich ähnliche Szenen in immer weiteren (Vor-)Orten ganz Frankreichs. Es kam zu zahlreichen Auseinandersetzungen zwischen Jugendlichen und Polizei. Am 8. November 2005 verhängte die französische Regierung den Ausnahmezustand zunächst für 12 Tage, verlängerte ihn dann um weitere zwei Monate, bis sie ihn am 4. Januar 2006 wieder aufhob[2].

Die französische Medienberichterstattung kritisieren soziologische ForscherInnen vor allem in zwei Punkten (vgl. Anhang 8.2): Erstens in der kontrastierenden Darstellung der jugendlichen Akteure als ‚Nicht-Franzosen' gegenüber „‚kultivierten' (weißen) Franzosen" (E. KIMMICH: 2006, 510f.) und zweitens in dem allgemeinen Vorwurf der Sachverhalt „verzerrenden" Darstellung mittels Statistiken, fingierter Zitatquellen und einer allein auf „‚mediengerechte'", skandalträchtige Bilder zielenden journalistischen Praxis (P. CHAMPAGNE: 1997, 60). Ähnlich äußern sich die ForscherInnen im Hinblick auf die deutsche Berichterstattung: Diese konstituiere das Ereignis als autopoietischen, alternativlosen Naturprozess, dessen sozialer Hintergründe man sich zwar bewusst sei, jedoch ratlos gegenüberstehe. Auch hier findet sich der Vorwurf der (teilweise instrumentalen) Sachverhaltsverknüpfung zu negativ denotierten Deutungsmustern der Terrorismus-, Integrations- und Migrationsdebatten. Diese metadiskursiven Einschätzungen zeugen von stark subjektiven Eindrücken, die sich im Laufe der hier vorgelegten Diskursanalyse sowohl theoretisch als auch empirisch differenzierter evaluieren lassen.

Zur Thematik kulturell stabiler Form-Konzept-Relationen sind bislang keine systematischen Arbeiten bekannt geworden. Auf ihre Nähe zum Foucault'schen Diskursansatz, zu Hegemonie- und Ideologie-Theorien (Gramsci et al.) sowie zur Tradition der Funktionalen Grammatik (Prager Schule) wird im Laufe dieser Arbeit genauer einzugehen sein.

1.3 Zu Notation und Aufbau der Arbeit

Im Folgenden sollen nun zunächst die theoretischen Grundlagen und Prämissen der Arbeit erörtert werden (2.1-2.5). Dabei gilt es im Besonderen, die Relationen von Sprachform und -inhalt auf ihre verschiedenen Systemebenen hin zu differenzieren, d.h. sowohl auf der Mikroebene der einzelnen Konstruktionsprozesse (2.1), auf der Mesoebene komplexer Ausdrucks- und Inhalts-Verhältnisse im sozialen Raum (2.2), als auch auf der Makroebene gesellschaftlich-hegemonialer Reichweite (2.3). Neben einem Abriss zu den Besonderheiten linguistischer Mediendiskursanalyse (2.4) soll zudem auf die in der Regel vernachlässigte Rolle des Untersuchenden selbst eingegangen werden (2.5).

---

[1] Siehe ausführliche Informationen und Chronik der Ereignisse im Anhang (8.1).
[2] Das Ende der Unruhen wird dabei medial völlig unterschiedlich und widersprüchlich konstituiert (vgl. 4.3.1).

Nach Explikation und Diskussion der auf die theoretischen Grundlagen aufbauenden Methodikansätze (3.1-3.5) werden die einzelnen Elemente der Diskursorganisation auf Ausdrucks- und Inhaltsseite anhand exemplarischer Belege vorgestellt (4.1-4.7), die Ergebnisse schließlich in einem zusammenfassenden Abschlusskapitel (5) im Hinblick auf Ausgangsfrage und Transformationspotential geprüft. Für ausführlichere oder weiterführende Belege, die im Rahmen dieser Arbeit keine genauere Ausführung erfahren können, wird bei Bedarf auf entsprechende Stellen im Anhang verwiesen.

Da es auf Grund technischer Umstände zu unterschiedlicher **Notation** in Hauptteil und Anhang kam, seien in der folgenden Tabelle die entsprechenden Definitionen aufgeführt:

Bezugsgröße	Hauptteil (1.1-7)	Anhang (8)
Referenzobjekt	In Großbuchstaben (z.B. JUGENDLICHE)	
Handlungsleitendes Konzept	Dreieckige Einklammerung (z.B. <organisierte Kriminalität>	
Attribut	Einfache Anführungszeichen (z.B. ‚assimilierende Integration')	
Bildelement (ausdrucksseitig)	Kursivschreibung und Solidus [Slash] (z.B. /Kapuzenträger/)	
Ausdruck (Beleg)	Kursivschreibung (z.B. *Banden*)	Doppelte Anführungszeichen (z.B. „Banden")
Zitat aus Sekundärliteratur	Doppelte Anführungszeichen (z.B. „wenn man von der Linguistik spricht")	Doppelte Anführungszeichen und ausschließlich in Fußnoten

Dank gilt der Rosa-Luxemburg-Stiftung für ihre ideelle und finanzielle Förderung, E. Bareis (Frankfurt), A. Demirovic (Frankfurt), W.F. Haug (Berlin) und M. Markard (Berlin) für wertvolle Literaturhinweise sowie Sven Paustian, Laurent Giraudou (Bilderberg) und der Nachrichtenagentur DDP für die freundliche Genehmigung zum Wiederabdruck ihrer Bilder.

2 Theoretische Prämissen der Arbeit
2.1 Medien als Zeichen, Konstrukteure und Konstruktionen (Mikroebene)

Medien auf Mikroebene sind im weitesten Sinne zunächst natürliche Ausdrucksformen, wie sie uns physisch begegnen können, nämlich als Bild (auf der Netzhaut) oder als hörbarer Ton (in der Cochlea). Bereits auf dieser untersten Stufe sind Medien für Menschen potentielle Anzeiger, Mittler (lat. medium: Mitte) von etwas anderem, nicht primär Greifbarem. Das Tonmuster eines brüllenden Löwen zeigt uns möglicherweise Gefahr an; das kognitive Bildmuster einzelner Pflanzen signalisiert uns ihre Essbarkeit oder auch nicht. Ob wir die entsprechenden Bild- und Tonmuster tatsächlich auch als sinnvolle Signalgeber, also als Zeichen verstehen, hängt jedoch von unserem Vorwissen über das Bestehen von Objekten wie brüllenden Tieren und formverschiedenen Pflanzen sowie damit zugleich von der Kenntnis spezifischer Signalerkennungsmuster ab. „Natürlich"[3] sind diese grundlegenden Medienformen, weil wir den Umgang mit ihnen von Kind auf erlernen, d.h. kognitiv auf Formmuster zurückgreifen können, die kulturell erfolgreich tradiert wurden. Das Medium mündliche oder schriftliche Sprache ist vor diesem Hintergrund lediglich eine kulturspezifisch gewachsene, d.h. hoch konventionalisierte Spezialform von Zeichen der beiden ‚Urmedien' Ton und Bild. Mit dieser scheinbar trivialen Feststellung soll der Aspekt der Konventionalität von Me-

---

[3] Oder „organisch", wie es A. GRAMSCI (Bnd 6, §67) im Hinblick auf seine Hegemonietheorie nennt.

dienzeichen (Form-Inhalt-Relationen und dazu gehörigen kognitiven Erkennungsmustern) hervorgehoben werden: das ‚Lesen' von Bild- oder Tonmustern (z.b. Bildender Kunst, Klassischer Musik) hängt folglich maßgeblich von entsprechenden kulturspezifisch geprägten Bild- oder Tonlesekompetenzen ab, nicht jedoch von einer quasi ontischen ‚Eignung' des einen oder anderen Mediums für die menschliche Kommunikation[4]. Nur so ist zu erklären, dass entsprechende Kompetenzen erlernt und verbessert, i.e. Zeichen-Erkennungsvermögen aktualisiert werden können. Medienzeichen sind damit auch selbst menschliche, veränderbare und kognitive Konstrukte[5], mittels derer allein Menschen konstruieren können, nämlich auf Sachverhalte verweisen, die ontisch nicht (unmittelbar) gegeben sein müssen[6].

Die hier skizzierten Voraussetzungen für (sprachliche) Zeichen werden im bilateralen Zeichenmodell von DE SAUSSURE (1917/67) teilweise gar nicht, im **Semiotischen Dreieck** nach ODGEN & RICHARDS (1923) nur ungenügend berücksichtigt. De Saussure hatte entsprechend seines rein sprachsystematischen Interesses „jeden aussersprachlichen Bezug von Zeichen" vernachlässigt (vgl. A. LINKE, M. NUSSBAUMER & P. PORTMANN: 2004, 30). Odgen & Richards trennten zwar sprachlichen Ausdruck, Gedanke und Sachverhalt und machten damit auf die kognitiven Konstruktionsprozesse bei der sprachlichen Rekurrierung auf Sachverhalte aufmerksam (ebd., 25). Doch stehen diese der Tradition des Strukturalismus nach in statischen Verbindungen (vgl. E. FELDER: 1995, 49), die erst später mit der Kognitiven Wende und der Gestalttheorie der siebziger Jahre überwunden werden[7].

A1 Mod. Semiotisches Dreieck nach E. FELDER (1995, 48)

Erst dann, in einem Verständnis der Relationen zwischen Ausdruck, kognitivem Konzept und Sachverhalt als reflexive, sich gegenseitig bedingende wie verändernde Prozessvariablen wird der menschlichen Verwendung von Zeichen sowie den damit ver-

---

[4] Diesen Eindruck vermittelt etwa F. FELLMANN (2004, 189) im Hinblick auf die Unterschiede zwischen Sprach- und Bildzeichen. Die Konsequenzen für die hier zugrunde gelegte Bildtheorie werden später weiter differenziert (3.3.4).

[5] Mit diesem Faktum wird in gewisser Weise auch die de Saussure'sche Arbitrarität von Zeichenform und Zeicheninhalt bestritten. Denn welches mediale Formmuster mit einem bestimmten kognitiven Konzept assoziiert werden kann, ist in Folge der Ausführungen nicht willkürlich, sondern eine Frage des jeweiligen erlernten Zeichenkonstruktes, d.h. kulturell-geschliffener Form-Konzept-Relationen.

[6] Darüber, ob ontische Dinge überhaupt gegeben sind, ist damit nichts gesagt.

[7] Ausführlicher hierzu u.a. bei GROEBEN & CHRISTMANN (2003), MERTEN (1994a) und KLINGLER & ROTERS (1999).

bundenen top-down- bzw. buttom-up- Wahrnehmungsprozessen umfassend Rechnung getragen (vgl. M. SCHERNER: 2000, 187; M. CHARLTON & M. BARTH: 1999, 84): Mittels gelernter Form-Konzept-Relationen vermögen Referenten[8] gezielt kognitive Konzepte zu versprachlichen und damit auf Sachverhalte in der Welt zu referieren; ebenso können sich aber Form-Konzept-Relationen kognitiv an veränderte Sachverhalte anpassen und damit etwa bislang unerkannte Kommunikationsformen (Wörter, Texte, Textsorten, Bilder usw.) verstehen, d.h. bislang unbekannten Konzepten (neue) Referenten oder umkehrt neuen Referenten bekannte Konzepte zuordnen.

Die Suche nach Prämissen menschlicher Wahrnehmung und Begegnung mit der Welt überhaupt verortet sich ursprünglich freilich nicht in der Sprachtheorie, sondern seit KANTS „Kritik der Reinen Vernunft" (1787/1974) in mittlerweile sehr unterschiedlichen, teilweise gar divergierenden Strömungen der allgemeinen **Erkenntnistheorie**, im Besonderen konstruktivistischer Philosophie.

Ähnlich wie Kant[9] bestreitet der radikale Konstruktivismus die Existenz ontischer, objektivierbarer Einheiten und rekurriert ausschließlich auf (vor allem psychologisch-neuronale) Wahrnehmungsprozesse als Quelle erlebter Wirklichkeit(en) (vgl. E. V. GLASERFELD: [9]1997, 23). Dabei „fällt auf, wie stark sich der Konstruktivismus teilweise auf naturwissenschaftlich begründbare Erkenntnis beruft" (F. UNGER: 2005, 113), das heißt einerseits Bezug nimmt auf (doch konstruierte!) Kognitionstheorien[10], andererseits aber alle „nicht passenden" sozialpsychologischen Hypothesen als Konstrukte ausblendet. Diesem einseitigen Determinismus sucht S.J. Schmidt in seinen neueren Arbeiten (S.J. SCHMIDT: 2003, 2005) mit einer Theorie der „Geschichten&Diskurse" Rechnung zu tragen.

Grundmechanismen der Theorie bilden zunächst nicht mehr biologisch-neuronale Prämissen, sondern „Setzungen" und „Vorraussetzungen" (ebd., 27f.): „Was immer wir tun, wir tun es in Gestalt einer Setzung. Wir tun dieses und nicht etwas anderes, obwohl wir auch etwas anderes tun könnten" (S.J. SCHMIDT 2005, 29). Dies geschieht kontinuierlich, ebenso wie bestimmte Setzungen ausgewählt, andere ausgeklammert werden; „Kontingenz, heißt das, wird ständig invisibilisiert, damit Handlungsfähigkeit möglich wird" (ebd., 31). Handeln, insb. kommunikatives Handeln, vollzieht sich nach Schmidt in einem „Reflexivitätsmodus kognitiver Erwartung kollektiver Erwartungen" (ebd., 34), der „operativen Fiktion", dass alle Kommunikationsaktanten auf die gleichen Konzepte und Wissensrahmen zurückgreifen. Daraus ergibt sich für die Aktanten ein gemeinsamer „semantischer Raum", der innerhalb einer Gesellschaft als „Wirklichkeitsmodell" für eben diese Gesellschaft gefasst werden kann (vgl. ebd., 35). „Wirklichkeitsmodelle", so Schmidt weiter, systematisieren den Umgang „mit allen

---

[8] Um den Unterschied zwischen strukturalistischer (statischer) und an reflexiven Wahrnehmungsprozessen orientierter Zeichenkonzeption auch terminologisch zu markieren, folge ich dem Vorschlag E. FELDERS (1995, 49) und verwende in diesem Kontext die Bezeichnungen „Referierendes" (bzw. Referenten) für Ausdrucksformen und „Referiertes" (bzw. referierte Sachverhalte) für bezeichnete Sachverhalte.

[9] Kant modellierte die „Dinge an sich" als unnahbare Objekte der Wirklichkeit, als durch seine Abhängigkeit von kategorialer Synthesis („Verstand") und sinneshafter Empirie („Rezeptivität") menschliche Erkenntniskonstrukte (I. KANT: 1974, B §§15-27).

[10] Vgl. hierzu auch S.J. SCHMIDT (1992a, 41ff.) sowie S.J. SCHMIDT (1994, 595).

für lebenspraktisch unentbehrlich gehaltenen Bezugsbereiche[n]"[11] und stehen als prinzipielle Bezugrahmen allen Aktanten zur Verfügung. Inwiefern Aktanten jedoch auf eben diese Wirklichkeitsmodelle verbindlich Bezug nehmen und Bezug nehmen können, wird durch „Kulturprogramme bzw. kurz Kultur" (vgl. ebd., 38f.) geregelt. Durch Kulturprogramme werden bestimmte Teile von Wirklichkeitsmodellen einer Gesellschaft aktiviert. Sie entscheiden, welche Geschichte („nach einer Sinnkategorie geordneter Zusammenhang"; ebd., 47) wie – und wie nicht bearbeitet werden kann (Bearbeitung von Kontingenz). Im gesellschaftlichen Austausch (Kommunikation) bestimmen Kulturprogramme das Kontinuum der Geschichten (vgl. o. Setzungen / Voraussetzungen) und damit letztlich kontingentes Handeln (Schlussfolgerungen hieraus unter 2.3).

Wenngleich Schmidt mit diesem Konzept den Konstruktivismus von seiner einseitigen Abhängigkeit von neuronalen Prämissen löst, bleibt er dennoch in einem nunmehr sterilen, selbstreferentiellen Raum moduliert[12] sowie – was wesentlich entscheidender ist – implizit der dualistischen Annahme von konstruierendem Subjekt und konstruierter Welt verhangen.

Eine mögliche Lösung hierzu hat nun S. Weber (2005) in seiner „non-dualistischen Medientheorie" vorgelegt. Weber gelangt zu einem Modell, das Medienwirklichkeit (i.e. mittels Medien Referiertes) nicht mehr als einzelne Wirklichkeitskonstruktionen auffasst, sondern als Beschreibungen „so far", denen neue Beschreibungen „from now on" hinzugesetzt werden:

> „Im Non-Dualismus ist die Wirklichkeit nicht das Ergebnis einer Konstruktionsleistung einer Instanz, vielmehr bilden Wirklichkeit und Beschreibungsleistung eine dynamische Einheit: Medien konstruieren also nicht Wirklichkeit, sondern jede neue Medienbeschreibung verändert die /Wirklichkeit/ als letzten Stand der Dinge um ebendiese Beschreibung." (ebd., 333)

Fazit: Die Ausführungen zur Mikroebene von Medien machen dreierlei Aspekte deutlich: Erstens, (Ton-, Bild- und Sprach-) Medien sind als potentielle Referenten notwendige Voraussetzungen zur Rekurrierung auf Dinge in der Welt, wobei zunächst unerheblich bleibt, ob es diese Dinge ‚an sich' gibt. Ihre Verwendung als Referenten bedarf zweitens der Kenntnis von reflexiven Form-Konzept-Relationen, die Ausdrucksmuster mit kognitiven Inhalten verknüpfen und damit mentale Sachverhalte erst konstituieren können. Dieser Konstruktionsprozess ist drittens auf Grund seiner kulturell-geschliffenen Einbettung (Geschichten und Kulturprogramme nach Schmidt; Beschreibungen als letzter „Stand der Dinge" nach Weber) selbst kommunikatives Konstrukt und damit Kipppunkt, die bisher rein abstrakte, einfache Perspektive zum Medium um ihre pragmatisch-funktionale Dimension komplexer Ausdrucks-, Inhalts- und Handlungsverhältnisse im sozialen Raum zu erweitern.

---

[11] wie Umwelten [...], Aktanten [...], Vergesellschaftsformen [...], Gefühlen [...und] Werten" (SCHMIDT: 2005, 36).

[12] M. FLEISCHER (2005, 23) kommentiert hierzu, Schmidts nicht-dualistische Theorie sei womöglich „unfalsifizierbar".

2.2 Medien im pragma-semiotischen Paradigma (Mesoebene)

Wie bereits angedeutet, war von Medien bislang allein im Kontext isolierter Zeichen- und Konstruktionsverhältnisse die Rede. Sie sind zwar die Grundlage[13] für das Verständnis „der Haupt-‚Medien', die in der Presse zur Geltung kommen [...], Text, [...] Fotos, [...] Grafiken" (H. BURGER: [3]2005, 232), doch ihre tatsächliche Komplexität im sozialen Raum wurde bislang ausgeklammert. Diese Komplexität zeichnet sich bereits in diversen, „bislang nicht zufrieden stellend[en]" Medienbegriffsdefinitionen ab (vgl. K. MERTEN: 1999, 133)[14]. Mit der Differenzierung nach H. PROSS (1972)[15] kategorisiere ich Zeitungsmedien, wie sie hier das Untersuchungskorpus bilden, als „Sekundärmedien"[16] und bezeichne einzelne Bilder (Fotos, Grafiken), Sprachformen (Wörter, Sätze, Texte u.ä.) oder Tonfolgen (Töne, Musikstücke ect.) als *Einzelmedien*. Um die komplexe Systematik auf Ausdrucks-, Inhalts- und Handlungsebene dieser Einzelmedien soll es im Folgenden gehen.

2.2.1 Komplexe Ausdruckssysteme in Einzelmedien (Kohäsionsverhältnisse)

Wenngleich sich Ausdruck und Inhalt faktisch nicht von einander trennen lassen (vgl. die obigen Ausführungen zu ihrer reflexiven Verbundenheit), so verhilft die methodische Differenzierung der beiden Aspekte zum Verständnis (und zur Analyse) ihrer konstitutiven Systematik (vgl. auch K. ADAMZIK: 2004, 12)[17]. Auf Ausdrucksseite sind hierfür die systematischen Relationen einzelner sprachlicher Zeichen zueinander, das heißt genauer jene an der Medienoberfläche erkennbaren Verhältnisse zu betrachten, die einzelne Lexeme zu Syntagmen, Texten und Textverbünden sowie einzelne Bildelemente zu ganzheitlichen Bildern (Fotos, Grafiken, Karrikaturen) konstituieren. Solch explizierte Zusammenhänge innerhalb einzelner Wörter und Wortverbänden ist Gegenstand der Lexik, die Rolle von Morphemen innerhalb von Sätzen behandelt die Syntax bzw. Morphosyntax, über den ausdrucksseitigen Verbund von Sätzen zu Texten schließlich kann die Textlinguistik Aufschluss geben.

Für die vorliegende Untersuchung sind auf der Ebene der **Lexik** vor allem die formalen Aspekte der Wortart (*Die Vorstädte brennen* vs. *Der Flächenbrand*), der Wortkomplexität (vor allem im Hinblick auf Komposita, z.B. *Unruhen in den Vorstädten* vs. *Vorstadtunruhen*), der Worthäufigkeit (Σ (*Unruhen*) > Σ (*Aufstand*)) und Varianz (*Problemviertel, Banlieues, Wohnsilos*) zu nennen.[18]

---

[13] Daher auch die Behandlung auf „Mikroebene".

[14] Eine Übersicht zu verschiedenen Medienbegriffen gibt K. MERTEN (1999, 135-145); neuere Definitionen versammelt D. PERRIN (2006).

[15] Pross unterscheidet Primäre Medien (Kommunikationsmittel ohne technische Unterstützung, z.B. gesprochene Sprache), Sekundäre Medien (Kommunikator benötigt Medientechnik, z.B. Schrift, Druck) und Tertiäre Medien (Produzent und Rezipient benötigen Medientechnik zum Funktionieren des Kommunikators, z.B. Internetmedien); vgl. D. PERRIN (2006, 41f).

[16] Diese Pross'sche Einordnung wird jedoch bereits fragwürdig, berücksichtigt man die Intertextualität und Intermedialität von heutigen Zeitungsmedien: immer häufiger stehen sie in direkter Organisation zu verlagsspezifischen Internetquellen, Foren, Gästebücher oder Kommentarsysteme (insb. DIE WELT), die nach Pross als „Tertiärmedien" zu definieren wären.

[17] Näheres zum Verhältnis von Kohäsion und Kohärenz bei G. RICKHEIT & U. SCHADE (2000, 275ff.).

[18] Alle Beispielbelege aus DIE WELT. Weitere Aspekte zur Lexik (vgl. K. ADAMZIK: 2004, 152) wie

Auf der Ebene der **Grammatik** tragen unter anderem[19] folgende Kategorien zu Kohäsionsverhältnissen bei:

- Länge und Komplexität von Sätzen (z.b. Einfachsatz vs. Schachtelsatz)
- Satzart der Haupt- und Form der Nebensätze (z.b. Frage- oder Aussagesatz)
- Tempus
- Modus (Indikativ, Konjunktiv, Konjunktiv II)
- Genus Verbi (Aktiv, Passiv)
- Kasus.

Kohäsionsmittel ordnet K. ADAMZIK (2004, 140) zwei Gruppen zu, „nämlich einerseits der Rekurrenz, der Wiederkehr bestimmter Elemente, andererseits der Konnexion, expliziten Verknüpfungsmitteln wie insbesondere Konjunktionen." Zu expliziten, das heißt auf das gleiche Referenzobjekt sich beziehenden Rekurrenzformen, zählen Wiederholung von Substantiven, Pro-Formen, Ellipsen[20] und bestimmte bzw. unbestimmte Artikel. Die implizite Wiederaufnahme (d.h. Rekurrenz mittels impliziter Relationen zwischen unterschiedlichen Referenzobjekten) sollte m.E. mehr den Kohärenz- als den Kohäsionsverhältnissen zugerechnet werden, da die Verbindung oftmals rein semantisch und ohne Oberflächensignale vollzogen wird. Konnektoren wie (Konjunktional-)Adverbien, Partikel und Konjunktionen explizieren schließlich (kausale, konzessive, temporale usw.[21]) Relationen zwischen Sätzen.

Mehr noch als bei schriftsprachlichen Ausdrucksrelationen sind Kohäsionsverhältnisse im Bereich von Bildern zu berücksichtigen. Wenngleich sich die Forschung auf diesem Feld erst noch in ihren Anfängen befindet, kann mit K. SACHS-HOMBACH (2006, 100ff.) äquivalent zu sprachlichen Mustern von einer gewissen **Bildsyntax** „im morphologischen Sinne" gesprochen werden[22]: Bilder, so Sachs-Hombach, zeichneten sich „in der Regel durch eine interne Gliederung aus" und könnten „je nach Kontext [...] analog zu Morphemen, Sätzen oder Texten verstanden werden" (ebd., 119)[23]. Ähnlich argumentieren N. GOOGMAN[24] und L. WIESING (2004)[25]. F. Fellmanns Überlegungen eines „Semiotischen Realismus", „beim Bild" habe „die Syntax den Primat gegenüber der pragmatischen Dimension des Zeichenprozesses" (vgl. F. FELLMANN:

Wortdenotation und Wortkonnotation sind zwar ebenfalls zu berücksichtigen, jedoch unter die Kohärenzverhältnisse einzuordnen.

[19] Weitere, jedoch untergeordnete Aspekte bei K. ADAMZIK (2004, 155).

[20] Die Kohäsivität von Ellipsen ist jedoch umstritten (vgl. ebd., 140).

[21] Während C. FABRICIUS-HANSEN (2000, 143) sechs Konnexionstypen unterscheidet, differenziert die grammis-Onlinegrammatik bereits bis zu 18 semantische Konnexionsklassen (http://hypermedia.ids-mannheim.de/ pls/public/sysgram.ansicht?v_typ=d&v_id=366) [07.09.2007]. An ihr orientiert sich auch diese Arbeit.

[22] Dagegen D. SCHMAUKS (2004, 87), es gebe keine Bildsyntax. O. SCHOLZ (2004, 105) sucht den Konsens, indem er für den Ausdruck „bildhafte Symbolsysteme" plädiert; „Bildsprache" u.ä. legten „zu viele Gemeinsamkeiten in der Struktur verbaler und bildhafter Systeme" nahe.

[23] Weitere Gesichtspunkte unter den jeweiligen Kapiteln: „Bildsemantik" (2.2.2), „Bildpragmatik" (2.2.3) Bildlesekompetenzen (2.3).

[24] Googman unterscheidet bildhaften Gegenstandsbezug (Denotation), Exemplifikation als das „Wie der Darstellung" und den „Stil" (Konnotationen); vgl. L. WIESING (2004, 96).

[25] Bilder, so Wiesings These, hätten zwar eine große denotative Vielfalt, dennoch sei diese Vielfalt nicht vom Benutzer beliebig festlegbar (L. WIESING: 2004, 96).

2004, 189), schießt m.E. jedoch über das Ziel hinaus, da es hinter ein reflexives Zeichenmodell (vgl. 2.1) zurücktritt und kulturepistemische Variablen vollkommen ausklammert.

Neben diesen im weitesten Sinne allgemein grammatischen Kohäsionsmitteln sind schließlich auch **kontextuelle Signale** wie Rahmenlinien, Fett- oder Sperrdruck, farbliche Hervorhebung, räumliche Nähe oder Platzierung und Ausdehnung von Einzelmedien auf einer Zeitungsseite zu berücksichtigen (relevant etwa bei Kolumnentiteln und -leads zu ganzseitiger Themenberichterstattung, d.h. zur Konstitution von Intraseiten-Intertextualität[26]). Sie bilden gemäß gestaltpsychologischer Prämissen (vgl. P. ZIMBARDO & G. GERRIG: [7]2003, 130ff.) eine ausdruckseitige Grundlage, den Blick des Rezipienten auf bestimmte Ausdrucks- und in Folge Sinnzusammenhänge zu lenken.

2.2.2 Komplexe Begriffssysteme: semantische Felder in Einzelmedien (Kohärenzverhältnisse)

Wie bereits mehrfach betont, stellen Kohäsionsverhältnisse eine notwendige, aber nicht hinreichende Bedingung für die Konstitution komplexer Sinnzusammenhänge dar; erst wenn diese Verhältnisse kognitiv erkannt und einzelnen bzw. komplexen Inhalten zugeordnet werden, konstituieren sich sprachlich repräsentierte Sachverhalte[27]. Diese kognitiven Inhalte sind Teil von **Wissensrahmen** (allgemein Konzepte oder Frames[28]) zu Gegenständen in der Welt (Deklaratives Wissen) und ihrer Verwendung (Prozedurales Wissen in Form von Scripts[29]) sowie als Kontroll- und Steuerungswissen (Plans) Inhalte über spezifische, zielgerichtete Abläufe (vgl. M. CHARLTON & M. BARTH: 1999, 84; M. SCHERNER: 2000, 188). Wissensrahmen können damit auch verstanden werden als „Schemata", die „propositionales Wissen, Vorstellungsbilder und lineare Anordnungen von Objekten, Situationen, Ereignissen, Handlungen und Handlungskonsequenzen" auf unterschiedlichen Abstraktionsstufen „repräsentieren" (M. CHARLTON & M. BARTH: 1999, 84). Für Einzelmedien wie sprachliche Zeichen gilt gleiches: Sie sind als Ausdrucksmuster Teil und Ergebnis von Handlungsabläufen (Schreiben und Lesen) sowie Sachwissen (Verwendung von Ausdruck gebenden Materialien) und sollen als bedeutungsvoll verstanden werden.

Zeichen-Bedeutung, die genau genommen immer in komplexe semantische Felder eingebettet ist (Kohärenzverhältnisse), lässt sich methodisch differenzieren in Begriffe[30] und Teilbedeutungen[31] einzelner Ausdrücke (Lexeme, Syntagmen, Satzzeichen

---

[26] Vgl. hierzu etwa die Textkorpusbelege 284, 1/4 (ND); 64, 1/5 (WELT) sowie die näheren Ausführungen unten (3.4).

[27] So bereits Wittgenstein in seinen Philosophischen Untersuchungen: „Wo Sinn ist, muss vollkommene Ordnung sein. – Also muss die vollkommene Ordnung auch im vagsten Satze stecken." (L. WITTGENSTEIN: PhU, §98).

[28] Mehrere Konzepte oder Konzept-Felder als „statische [Wissens-]Muster" von und über Gegenstände (vgl. M. SCHERNER: 2000, 188); siehe auch zu Bezügen des Konstruktivismus S.J. SCHMIDT & S. WEISCHENBERG (1994, 214).

[29] „Ablaufmuster" (M. SCHERNER: 2000, 188).

[30] In Anlehnung an E. FELDER (1995, 34) verstehe ich unter Begriff „das durch Abstraktion gewonnene gedankliche Konzept [...], durch das Gegenstände oder Sachverhalte aufgrund bestimmter Eigenschaften, charakteristischer Merkmale und / oder Beziehungen klassifiziert werden."

usw.). Insofern diese Auskunft geben über die kognitiven Sinnzusammenhänge und Denkweisen der Sprachzeichenbenutzer, kann man auch von „**Handlungsleitende[n] Konzepte[n]**" (E. FELDER: 2000, 116) sprechen. Die konkrete Bedeutung darf dabei nicht mit Gedanken oder Begriffen gleichgesetzt werden (vgl. E. FELDER: 2006, 26): dies käme einem irrtümlichen sprachlichen Realismus gleich, der übersehe, „in Sprache einen semiotisch perspektivierten Zugriff auf Sachverhalte der Lebenswelt zu entlarven" (ebd.). Daraus lässt sich folgern: Unter der (zu überprüfenden) Annahme, dass Emittent und Rezipient im kommunikativen Umgang mit Sprache grundsätzlich auf gleiche oder ähnliche Wissensrahmen zurückgreifen, können mittels Analyse der ausdrucksseitigen Kohäsionsverhältnisse (2.2.1) die inhaltsseitigen Kohärenzverhältnisse und mit ihnen die (implizite) Sichtweise auf Sachverhalte in der Welt sowie deren Bewertung (Denotation und Konnotation[32]) durch den Emittenten erschlossen werden.

Die Übereinstimmung der unterschiedlichen Wissensrahmen wird dabei umso größer, je **prototypischer** die jeweiligen Form-Konzept-Relationen[33] kognitiv verankert sind. Dies gilt für sämtliche Ausdrucksmuster, seien sie in schrift- oder bildsprachlicher Form gegeben. K. SACHS-HOMBACH & K. REHKÄMPER (2003, 123) konstatieren hierzu, es gebe keine eindeutig benennbare Grenze, wann ein formaler Ausdruck (etwa ein Bild von Flammen) als Abbildung eines bestimmten Sachverhalts (<Vorführflamme eines Spirituskochers> vs. <Bürgerkriegsähnliche Zerstörung>) interpretiert werden könne. Der Grad, ab dem eine farbige Fläche als strukturiertes, zeichenhaftes Bildobjekt [oder auch als zusammenhängender Text] erkannt würde, sei eine Frage der Prototypensemantik[34]. ,Typisch' „sind" folglich nicht die Ausdrucksformen, sondern die semantischen Repräsentationen ihrer Struktursystematik vor dem Hintergrund bereits bestehender Wissensrahmen. Diese Aussage deutet an, dass kognitive Konzepte nicht frei zirkulieren, sondern an bestimmte (erlernte) Form-Konzept-Relationen gebunden sein können und damit eine universelle Transformation semantischer Felder auf sämtliche Sachverhalte unwahrscheinlich wird (vgl. 2.3). Ein weiterer Aspekt zu Klärung dieser theoretischen Fragestellung zeigt sich in der Synthese von Kohäsions- und Kohärenzverhältnissen: Handlungsverhältnisse.

---

[31] Teile eines Konzeptes heißen dann „Teilbedeutung [...], wenn sie einen Aspekt eines größeren Ganzen (eben eines Konzeptes) oder eines Exemplars (Vertreter) einer Kategorie beschreiben" (E. FELDER: 2006, 19).

[32] Unter „Denotation" verstehe ich mit A. LINKE & M. NUSSBAUMER (2000, 435ff.) den „begrifflichen Kern" eines Ausdrucks, während „Konnotation" auf emotionale und wertende Bedeutungsanteile zielt; F. Hermanns (1995) differenziert Konnotationen ferner in „Deontika" (Wertung ist im Träger-Lexem begriffen, z.B. *Unruhen, Randalierer*) und „Affektiva" (Wertung, die einem Träger attributiv angefügt wird, z.B. *die randalierenden Jugendlichen*) (vgl. ebd.). Eine Ordinalskala zur standardisierten Erfassung von Konnotationen (W. FRÜH: 1998, 215) kommt hier zum Einsatz, da sie nur sehr geringfügig kontextuelle Variablen berücksichtigt.

[33] S.J. SCHMIDT & S. WEISCHENBERG (1994, 219) sprechen in diesem Kontext allgemein von „Medienschemata", die die Verstehensprozesse von Ausdrucksmustern prädizierten.

[34] Vgl. auch K. SACHS-HOMBACH (2006, 144) und M. PLÜHMACHER (2004, 53). Zum Verstehensprozess von Bildern im Einzelnen siehe O. SCHOLZ (2004, 108ff.).

2.2.3 Medien als komplexe Sprechakte im sozialen Raum (Handlungsverhältnisse).

Was bislang um der Systematik Willen eher am Rande berücksichtigt blieb, bildet die eigentliche Grundlage dafür, dass Einzelmedien zu kommunikativen Zeichen werden können: nämlich die Tatsache, dass sämtliche Zeichenprozesse zwischen Emittenten und Rezipienten im sozialen Raum ablaufen und somit selbst abstrakt codierte soziale Handlungen darstellen. Einzelmediale Zeichen ermöglichen Raum- und Zeit-dehnende Interaktion und den Austausch von Informationen, Wünschen, Aufforderungen usw. zwischen Gesellschaftsmitgliedern (Kommunikation). Sie sind insofern Gegenstand der Pragmatik, als „konkrete Zeichenhandlungen nicht denkbar [sind], ohne dass sich zuvor die entsprechenden Zeichensysteme **im Kontext eines sozialen Verständigungsprozesses** herausgebildet haben" (K. SACHS-HOMBACH: 2006, 95). U. Püschel geht gar soweit zu sagen,

> „Sprechen als [soziales] Handeln" sei „durchaus nicht nur eine in das Belieben der einzelnen Glieder der Gesellschaft gestellte Möglichkeit [...], sondern [...] Sprechen und damit Kommunikation" stellten „als Konstitutivum sozialen Lebens eine Notwendigkeit" dar (vgl. U. PÜSCHEL: 1975, 7)[35].

Das „Sprechen einer Sprache" – sei es wiederum mündliche oder schriftliche, Bild- oder Ton-Sprache – ist damit nicht nur eine „regelgeleitete Form des Verhaltens" (J.R. SEARLE: [6]1994, 29)[36], sondern immer auch intentionales Handeln, genauer: an Rezipienten ausgerichtetes Handeln (vgl. U. PÜSCHEL: 1975, 11f.).

In seiner „Sprachtheorie" von 1934 beschrieb der Psychologe K. Bühler die Sprache bereits als „organon", als ein Werkzeug, „um einer dem andern etwas mitzuteilen über die Dinge" (K. Bühler: 1999, 24ff.). Bühler, noch stark von behavioristischen Annahmen geprägt37, fokussierte dabei stark auf die „Funktion" von sprachlichen Zeichen und unterschied derer insgesamt drei (Ausdruck-, Appell- und Darstellungsfunktion). Differenzierter unterschied J.R. Searle in seiner auf J.L. Austin zurückgehenden Sprechakttheorie und vor dem Hintergrund reflexiver Kognitionstheorien vier Teilakte einer sprachlichen Handlung, nämlich Äußerungs- oder „Lokutionsakte" (Äußern von Lexemen, Syntagmen usw.), „Propositionale Akte" (Objekt-Referenz und Objekt-Prädikation), „Illokutionäre Akte" (sozialer bzw. kommunikativer Zweck einer Aussage) sowie „Perlokutionäre Akte" (Wirkung der Aussage beim Rezipienten)[38]. K. Brin-

---

[35] Vgl. auch zur politischen Relevanz dieser Aussage P. BOURDIEU (2005, 84).

[36] Den heute nicht mehr auffälligen, doch bei seiner Veröffentlichung entscheidend neuen Unterschied zur früheren Sprachtheorien (wie die de Sausurres) macht Searle darin, dass er das Primat sprachlicher Interaktion nicht mehr auf ein sprachsystematisches, sondern auf soziale Paradigmen legt: „Die Grundeinheit der sprachlichen Kommunikation ist nicht [...] das Symbol, das Wort oder der Satz, sondern die Produktion oder Hervorbringung des Symbols oder Wortes oder Satzes im Vollzug des Sprechaktes" (J.R. SEARLE: 1994, 30).

[37] Das Organon- Modell beschreibt ganz im Konzept der psychophysikalischen Signalerkennungstheorie das sprachliche Zeichen als *Symbol* kraft seiner Zuordnung zu Gegenständen und Sachverhalten, *Symptom* (Anzeichen, Indicium) kraft seiner Abhängigkeit vom Sender, dessen Innerlichkeit es ausdrückt, und *Signal* kraft seines Appells an den Hörer, dessen äußeres oder inneres Verhalten es steuert wie andere Verkehrszeichen." (K. BÜHLER: 1999, 28).

[38] Ganz getreu reflexiver Kognitionsmodelle unterscheidet Searle mit kritischem Blick auf Grice'

ker (2005, 107-130) folgt in seinem Ansatz der Sprechakttheorie, insofern er die Searle'schen Illokutionstypen39 mit leicht veränderter Terminologie übernimmt und sie zur Grundlage seiner Textsortentypologie macht: Brinker spricht hierbei von fünf sich (wie bei Searle40) gegenseitig ausschließenden „Text[grund]funktionen" (Informationsfunktion, Kontaktfunktion, Appellfunktion, Obligationsfunktion und Deklarationsfunktion). Wiederum an Searle und Brinker orientiert sich schließlich H. Lüger (1995) in der Unterscheidung von fünf „Intentionstypen" und sich einer daran anschließenden Textklassifikation, wie sie auch die vorliegende Untersuchung zu Grunde legt (3.4). Entscheidend bei Lügers Intentionstypologie ist jedoch, dass er gerade nicht eine Unifunktionalität von Texten postuliert, sondern neben „dominierender Sprachhandlung" (z.B. Appell) auch „subsidiäre Sprachhandlungen" (z.B. Rechtfertigung) berücksichtigt (H. Lüger: 1995, 62). Texte unterscheiden sich allerdings in ihrer handlungskonstitutiven Komplexität lediglich graduell von einzelnen Zeichen (Wörter, Bilder). Für beide gilt, dass sie als „Ergebnisse sprachlicher Tätigkeit sozial handelnder Menschen verstanden" werden können,

> „durch die in Abhängigkeit von der kognitiven Bewertung der Handlungsbeteiligten wie auch des Handlungskontextes vom Textproduzenten Wissen unterschiedlicher Art aktualisiert wurde, das sich in Texten in spezifischer Weise manifestiert. [...] Der dynamischen Textauffassung folgend, wird davon ausgegangen, dass Texte keine Bedeutung, keine Funktion an sich haben, sondern immer nur relativ zu Interaktionskontexten sowie zu den Handlungsbeteiligten, die Texte produzieren und rezipieren [...]"
> (W. HEINEMANN & D. VIEHWEGER: 1991, 126).

Gerade auf der Ebene der Bilder scheint dies heute noch umstritten. Für Bilder wird häufig über den Aspekt der ‚Ähnlichkeit' eine Abbildfunktion postuliert (vgl. R. POSNER & D. SCHMAUKS: 2004, 15) und man gewinnt den Eindruck, als sei es Bildern ontisch vergönnt, auch (andere) Handlungsmuster konstituieren zu können:

> „Bilder repräsentieren nicht nur den nonverbalen Aspekt der zwischenmenschlichen Kommunikation, sondern auch die visuellen Aspekte von Gegenständen, Sachverhalten und Ereignissen im Umfeld und jenseits von Kommunikationssituationen"
> (W. NÖTH: 2000, 489f.).

Dies ist m.E. aus zwei Gründen so nicht haltbar: Erstens, da es bis heute komplexe Schriften (wie die chinesische) mit für europäische Vorstellungen teilweise sehr viel bildnäheren Zeichen gibt, und dies zweitens als Beleg gewertet werden kann, dass analog zu sprachlichen Zeichen (L. WITTGENSTEIN: 2003b, §40) **die Bedeutung eines Bildes sein Gebrauch in sprachlichen Kontexten**, d.h. insbesondere von sozialer bzw. kultureller Umgebung und Interessen der Rezipienten abhängig ist (vgl. O. SCHOLZ: 2004, 208f.). Ähnliches gilt für die sprachzentrierte These, Bilder könnten keine abstrakten Gedanken codieren (D. SCHMAUKS: 2004, 87)[41]. Auch mögen sie

---

Konzept von der Perlokution den „illokutionären Effekt" als erfolgreiche Illuktion (d.h. „wenn unser Zuhörer erkennt, was wir zu tun versuchen"), vgl. S.R. SEARLE (1994, 75).

[39] Searle unterscheidet insgesamt fünf, sich gegenseitig ausschließende Illokutionstypen: Repräsentativa, Expressiva, Direktiva, Kommissiva und Deklarativa (S.R. SEARLE: 1994, 75).

[40] Vgl. hierzu die kritischen Anmerkungen von K. Adamzik (2004, 109).

[41] Hiergegen spricht der Umstand, dass wir insb. komplexe, zunächst nicht lösbare Probleme häufig in unspezifischen mentalen Bilder bearbeiten. Auf ähnlich abstrakte Leistungsfähigkeit von Bildern wei-

stärker Emotionalität provozieren (vgl. Spangenberg, zit. n. S.J. SCHMIDT: 1994, 14), doch wäre der Rückschluss falsch, Bilder seien ‚emotionsgeladener' als Schriftzeichen.

Wie weit reichend pragmatische Aspekte für die Konstitution von Sprach- und Bildzeichen sind, zeigt sich insbesondere im Bereich der Kunst. Bilder etwa, die dem prägenden Kontext „Bildende Kunst" zugerechnet werden, „erlauben" nicht von vornherein unterschiedliche Deutungshorizonte und ihre „Sinngehalte" sind auch nicht mittels „längerer intensiver Betrachtung und im Nachdenken über Struktur und Symbolik" einfach entschlüsselbar (M. Plühmacher: 2004, 56). Vielmehr ist von der kulturell geprägten Bildlesekompetenz abhängig, wie schnell und zielgerichtet, d.h. kommunikativ und funktional sinnvoll die Polysemie von Bildern ‚reduziert' werden kann. Kontextuelle Bedingungen wie explizite Kennzeichnungen (Kunst des Dadaismus) aber auch implizite Markierungen (Kunstgebäude, Bildrahmen, bestimmte Rubriken wie „Literatur" oder „Feuilleton") betten die semantischen Felder der (Bild-)Zeichen ein, kennzeichnen sie als bestimmten Handlungsräumen zugehörig. Formsystematische Aspekte zu berücksichtigen, ohne in einen semiotischen Realismus zu verfallen, sowie den eben skizzierten Sachverhalt grundsätzlich mit einzubeziehen ermöglicht die Bilddefinition von K. Sachs-Hombach: Nach ihm ist ein Gegenstand dann ein Bild,

> „wenn er zum Ersten artifiziell, flächig und relativ dauerhaft ist, wir ihn zum Zweiten auf Grund dieser Eigenschaften als Zeichen auffassen (wir ihm also einen Inhalt zuschreiben, der innerhalb einer kommunikativen Handlung Basis einer sachlichen, expressiven oder auch appellativen Mitteilung dienen kann) und wir zum Dritten diese Zuschreibung des Inhalts auf Grundlage unserer visuellen Wahrnehmungskompetenzen vornehmen" (K. SACHS-HOMBACH: 2006, 95).

Sachs-Hombachs Bemühungen um eine Bildpragmatik, die „die semantisch relevanten externen wie internen kontextuellen Vorgaben" untersucht, „die sich aus den konkreten Bildtypen und -medien, aus den jeweiligen Bildfunktionen und -umgebungen" ergeben (ebd., 158), ist auch ein elementares Paradigma dieser Arbeit bei der Untersuchung der Bildberichterstattung zu den Unruhen in den Pariser Vorstädten (zur Methodik 3.3.4; zu Ergebnissen 4.6).

Als fundamentaler Aspekt von medial konstituierten Handlungsverhältnissen respektive in Printmedien ist schließlich auch auf Prämissen der Kommunikationstheorie einzugehen. Medien sind Mittler für Kommunikanten, das heißt konstitutives Element von Kommunikation. Kommunikation

> „ist ein soziales System, das mindestens zwei psychische [besser: kognitive] Systeme verkoppelt. Die Konstruktion von Wirklichkeit, die das Kommunikationssystem für die psychischen Systeme leistet, ist dessen wichtigste Funktion." (K. MERTEN: 1999, 114)

Mediale Massenkommunikation (z.B. Zeitungen[42]) leistet darüber hinaus eine kontrollierende Funktion für Gesellschaften, indem sie die Gesellschaftsmitglieder unterein-

---

sen Inselintelligenzen wie etwa die des behinderten Briten Daniel Tammet, der Zahlen und Rechnungen bildhaft codiert wahrzunehmen scheint (http://www.optimnem.co.uk/artwork.php); seine mathematische Intelligenz geht im übrigen mit einer sprachl. Inselintelligenz einher.

[42] Nach H. RÖPER (1994, 510) werden Zeitungen durch zwei Hauptaspekte definiert: nämlich „Periodizität" und „Universalität" (d.h. „nicht auf bestimmte Stoff- oder Lebensgebiete begrenzte Nachrichtenübermittlung").

ander orientiert, d.h. Wissensrahmen und Stereotypen konventionalisiert[43], aktualisiert und damit kommunikative Verstehensprozesse ,im Kleinen' ökonomisch ausrichtet (vgl. G. RUSCH: 1994, 70)[44]. Da Wissen an sprachliche Formen gebunden ist und soziales Handeln wiederum handlungsspezifisches Wissen voraussetzt, ist K. Merten in seiner These prinzipiell zuzustimmen, Kommunikation kontrolliere soziale Systeme (K. MERTEN: 1999, 95). Wie diese Kontrolle um Köpfe und durch Medien konstituierte Welten ausfällt, ist heute freilich umstritten (näher dazu in den Folgekapiteln).

Für den Moment sei nur festgehalten, **dass Kohäsions- und Kohärenzverhältnisse immer auch soziale Handlungsverhältnisse konstituieren.** Wiederkehrende Bild- und Textmuster in Medien (wie Zeitungen) geben daher Aufschluss über feste Wissens- und Handlungsmuster oder – in Analogie zur Gruppendynamik der Sozialpsychologen – über die kulturspezifische Rolle bestimmter Form-Konzept-Relationen innerhalb kommunikativer Systeme.

2.2.4 Kampf um Köpfe und Welten: Mediale Sachverhaltskonstitution im Diskurs (Diskursverhältnisse)

Wie oben (2.1) erläutert, ist jede inhaltliche Aussage über die Welt (Sachverhaltskonstitution) auf sprachliche Formen angewiesen. Mittels Kohäsions- und Kohärenzverhältnisse können Sachverhalte außerdem mit einander verknüpft werden –, dies auch über verschiedene Einzelmedien hinweg (Intertextualität, Interpictualität; vgl. 2.2.1/2). Kommen Sachverhaltskonstitutionen darüber hinaus über verschiedene Sekundär- oder Tertiärmedien (wie Zeitungen) miteinander in Berührung, kann man von diskursiven Sachverhaltsverhältnissen, oder kurz: Diskursverhältnissen sprechen[45]. „Diskursive Beziehungen sind – in einem weiten Sinne von Semantik – semantische Beziehungen" (vgl. D. BUSSE & W. TEUBERT: 1994, 16) oder in forschungspragmatischer Perspektive

„virtuelle Textkorpora, deren Zusammensetzung durch im weitesten Sinne inhaltliche (bzw. semantische) Kriterien bestimmt wird. Zu einem Diskurs gehören alle Texte, die
- sich mit einem als Forschungsgegenstand gewählten Gegenstand, Thema, Wissenskomplex befassen, untereinander semantische Beziehungen aufweisen und/oder in einem gemeinsamen Aussage-, Kommunikations-, Funktions- oder Zweckzusammenhang stehen,
- den als Forschungsprogramm vorgegebenen Eingrenzungen in Hinblick auf Zeitraum/Zeitschnitte, Areal, Gesellschaftsausschnitt, Kommunikationsbereich, Texttypik und andere Parameter genügen,
- und durch explizite oder implizite (text- oder kontextsemantisch erschließbare) Verweisungen untereinander Bezug nehmen bzw. einen intertextuellen Zusammenhang bilden" (ebd., 14).

---

[43] Z.B. durch Sprachstandardisierung oder Verbreitung von Wissen.

[44] „Was Medien leisten, ist, Verständnis für Themen herzustellen" (N. LUHMANN in einem Interview, http://www.sonntagsblatt.de/1996/42/42-ku.htm [17.05.2007]).

[45] M. Foucault setzte ,seinen' Diskurs bereits früher an: Nach ihm läge „ein Satz – und Diskurs – vor, wenn man zwischen zwei Dingen eine attributive Verbindung feststellt, wenn man sagt, dies *ist* jenes [kursiv, MF]" (M. FOUCAULT: 1974, 133).

Dabei ist zu betonen, dass sich Diskursverhältnisse nicht nur als Positivitäten, sondern auch negativ im ‚Verschweigen' von Inhalten und Unterlassen einzelner (oder auch systematischer) Handlungsverhältnisse zeigen. Alle implizierten wie explizierten sprachlich konstituierten Inhalte lassen sich in Begriffsnetzen (vgl. ebd., 22) oder Semantischen Feldern nachzeichnen. Damit zugleich erhält man Aufschluss, welche sprachlich repräsentierten Sachverhaltskonstitutionen im Diskurs miteinander konkurrieren, d.h. welche Diskursteilnehmer welche Handlungsleitenden Konzepte und damit Zugriffe auf Dinge (oder auch Geschichten, vgl. 2.1) in der Welt durchzusetzen suchen. Diese **„Semantischen Kämpfe"** (E. FELDER: 2003, 59) zeigen, wie Herrschaft und Macht nicht nur in politischen oder sozialen Diskursen, sondern generell über Semantik konstituiert werden (Sprachpolitik[46]). In der Praxis bedeutet das wiederum nicht, dass Auseinandersetzungen um Bedeutungen allein geführt werden. E. Felder (2006, 36ff.) differenziert Semantische Kämpfe auf drei Ebenen:

- „Benennungs- oder Bezeichnungsproblematik": Eine „Ausdruckskonkurrenz" zeigt sich im Kampf um die interessengeleitete Benennung von Sachverhalten und dem Versuch, die damit verbundenen Konzepte im Diskurs durchzusetzen (z.B. ORT: _Vorort-Unruhen_ vs. ‚_Banlieue-Unruhen'_, ND);
- „Bedeutungsfixierungsversuche" („Konzeptualisierungskonkurrenz") bezeichnen den Versuch, bestimmte Wissensrahmen mittels sprachlicher Prägung von Teilaspekten (Teilbedeutungen) durchzusetzen (z.B. <Islamisierung>: _überwiegend muslimische_[...] _Jugendliche_ (SZ) vs. _jugendliche Randalierer_ (ND))
- „Sachverhaltsfixierungsversuche" schließlich zielen durch Verwendung eines Fachterminus (oder eines etablierten Ausdrucks) auf einen konkreten Sachverhalt, das dahinter stehende Konzept „anzuwenden und anzupassen" (z.B. _Extremform des ganz normalen Leben der französischen Unterschicht und der Einwanderer-Vorstädte_; WELT).

Wie öffentlich Semantische Kämpfe ausgetragen werden, ob und welchen Einfluss sie auf Rezipienten haben, ist eine Frage der Organisation von Medien, ihrer Reichweite und –Wirkung auf potentielle Rezipienten.

Klar ist, dass Sachverhaltskonstitutionen sich potentiell nur dann diskursiv durchsetzen können, wenn sie eine möglichst große Zahl an Rezipienten erreichen und zudem ein kommunikativer Austausch stattfinden kann. Dies ist in **Massenmedien**[47], respektive Zeitungen teilweise ganz, teilweise nur scheinbar gegeben. Denn mit der Einführung von Zeitungen um 1509 vollzog sich die

- „Vergrößerung des Adressatenkreises aktueller Mitteilungen",
- die „Beschleunigung des Erlebens" (mittels medial vermittelter Aktualität und Periodizität),
- sowie die Konstitution und Befriedigung des „Bedürfnisses [...] nach Neuem" durch Institutionalisierung von „Erwartbarkeit von Unerwartetem". (K. MERTEN: 1994, 142)

---

[46] „Sprachpolitik im hier angesprochenen Sinne zielt direkt auf die Aneignungsweise sozialer Wirklichkeit, indirekt damit aber auf das politische Handeln" (U. MAAS: 1989, 282).
[47] „Einrichtungen der Gesellschaft [...], die sich zur Verbreitung von Kommunikation technischer Mittel der Vervielfältigung bedienen" (N. LUHMANN: ³2004, 11).

Dies führte dazu, dass Zeitungen als Massenmedien elementarer Quell für potentielle Wirklichkeitskonstitution wurden – vor allem bei überregionalen und transnationalen Themen (wie das Ereignis der Vorstadt-Unruhen)[48],

> „indem sie für alle verständlich und für alle erreichbar Nachrichten über Ereignisse sammeln, sichten und veröffentlichen, die der Einzelne von sich aus nicht erfahren und daher auch nicht überprüfen kann. [...] Da die Berichterstattung der Medien prinzipiell nicht überprüfbar ist, wird sie gewissermaßen als Vorstruktur für das eigene Erleben übernommen." (ebd., 152).

Zugleich suggerieren Zeitungen zum einen, als ‚kollektiver Akteur' objektiv (entpersonalisiert) und wertneutral zu berichten oder die „öffentliche Meinung" zu bedienen, i.e. ein

> „Kommunikationsprozess zur Auswahl von relevanten oder für relevant ausgegebenen Sachverhalten oder Problemen, die als *Themen* etabliert werden und zu denen vor allem durch die Medien *Meinungen* erzeugt werden. Die Präsentation von Meinungen in der *Öffentlichkeit* provoziert eine Auswahl relevanter oder für relevant gehaltener Meinungen, die von der Mehrheit akzeptiert werden oder akzeptiert zu werden scheinen und dadurch politische Wirkung entfalten [kursiv: KM]" (K. Merten, 1987, zit. nach K. MERTEN 1994, 202)[49].

Zum anderen „saugen [Zeitungen] Kommunikation an" und „stimulieren [...] weiterlaufende Kommunikation" (N. LUHMANN: [3]2004,176), ohne tatsächlich Interaktion zwischen Kommunikanten zuzulassen. Sie verdecken, „*dass keine Interaktion unter Anwesenden zwischen Sender und Empfängern stattfinden kann* [kursiv: NL]"; Interaktion „wird durch Zwischenschaltung von Technik ausgeschlossen" (ebd., 11)[50]. Diese Vorstellung einer eher Rezipienten-passiven Medienwirkung ist zumindest teilweise zu relativieren. Es ist zwar richtig, dass Rezipienten keine direkte Möglichkeit haben, bestimmten Sachverhaltskonstitutionen etwas entgegen zu setzen. Dennoch haben sie theoretisch die Wahl zwischen unterschiedlichen Medien und damit auch – einen (zugegeben eingeschränkten) Zugang zu unterschiedlichen Quellen semantischer Felder. An klassischer Medienwirkungsforschung kritisiert K. Merten daher zu Recht das stillschweigende Festhalten am klassischen, doch auf menschliche Kommunikationsprozesse nicht anwendbaren Stimulus-Response-Modell (K. MERTEN: 1994a, 296f.)[51]. Durch Zeitungsmedien konstituierte Diskurse sind also primär nicht stärker als ‚Gefahr' wahrzunehmen als andere Kommunikationsformen auch.

Anders sieht es freilich aus, beobachtet man die derzeitige Organisation massenmedialer Diskurse, i.e. die soziale Struktur oder **gesellschaftliche Einbettung** von Zeitungen. Rezipienten verlieren zunehmend an Freiheit in der Auswahl an Medien- und damit Sachverhaltskonstitutionsangeboten, da immer weitere Zeitungen den Wettbewerbsbedingungen des freien Marktes unterliegen, entweder Konkurs anmelden oder

---

[48] Vgl. hierzu auch E. STRAßNER (1999, 838).

[49] Deutlicher (wenn auch einseitiger) formuliert es P. CHAMPAGNE (1997, 65): „Die Medien [...] produzieren Wirklichkeitseffekte, indem sie eine mediale Sichtweise der Realität kreieren, die zur Schaffung der Wirklichkeit, die zu beschreiben sie vorgibt, beiträgt."

[50] Dieser Ausschluss von Interaktion wird nicht widerlegt, sondern zeigt sich gerade in der Einrichtung von Pressespiegeln, Leserbriefseiten oder neuerdings auch Internetforen und Kommentarsystemen.

[51] Vgl. auch Ş. ATEŞ (2006, 152)

von größeren Medienkonzernen übernommen werden (vgl. J. PROTT: 1994, 482f.). Damit erhalten folglich immer weniger Verleger und leitende Chefredakteure immer mehr Einfluss auf die Bereitstellung von Wissensrahmen, mag der Ausschluss einzelner Sachverhaltskonstitutionen juristisch auch untersagt sein (vgl. U. BRANAHL: 1999, 2750ff.). Dabei helfen auch Beteuerungen zu Zurückhaltung von führenden Medienakteuren nur wenig (vgl. J. PROTT: 1994, 483). Sie konstituieren die Welt in sprachlichen Formen oder bestimmen die Regeln (und Abläufe), nach denen dies zu geschehen hat; und da sie das tun, müssen sie – bewusst oder unbewusst – ihre Sicht auf die Dinge und damit ihre Interessen (bzw. die Interessen der jeweiligen Interessengruppen) verfolgen, sie können im Zweifelsfall nicht anders[52]. Offen bleibt lediglich, wie transparent bewusste Konstruktionsvorgänge gemacht werden.

Abgesehen von diesen äußeren Reglements in der Auseinandersetzung um diskursive Dominanz von Medieninstitutionen (vgl. H.J. BUCHER: 1999, 214) spielt schließlich auch die alltägliche, für den Rezipienten in der Regel nicht einsehbare journalistische Praxis eine wichtige Rolle. Der **Journalismus** unterliegt nämlich bei der Herstellung und Bereitstellung von aktuellen Themen

> „prinzipiell den Kriterien der Warenproduktion in modernen [d.h. kapitalistischen] Gesellschaften: Sie muss organisatorisch und technisch so beschaffen sein, dass sie insbesondere ökonomischen Effizienzkriterien gerecht wird. Es ist deshalb davon auszugehen, dass die Konstruktionspläne, nach denen die Medien ihre Wirklichkeitsmodelle entwerfen, diesen Maßstäben entsprechen" (S.J. SCHMIDT & S. WEISCHENBERG: 1994, 224)[53].

Eine Folge des selbst auferlegten Effizienzzwangs ist etwa die fortwährende Reduzierung von Redaktionen, fest angestellten Korrespondenten und damit die wachsende Abhängigkeit von Quellen dritter (Medienagenturen)[54].

Das heißt schließlich, dass auch die „,Innere' [...] Pressefreiheit" (J. PROTT: 1994, 490) von Medien eingeschränkt ist. Bereits die **Hierarchien** innerhalb eines Redaktionssystems sind Hinweis darauf, dass Medien Interessen vertreten: denn Hierarchieplätze müssen besetzt werden und die entsprechenden Auswahlkriterien (zumindest für die nicht-staatlichen Medien) haben überwiegend nur ein Ziel: nämlich

> „mit Hilfe des publizistischen Produkts Gewinne zu machen, um die Existenz des Unternehmens dauerhaft zu sichern oder gar auszubauen [...]. [Dies] durchdringt den Arbeitsprozess und drückt der skalaren (=hierarchischen) Organisation seinen Stempel auf. Im Pressegewerbebetrieb entscheiden letztlich der Eigentümer und seine Handlungsbevollmächtigten darüber, was im Blatt erscheint und was nicht." (ebd.)

Fazit: „Was wir über unsere Gesellschaft, ja über die Welt, in der wir leben, wissen, wissen wir durch die Massenmedien" (N. LUHMANN: [3]2004, 9). In der potentiellen Vielfalt und gegenseitigen Konkurrenz von Sachverhaltskonstitutionen in (Zeitungs-)

---

[52] Für instrumentale Organisation von und bewusste Gesellschaftseinflussnahme durch Massenmedienkonzerne sei auf die jüngsten Forschungsergebnisse zur Bertelsmann AG hingewiesen (vgl. R. BAUER: 2006; I. LOHMANN: 2006; J. WERNICKE & T. BULTMANN: 2007). Zum Einfluss von PR auf die Alltagsberichterstattung s. K. MERTEN & J. WESTERBARKEY (1994, 208ff.).

[53] Zur Rolle von Journalisten und Journalismus in Gesellschaften vgl. S. WEISCHENBERG (1994, 429).

[54] „Rund 70 Prozent der Meldungen aus dem Ausland, die deutsche Zeitungen veröffentlichen [...] beruhen auf Informationen von Nachrichtendiensten" (V. SCHULZE: 1999, 1681); E. STRAßNER: (1999, 837) spricht ähnlich von zwei Drittel.

Diskursen setzen sich diejenigen Konzepte eher durch, die die größere Verbreitungsgrundlage haben. Das „mediale Schlachtfeld" (P. CHAMPAGNE: 1997, 66) ist deshalb heute mehr denn je Ausdruck auch sozialer Kämpfe, nämlich im Ringen um den ‚richtigen' Ausdruck sowie um handlungsleitende Konzepte für potentielle Rezipienten.

2.3 Zur epistemisch-hegemonialen Rolle von Medien (Makroebene)

Geht es in Semantischen Kämpfen vor allem um die Durchsetzung und nachhaltige Etablierung konkreter Sachverhaltskonstitutionen im Sinne eines Kulturellen Gedächtnisses[55], steht im Hintergrund und weit weniger einsehbar die kulturspezifische Auseinandersetzung um feste Form-Konzept-Relationen. Was auf anderer Ebene bereits mehrfach angedeutet wurde, zeigt sich – so hier die These – auf der Makroebene gesellschaftlicher Verhältnisse als kulturell geschliffene Linsen, die den sprachlichen (d.h. auch sozialen) Zugang von Kommunikanten zu Sachverhalten in der Welt vorstrukturieren. Wenngleich es sich hierbei um eine semantische, weil kognitive Kategorie handelt, so geht es nicht primär um die konkreten Inhalte (z.B. <Gewaltsame Erhebung>), sondern um deren funktionale Einbettung (kommunikativer Rahmen, innerhalb dessen <Gewaltsame Erhebung> formal konstituiert werden kann).

Den Blickwinkel stärker auf Machtverhältnisse und daraus resultierende, gesellschaftliche Diskurse determinierende Dispositive gerichtet, hatte sich erstmals M. Foucault systematisch ähnlichen Fragestellungen gestellt: seine Methode, die „**Archäologie des Wissens**" suchte nach historischen Prämissen von Theorien und ‚Erkenntnissen', nach der „Ordnung der Diskurse" (M. FOUCAULT: 1974b). – Eine Untersuchung, in der man sich darum bemühe

> „festzustellen, von wo aus Erkenntnisse und Theorien möglich gewesen sind, nach welchem historischen Ordnungsraum das Wissen sich konstituiert hat, auf welchem historischen Apriori und im Element welcher Positivität Ideen haben erscheinen, Wissenschaften sich bilden, Erfahrungen sich in Philosophien reflektieren, Rationalitäten sich bilden können, um vielleicht sich bald wieder aufzulösen und zu vergehen" (M. FOUCAULT: 1974a, 24).

Entscheidende Rolle spielt hierbei, was Foucault in Anlehnung und zugleich Differenzierung zu Kant „**Historisches Apriori**" nennt. Es zeige sich als die „grammatischen Einteilungen einer Sprache" und als die Bedingung dessen, was in ihr gesagt werden könne („Realitätsbedingungen für Aussagen"; ebd., 362).

Denselben Gedanken streifte etwa hundert Jahre vorher schon F. Nietzsche, als er zur „Familien-Ähnlichkeit alles indischen, griechischen, deutschen Philosophierens" bemerkte:

> „Gerade, wo Sprach- Verwandtschaft vorliegt, ist es gar nicht zu vermeiden, dass, dank der gemeinsamen Philosophie der Grammatik – ich meine dank der unbewussten Herrschaft und Führung durch gleiche grammatische Funktionen – von vornherein alles für eine gleichartige Entwicklung und Reihenfolge der philosophischen Systeme vorbereitet

---

[55] Aufbauend auf der Gedächtnistheorie des Soziologen Maurice Halbwachs entwickeln J. und A. Assmann eine „Theorie des kulturellen Gedächtnisses, die den kulturellen Aspekt der Gedächtnisbildung in den Vordergrund stellt und nach den Medien und Institutionen fragt, die dieses ‚Zwischen' organisieren" (J. ASSMANN & A. ASSMANN: 1994, 114).

liegt: ebenso wie zu gewissen anderen Möglichkeiten der Welt- Ausdeutung der Weg wie abgesperrt erscheint" (F. NIETZSCHE: 1930, 28)[56].

Auf sprachwissenschaftlicher Seite lässt sich der Versuch, kulturspezifische Form-Konzept-Relationen zu erfassen, auch in die Tradition der Funktionalen Grammatik (Prager Schule u.a.) einordnen. In diesem Kontext hat zuletzt W. Köller eine grundlegende Arbeit zur **Perspektivität von Sprache** vorgelegt (W. KÖLLER: 2004). Mit dem Terminus „Perspektivität" will Köller hervorheben, „dass alle Wahrnehmungsprozesse dadurch geprägt sind, dass konkrete Objekte für konkrete Subjekte immer nur in einem bestimmten Blickwinkel in Erscheinung treten" (ebd., 3). Ausführlich beschreibt er, wie verschiedenste sprachliche Ausdrucksphänomene auf der Ebene der Lexik, Grammatik usw. meist unbewusst eine je spezifische Ordnung in die sprachlich konstituierten Konzepte bringen[57]. Perspektivität teilt er dabei in drei Subkategorien (ebd., 9), nämlich in

- „Aspekte": als „objektorientierte", d.h. das Referenzobjekt attribuierende Perspektivierung;
- „Sehepunkt" / Blickwinkel: als subjektorientierte Perspektivierung beschreibt sie Raum- und Zeitgebundenheit des wahrnehmenden Subjekts und betont Subjektivität wie Intentionalität wahrgenommener Sachverhalte;
- „Perspektive": beschreibt strukturorientiert, d.h. den Reflexionszusammenhang von Sehepunkt und Insistierung von Objektaspekten. Strukturen dieses Verhältnisses sind nach Köller kulturell gewachsen.

Ohne auf die methodischen Konsequenzen für die Erfassung von Perspektivität eingehen zu wollen (siehe hierzu 3.3.5), sei an dieser Stelle auf eine andere Differenzierung Köllers verwiesen, nämlich der von „Kommunikativer" versus „Kognitiver Perspektivität" (ebd., 21f.): Während Kommunikative Perspektivität die kontingente Wahl sprachlicher Formen (Bild, Lexem, Syntagmen usw.), Themen und ihrer Strukturierung, Modi usw. in spezifischen kommunikativen Situationen meint, zielt Kognitive Perspektivität auf konventionalisierte, tradierte Perspektivitätsmuster, die entsubjektiviert abgerufen und folglich weniger bewusst verwendet werden können, als individuell geprägte, kommunikative Perspektivitätsmuster. **Medien**, respektive Massenmedien wie Zeitungen, **vermögen** m.E. **Kommunikative in Kognitive Perspektivität zu transformieren**, das heißt, individuelle, situative Form-Inhalts-Relationen (und damit verbundene kognitive Strukturen) von Einzelnen oder Gruppen als generalisierte „sprachliche Ordnungsmuster" (ebd., 310) bei größeren Gesellschaftsteilen durchzusetzen[58]. Damit wird theoretisch postuliert, dass etablierte Kommunikationsformen,

---

[56] Zufällig spricht auch WITTGENSTEIN (2003b, §231) in seinen Philosophischen Untersuchungen von „Philosophischer Grammatik".

[57] Beispiel: Die sprachliche Konstitution eines Sachverhaltes im Modus des Konjunktivs II markiert die Aussage mit einer sprecherseitigen Skepsis und relativiert damit ihren Geltungsanspruch (W. KÖLLER: 2004, 456). Handlungen von Aktanten im Passiv statt unmarkiert im Aktiv relativiert „Zielgerichtetheit und Kausalzusammenhang des Prozesses" (vgl. ebd., 465f.).

[58] Diese Transformation vollzieht sich natürlich nach den (wahrnehmungs- und institutionssystemischen) Prämissen, wie sie unter 2.2.4 erörtert wurden. Vgl. auch zur sozialen Funktion von Perspektivität W. KÖLLER (2004, 3).

wie sie etwa in Zeitungen zu finden sind (Rubriken, bestimmte Text- und Bildsorten u.ä.), gerade nicht einer allgemeinen Anthropologie folgen (vgl. ebd., 8), sondern vielmehr essentieller Teil **hegemonial-epistemischer Prozesse** (im status quo) darstellen.

Unter „Hegemonie" verstehe ich dabei im Anschluss an den italienischen Philosophen, Politiker und Historiker Antonio Gramsci (1891-1937) den zivilgesellschaftlichen Teil von Staaten (A. GRAMSCI: 1990-2005, Bd 4, 783), d.h. die „politische, geistige, kulturelle und moralische Führung in der Gesellschaft" (H. NEUBERT: 2000, 66). Gramsci erkannte als einer der ersten, dass kapitalistische Gesellschaften nur deshalb revolutionäre Bestrebungen abzuwenden vermochten, weil sie ihre Machtstellung nicht allein durch repressive Unterdrückung, sondern zunehmend mittels „Ideologie"[59] zu stützen wussten. Vor diesem Hintergrund sind Massenmedien wie die hier zu untersuchenden Zeitungen einzuordnen, nämlich als zunehmend monopolistisch geführte, institutionalisierte Träger von hegemonial wirksamer Ideologie, als fest gefügte Form-Konzept-Relationen, kognitive Perspektivität und schließlich als Handlungsoptionen.

Die Analyse von Form-Konzept-Relationen könnte daher Aufschluss darüber geben, welche sprachlichen und sozialen Handlungen unter welchen kognitiv-perspektivischen Bedingungen konzeptualisiert, das heißt: gesellschaftlich gewollt und welche etwa mit dem ‚Siegel des Fiktiven und Unmöglichen' reglementiert sind.

2.4 Linguistische Mediendiskursanalyse

Wie die bisherigen Ausführungen zu erkennen geben, ist es nicht primäres Ziel, die Diskursinhalte und sozialen Handlungen zu einem Ereignis zu ermitteln, sondern die (i.w.S.) sprachlichen Strukturen, die diese hervorbringen und im Diskurs positionieren. Dem liegt die Hauptprämisse linguistischer Diskursanalyse zugrunde, dass nämlich Inhalte „ausdrucksseitig auf vielfältige Art und Weise übermittelt werden" können, dennoch „die jeweils ausgewählte Versprachlichungsform kein Zufallsprodukt" darstellt. „Es handelt sich um einen gezielten Zugriff auf das Wissen über [...] Sachverhalte" in der Welt (vgl. E. FELDER: 1995, 50). Aus diesem Grunde kann auch das nicht-Versprachlichen von Sachverhalten (Schweigen) bedeutet werden.

In Betonung sprachlicher Perspektivität unterscheidet sich auch eine Linguistische Mediendiskursanalyse von anderen traditionellen Diskursanalysen (wie der Inhaltsanalyse oder anderen hermeneutischen Verfahren; vgl. hierzu W. FRÜH: 1998, 25ff.)[60]. Diese Untersuchung geht gerade nicht von einem konkreten Ereignis und seiner ‚Repräsentation' in Printmedien aus, sondern umgekehrt fragt sie nach der sprachlichen Grundlage, innerhalb derer sich Referenzobjekte (als Ereignisse, Orte, Akteure usw.) konstituieren (können). Dies lässt auch die Fragestellung zu, inwiefern soziale oder hegemoniale Verhältnisse durch ihre sprachliche Konstitution in Medien erst geschaffen werden. Auch das Sprechen über den Diskurs selbst (Metadiskurs) kann in diesem

---

[59] Ideologie meint bei Gramsci nicht pejorative Inhalte, sondern allgemein kulturell gestützte kognitive Wissensrahmen. (Vgl. K. PRIESTER: 1981, 80).

[60] Linguistisch-semantische Diskursanalyse geht auch über die traditionelle Begriffsgeschichte hinaus, da sie nicht an einzelne Lexeme gebunden ist (vgl. D. BUSSE & W. TEUBERT: 1994, 27).

Kontext als konstruktive, den Diskurs nicht einfach ‚reflektierende' Leistung untersucht werden. Zu berücksichtigen ist bei sprachlichen Diskursanalysen allerdings, dass sie selbst wieder in Sprache konstituiert werden müssen (Hermeneutischer Zirkel). Dies erfordert einen sehr präzisen Umgang mit der subjektiven Eigensprachfärbung, da ansonsten Sprachstrukturen insbesondere epistemischer Reichweite nicht erkannt, verfälscht oder für den Rezipienten dieser Arbeit missverständlich werden können. Die strikte Trennung von Beschreibungs- und Bewertungsebene ist daher ein wichtiges Paradigma linguistischer Mediendiskursanalysen.

Die ‚Gefangenheit' in sprachlichen Prozessen ist schließlich auch ein Grund dafür, dass linguistische Ergebnisse (insb. im Hinblick auf Handlungsleitende Konzepte) lediglich als Hypothesen gelten können, die es mittels sprachlicher Belege plausibel, nicht aber beweisbar zu machen gilt. Die Beurteilung dieser Plausibilität sei wiederum dem Diskurs überlassen.

2.5 Beitrag zum Diskurs: Diskursanalyse als hegemoniale Praxis (Prämissen kritischer Wissenschaft)

Eine Folge konstruktiver wie ideologiekritischer Annahmen (vgl. o.) zeigt nicht zuletzt auch auf das Konstruktionspotential wissenschaftlicher Arbeit selbst: denn „derjenige, der sagt, was sein wird, trägt dazu bei, dass sein wird, was er sagt." (P. BOURDIEU: 2005, 26). Mit diesem Satz macht Bourdieu die objektivierende Wissenschaft selbst zum Objekt und fordert die Reflexion der gesellschaftlichen Bedingungen und Folgen wissenschaftlicher Arbeit. Denn

> „der positivistische Traum von der perfekten epistemologischen Unschuld verschleiert die Tatsache, dass der wesentliche Unterschied nicht zwischen einer Wissenschaft, die eine Konstruktion vollzieht, und einer, die das nicht tut, besteht, sondern zwischen einer, die es tut, ohne es zu wissen, und einer, die darum weiß und sich deshalb bemüht, ihre unvermeidbaren Konstruktionsakte und die Effekte, die diese ebenso unvermeidbar hervorbringen, möglichst umfassend zu kennen und zu kontrollieren" (P. BOURDIEU: 1997, 394).

WissenschaftlerInnen sind nicht nur Intellektuelle kraft Amtes, die die „Muße" besitzen, „sich von den Evidenzen des Alltagslebens zu lösen, um sich außer-alltäglichen Fragen zu stellen oder Alltagsfragen in außer-alltäglicher Form zu stellen" (P. BOURDIEU: 1997a, 76). Sie sind mit A. Gramsci auch die „‚Gehilfen' der herrschenden Gruppe bei der Ausübung der subalternen Funktionen der gesellschaftlichen Hegemonie und der politischen Regierung" (A. GRAMSCI: 1990-2005, Bd 4, 1202). Das heißt genauer, sie

> „arbeiten mit den Superstrukturen das Terrain ihrer Arbeit aus, gewinnen Intellektuelle anderer sozialer Klassen für einen Kompromiss, und sie konzipieren das, was in der Gesellschaft für allgemein, wahr und objektiv gehalten wird. In ihnen, in ihrem Namen, ihrer Reputation, ihrer Sichtweise, ihren ästhetischen, wissenschaftlichen Erzeugnissen, journalistischen Einschätzungen, ökonomischen Empfehlungen nimmt der Kompromiss eine ganz eigene Form materialer Härte an, der sich kaum jemand zu entziehen vermag. Auf sie achtet man, weil man erwartet, dass sich in ihnen die gesellschaftliche Tendenz repräsentiert – und deswegen wiederum gelten sie als gut, legitim, objektiv, wahr, beein-

druckend, preiswürdig, anschlussfähig, anregend, stichwortgebend" (A. DEMIROVIĆ: 2002, 59).

Was für das reflexive Verhältnis von Kognition, Sprache und Sprachhandlung gilt, muss folglich als Einheit von Theorie (Geschichten im Schmidtschen Sinne) und Praxis (gesellschaftliches Handeln)[61] auch für die vorliegende Diskurs-Untersuchung gelten: Sie ist kein steriler Vorgang, sondern im Interpretationsakt eine Arbeit im und am Diskurs und damit gesellschaftsintervenierende Arbeit, Politik im weitesten Sinne.

In letzter Konsequenz bedeutet dies im Grunde die Zerstörung des Untersuchungsobjektes (des Diskurses), da er aus seinem Kontext herausgenommen, isoliert und gleich eines semantischen Kampfes bei Rücktransformation in den öffentlichen Diskurs mit (wissenschaftlicher) ‚Fremdsemantik' konfrontiert wird. Die Extrahierung und Summierung verschiedener Diskurs-Perspektiven (Polyperspektivität) kann damit nur in der Theorie eine objektive, sterile sein[62]. Sie suggeriert eine Neutralität, die faktisch nicht vorhanden, sondern Teil einer eigenen, liberalen (und beileibe nicht unumstrittenen[63]) Ideologie ist. In der Praxis bedeutet jedoch bereits die Wahl eines bestimmten Untersuchungsobjektes und Erstellung eines entsprechenden Textkorpus die fokussierende Setzung bestimmter Diskursteile, Inhalte und mit ihnen Zugangsweisen zu Dingen in der Welt (Objektivierbarmachung von Welt)[64].

Folglich war auch in Vorbereitung dieser Arbeit im Sinne einer Kritischen Wissenschaft[65] zu entscheiden, ob sie „ihre rationalen Erkenntnisinstrumente in den Dienst einer immer rationalisierten Herrschaft" stellen, oder „rational die Herrschaft und insbesondere den Beitrag, den das rationale Bewusstsein zur faktischen Monopolisierung der Gewinner der universalen ratio leistet" (P. BOURDIEU: 1997a, 106), untersuchen möchte. Damit verbunden ist ferner die Entscheidung, (nicht ob, sondern) welcher Art von Hegemonie sich eine wissenschaftliche Praxis im Kampf um Hegemonie[66] verschreibt. Die Analyse des Diskurses über die Unruhen in den französischen Vorstädten und seiner sprachlichen Konstitution zielt vor diesem Hintergrund auf eine Klärung

---

[61] Vgl. hierzu auch insbesondere die Ausführungen Gramscis zur „Philosophie der Praxis" und zur Einheit von Geschichte, Philosophie und Politik (vgl. A. GRAMSCI: 1990-2005, Bd. 10, § 2).

[62] Bereits Nietzsche kritisierte den Drang nach quasi neutralem, moralfreiem Wissen: denn hinter dem „Willen zum Wissen" verberge sich in Wahrheit der „Wille zur Macht", der sich über die Triebe erhebe („Trieb ist herrschsüchtig: und als solcher versucht er zu philosophieren"; vgl. F. Nietzsche: 1930, 10).

[63] Wie sich dies etwa im Positivismusstreit von Popper und Habermas zeigte.

[64] Vgl. hierzu auch U. PÜSCHEL (1975, 4).

[65] „Kritische Wissenschaft bewährt sich daran, dass sie die Verhältnisse objektiv auf den Punkt bringt, und in dieser Objektivität die darin sich realisierenden gesellschaftlichen Interessen zeigt. Das ist das, was man als *Parteilichkeit* bezeichnen kann. „Parteilichkeit" bedeutet gerade nicht, Objektivität zu beugen, sondern wissenschaftliche (und alltägliche) *Konzepte* daraufhin beurteilbar zu machen, inwieweit in ihnen der Klassenrealität der bürgerlichen Gesellschaft einzelwissenschaftlich blind durchschlägt oder konkret reflektiert ist und auf dieser Grundlage zu ihnen Stellung zu beziehen [...], was auch bedeutet, den *eigenen* Standpunkt als solchen kenntlich zu machen [kursiv: MM]" (M. MARKARD: 2005, 26).

[66] Mit der Unterscheidung von Hegemonie und Gegenhegemonie (d.h. Kampf um Hegemonie) hatte Gramsci m.E. bereits vor knapp hundert Jahren das wissenschaftliche Konzept der Semantischen Kämpfe (vgl. o. 2.2.4) nicht nur vorweggenommen, sondern auch in seiner gesellschaftlichen Tragweite genauer konzipiert.

der Bedingungen, wie heute über verschiedene gesellschaftliche Auseinandersetzungen, respektive Widerstandsformen gesprochen wird, sowohl explizit (etwa in der Rekurrierung auf das Handeln der Jugendlichen) als auch implizit (welche Handlungsformen werden welchem semantischen Raum zugeordnet). Sie wählt einen Diskurs, der – wie sich später auch zeigen wird – eher als Randphänomen die politische Öffentlichkeit beschäftigte und als Abbruch für andere Sekundärdiskurse diente. Nicht zuletzt zeigt sich die hegemoniale Rückbesinnung auch in den Quellen und wissenschaftlichen Strömungen, wie sie hier zur Fundierung der Arbeit zum Tragen kommen.

3 Untersuchungsmethoden

Im Folgenden sei die Methodik zur qualitativen wie quantitativen Erhebung semantischer Felder und ihrer sprachlichen Konstitution näher expliziert, wobei theoretische wie praktische Probleme um des begrenzten Rahmens dieser Studie Willen nur angedeutet werden können. Um nicht nur das „Grundproblem" empirischer Textuntersuchung, nämlich die „Explikation latenter Sinnstrukturen" (P. SCHLOBINSKI: 1996, 179), sondern auch potentielle hegemoniale Effekte (vgl. 2.5) so gut wie möglich kontrollieren bzw. offen der Diskussion stellen zu können, ist es Ziel dieser Arbeit, sämtliche Interpretations- und Konstitutionsprozesse transparent zu machen und sie detailliert zu dokumentieren. Aus diesem Grund wird auch bei der Vorstellung der Ergebnisse nur bei Bedarf (diachrone Vergleiche) auf das Datum der Erscheinung, immer jedoch auf spezifische Belegnummern verwiesen, anhand derer sämtliche interpretatorischen oder kategorischen Analyseleistungen im Anhang nachvollzogen werden können.

A2 Zeitintervalle des
Primärtextkorpus:
- 06.10.1990 – 14.10.1990
- 27.10.2005 – 31.01.2006
- 20.03.2006 – 31.03.2006
- 25.10.2006 – 05.11.2006
- 01.04.2007 – 13.05.2007

3.1 Erhebung und Auswahl der Textkorpora

Das Textkorpus als Grundlage für die Mediendiskursanalyse umfasst insgesamt 360 Artikel (exklusive Bildern) aus den Printmedien „Neues Deutschland" (82), „SÜDDEUTSCHE ZEITUNG" (121) und „DIE WELT" (157)[67], aus dem Zeitraum von Oktober 1990 bis 2007. Das systematisch ausgewertete Primärtextkorpus umfasst dabei insgesamt 325 Beiträge aus den im Kasten (A2) verzeichneten Zeiträumen sowie einem punktuell ausgewerteten Sekundärtextkorpus von insgesamt 35 Beiträgen in Zeiträumen dazwischen. Die Zeiträume ergeben sich aus der in 1.2 sowie im Anhang (8.1) skizzierten, nach Abgleich von Medieninhalten und soziologischer Studien rekapitulierten Chronik der Ereignisse. Damit ist zugleich der Konstitutionsprozess zu problematisieren (D. BUSSE & W. TEUBERT: 1994, 14): der zu untersuchende Diskurs (und

---

[67] Im Folgenden werden die Zeitungen als ND, SZ und WELT abgekürzt.

folglich auch das Textkorpus) konnte nämlich erst nach seiner zumindest groben Kenntnis erstellt und für systematische diachrone Vergleiche eingegrenzt werden.

Jahre	Monate	ND	SZ	WELT	Gesamt
	Okt		2	2	4
1990 Gesamt			**2**	**2**	**4**
2005	Okt		1		1
	Nov	52	92	86	230
	Dez	6	8	13	27
2005 Gesamt		**58**	**101**	**99**	**258**
2006	Jan	3	6	10	19
	Feb			5	5
	Mrz	2	2	8	12
	Apr	2		2	4
	Mai			2	2
	Jun	1		3	4
	Jul			1	1
	Aug			2	2
	Sep			1	1
	Okt	9	7	10	26
	Nov	1			1
	Dez			1	1
2006 Gesamt		**18**	**15**	**45**	**78**
2007	Jan	1		2	3
	Mrz			3	3
	Apr	2	1	4	7
	Mai	3	2	2	7
2007 Gesamt		**6**	**3**	**11**	**20**
Korpus Gesamt		**82**	**121**	**157**	**360**
Primärtextkorpus		**75**	**120**	**130**	**325**
Sekundärtextkorpus		7	1	27	35

A3 Gesamtes Textkorpus

Um den Primärdiskurs (vgl. 4.1) ab dem 27.10.2005, dem in den Medien konstituierten Beginn der Ereignisse, vollständig zu erfassen, wurde in den Zeiträumen des Primärtextkorpus eine Komplettdurchsicht der Printmedien durchgeführt. Um insbesondere (Inter- und Intraseiten-)Intertextualität und mit ihr wichtige Sachverhaltsverknüpfungen ermitteln zu können, wurden darüber hinaus ausschließlich Mikrofilm/Mikrofiche sowie Printausgaben der Zeitungen verwendet; im Falle von ND und WELT wurde zusätzlich in Online-Suchmaschinen nach in Vorrecherchen aufgefallenen Schlüssellexemen (*Unruhen, Paris, Vororte, Banlieues* u.ä.) gesucht und Texte vor allem des erweiterten Textkorpus aufgefunden.

Da die Dokumentation von Analyseschritten – wie eingangs angeführt – für sehr wichtig erachtet wird, wurden sämtliche erhobenen Beiträge gescannt und mit spezifischen Angaben zu Medium, Datum, Rubrik, Seitenzahl, Seitenplatzierung[68], Verschränkung[69] und einer Belegnummer[70] verzeichnet (s. Anhang 8.4). Anhand dieser Angaben können intertextuelle Bezüge etwa nach den Aspekten der räumlichen Nähe, mutmaßlicher Leserichtung u.ä. genauer nachvollzogen werden.

Maßgebliche Kriterien bei der Auswahl der Textkorpora waren entweder explizite Rekurrierung auf das Ereignis, auf den Ort oder handelnde Akteure (Schlüssellexeme, vgl. o.).

Die Wahl der Printmedien erfolgte nach dem Kriterium einer größtmöglichen politischen Repräsentation gegenüber der Varianz aller (Print-)Medien. Da hierzu bislang freilich keine verlässlichen Daten zur Verfügung stehen, wird vermutet, dass in Stereotypen der Bevölkerung das ND eher dem linken, die WELT dem rechtskonservativen Spektrum und die SZ schließlich einer mitte-liberalen Position zugerechnet wird. Alle ausgewählten Zeitungen sind ferner Tageszeitungen und verfügen über ähnliche Rubriken (insb. im Hinblick auf die Trennung von im weitesten Sinne politischberichtenden, meinungsbetonten und feuilletonistischen Texten). Sie erscheinen überregional[71] in für die jeweils politischen Richtungen ähnlich hohen Auflagen[72], in Farbe und bebildert, und bieten nicht zuletzt Online-Angebote an, auf die in den Papierausgaben verwiesen wird. Alle drei Medien verfügen auch über Auslandskorrespondenten (Vgl. unten 4.1.4.) und zeigen damit eine vergleichbare institutionelle Organisationsstruktur (im Gegensatz etwa zu kleineren, stärker auf Agenturquellen angewiesene Medien).

Schließlich sei darauf hingewiesen, dass der aus Kostengründen zunehmende Abbau von Printmedien-Archiven den Zugang zu (älteren) Papierausgaben immer weiter erschwert, wenn nicht gar zu manchen Teilen bereits unmöglich macht. Möchte linguistische Forschung etwa zur Intertextualität oder Interpikturalität auch in Zukunft auf verlässliche Quellen zurückgreifen, ist m. E. dringend über zentrale, universitätsübergreifende Archive nachzudenken, die besonders alte, aber auch neue digitale Bestände vollständig erhalten.

3.2 Induktive, synchrone und diachrone (Re)konstruktion des Unruhen-Diskurses und seiner Bewertungen (Sachverhaltskonstitution, Sachverhaltsverknüpfung und Sachverhaltsbewertung)

Um den Diskurs und seine Organisation zu erfassen, wurden sämtliche Erhebungen, sowohl ausdrucks- als auch inhaltsseitig, intermediär, synchron (auf einer Zeitstufe)

---

[68] Die Seitenplatzierung wurde nach einem Raster von 3 (horiz.) x 3 (vert.) Feldern (Links, Mitte, Rechts x Oben, Mitte, Unten) codiert.

[69] Belegnummern zu Beiträgen, auf die im Text explizit, etwa mittels Deixis verwiesen wird oder bei Vermutung zu Intraseiten-Intertextualität.

[70] Die Belegnummern in der Codierung X, Y/Z sind folgendermaßen zu lesen: X = fortlaufende Belegnummer für einzelne Medienseiten; Y = spezifischer Beitrag auf derselben Seite von X; Z = Gesamtanzahl an relevanten Beiträgen auf derselben Seite von X.

[71] Das ND hat seinen Vertriebsfokus mutmaßlich vor allem in den neuen Bundesländern, zählt jedoch noch immer zu den verbreitetsten links einzuordnenden Printmedien in Deutschland.

[72] Wochenausgaben: ND (45.010), WELT (276.670), SZ (443.906); Angaben nach http://www.mediadaten.com (Stand 02/2007 [12.09.2007]).

und diachron (über größere Zeitspannen hinweg) miteinander verglichen. Deduktive Herangehensweisen waren ursprünglich insbesondere zur Erfassung des Konzeptes <Sozialer Widerstand> angedacht. In der Tat half auch ein erster Überblick zu Widerstandskonzepten, wie sie in Nachschlagewerken verzeichnet sind, um das eigene ‚Konzeptlese- und Differenzierungspotential' auf mögliche Details hin zu schärfen. Doch bald stellte sich heraus, dass die deduktiv zugrunde gelegten Widerstandskonzepte sich zu abstrakt und invariabel gegenüber induktiv erfassten Konzepten verhielten[73], so dass schließlich von einer deduktiven Methode – abgesehen von der korpuskonstituierenden Vororientierung anhand kategorischer Referenzobjekte[74] – vollends abgesehen wurde.

3.2.1 Zur semasiologischen Ermittlung Handlungsleitender Konzepte

Den Prämissen des Semiotischen Dreiecks (2.1) folgend, wurden in einem ersten Analyseschritt für das Gesamtkorpus induktiv die für den Diskurs typischen **Referenzobjekte** erfasst. „Typisch" meint dabei eine vertretbare und zweckdienliche Differenzierung an Referenzobjekten, die sich an Kriterien wie wiederkehrende Belege (mehr als einmal) oder besondere Hervorhebung von Einzelbelegen innerhalb des Diskurses orientierte. Hieraus ergaben sich folgende für den Primärdiskurs zentralen und teilweise untergliederten Referenzobjekte:

- EREIGNIS und Teilereignisse (4.3.1)
- ANLASS und URSACHEN (4.3.2)
- FOLGEN (4.3.3)
- Beteiligte AKTEURE und ihr HANDELN (4.3.4)
- Ereignis-ORTE[75] (4.3.5)
- BEGEGNUNG der Unruhen[76] (4.3.6).

Im gleichen Schritt wurde die **sprachliche Konstitution der Referenzobjekte** erfasst und nach

- Lexemebene,
- Ebene der Kollokationen (wiederkehrende Zweiwort-Komposita wie *Vorstadt-Unruhen*),
- Ebene der Syntagmen (Teilsätze oder Sätze mit mehr als zwei Lexemen, weniger aber als fünf Sätze bzw. Texte),
- Ebene der Texte (Intertextualität),
- Ebene der Bilder, Grafiken und Karikaturen (inkl. Interpikturalität) sowie der
- Ebene der Text-Bild-Beziehungen

in dynamische Datenbanklisten kategorisiert.

---

[73] Einzelne Lexemverbände ließen sich schlicht keiner oder viel zu viel deduzierten Attributfeldern zuordnen, so dass eine Spezifizierung sich entweder in immer weiteren Differenzierungen und Einzelfällen verloren oder aber zu wenig Aufschluss bringenden Idealkonzepten geführt hätte.

[74] Das heißt, dass nach der Vorstellung, in einem jedem Diskurs verorteten sich ein oder mehrere EREIGNIS(se), ORTE und AKTEURE, die Medien auf mögliche Diskursträger (Texte, Bilder) durchsucht wurden.

[75] Gemeint sind vor allem die Handlungsorte, in denen die Ereignisse räumlich konstituiert werden.

[76] Zielt auf die BEGEGNUNG der verschiedenen Akteure, ihrer Handlungen, Pläne und Absichten, die zu einer Verringerung der Unruhen beitragen <u>sollen</u> sowie die Bewertung der anschließenden (auch fehlenden) <u>Wirkungen</u>.

Anhand dieser Lexemlisten konnte in Anlehnung an E. FELDER (1995; vgl. 2.2.2) semasiologisch von systematischen Ausdrucksbelegen und ihren einzelnen Begriffen bzw. Teilbedeutungen auf die Handlungsleitenden Konzepte der Autoren geschlossen werden. Attributfelder, wie sie E. Felder vorsieht[77], helfen einerseits dabei, einzelne Konzepte präziser zu differenzieren (z.b. <Integration>: ‚assimilierende' (WELT) vs. ‚akkomodierende' (ND)); andererseits besteht aber auch leicht die Gefahr, Konzepte um der Prägnanz oder Anschaulichkeit Willen auf konträre Teilbedeutungen zu reduzieren. Um dem zu begegnen, werden in dieser Untersuchung unter einem Attributfeld zunächst sämtlich als relevant eingeschätzte Teilbedeutungen eines Konzeptes subsumiert und je nach Beleg aufgeführt. Zwei Teilbedeutungen kontrastierende Attributfelder werden explizit als *antagonistische Attributfelder* hervorgehoben.

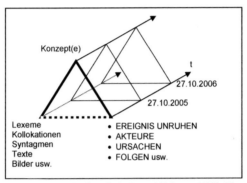

A4 Anwendung des Sem. Dreiecks nach E. FELDER (1995, 11)

Aus den Handlungsleitenden Konzepten ließen sich ferner **Sachverhaltskonstitution** und **Sachverhaltsverknüpfung** (Assoziierung verschiedener Sachverhalte unter einem Konzept) im Hinblick auf die einzelnen Referenzobjekte und ihre Verortung im Diskurs (re)konstruieren. Die **Sachverhaltsbewertung** ergibt sich schließlich aus Denotation und Konnotation der einzelnen (oder verbundenen) Ausdrucksformen (vgl. ebd.). Sie wird bei Bedarf und wo nicht unmittelbar für zeitgenössische Rezipienten ohne weiteres einsichtig, mit „(+)" für positive, „(-)" für negative und „(0)" für neutrale Wertungen[78] explizit angezeigt.

Intertextuelle, interpikturelle sowie Text-Bild-Beziehungen fußen auf der bereits geschilderten Annahme, dass sie in Kohäsions- und/oder Kohärenzverhältnissen Verweise für den Rezipienten bereitstellen, um einen Sachverhalt mit einem anderen als verbunden zu signalisieren. Somit tragen diese drei Ebenen mittels „indexikalischer Verweisrelationen" (W. NÖTH: 2000, 494) vor allem zur Sachverhaltsverknüpfung und Verflechtung verschiedenster semantischer Felder bei. Besondere Berücksichtigung gilt dabei auch der kontextuellen Sachverhaltsverknüpfung, das ist die Frage, inwiefern einzelne Texte einfach isoliert oder nur im Textverbund besonders einer Zeitungs-

---

[77] „Zu einem Attributfeld gehören zwei gegensätzliche Kategorien, die durch Attribute (Begriffe) hoher Allgemeinheit gekennzeichnet sind" (E. FELDER: 1995, 67).
[78] Zwischenformen wie (0/-), (0/+) usw. sind analog zu verstehen.

seite sowie unter Berücksichtigung wahrscheinlicher Leserichtung (Aspekt der Fokussierung einzelner Beiträge) betrachtet werden können. – Auf die Wichtigkeit ko- und kontextabhängiger Textanalyse in Pressetexten weist auch M. JUNG (1994, 68) hin. Es sei ein Unterschied, ob ein bestimmtes Lexem im Titel, Lead oder Body, auf Seite 1 oder auf Seite 24 erscheine. Kontextuelle Einflüsse oder Rahmenbildung (etwa durch Kolumnenlead, vgl. 3.4 und 4.1.7) würden andernfalls vollständig ausfallen, wichtige Sachverhaltsverknüpfungen im Diskurs unterschlagen werden.

Intermediäre, synchrone und diachrone Vergleiche zielen schließlich auf die Ermittlung potentieller Semantischer Kämpfe und – dem methodisch vorgeordnet – auf die Analyse systematischer Auseinandersetzungen um den ‚richtigen Ausdruck' (gleich welcher Ebene). Die Beschreibung syntagmatischer oder grammatischer Belege erfolgt mittels Duden- (2006) und der Online-Grammatik gr@mmis des Instituts für deutsche Sprache (IdS).

3.2.2 Pragma-semiotische Analyse von Bildern und Bild-Text-Äußerungen

Obgleich im vorherigen Kapitel Bilder als Ausdrucksebene für die Ermittlung Handlungsleitender Konzepte genannt wurden, so stellt sich die Erfassung ihrer mutmaßlich konzeptuellen Konstitution als unverhältnismäßig schwieriger dar (vgl. auch 2.2.1), als dies bei sprachlichen Ausdrücken der Fall ist. Abgesehen davon, dass Bilder ein Sachverhalts-Abbildungsverhältnis suggerieren, bei dem „die Arbitrarität wegzufallen scheint" (E. FELDER: 2007, 201), steht die Bestimmung von Sachverhalten in Bildern bereits vor dem Problem einer angemessenen ‚Übersetzung' von Bild- in Schriftsprache, ein dezidiert methodisches Problem, das bei der Dokumentation bildinterpretatorischer Leistungen auf Grund sprachzentristischer Vorstellungen meist unberücksichtigt bleibt. Vernachlässigt bleibt dabei, dass die oft problematisierte Polyvalenz von Bildern nicht zu einer ontischen Eigenschaft gehört, sondern Auskunft über die kulturell tradierte Bildlesekompetenz von Rezipienten geben könnte. Aus dem gleichen Grund widerspreche ich auch H. BURGER (2006, 398) und E. FELDER (2007a, 360), Bilder seien allein in ihrem kommunikativem, respektive textuellen Umfeld interpretierbar. In Anlehnung an vorherige Ausführungen (2.2.3) sei erneut an die Prototypensemantik erinnert, die in pragmatischen Rahmen die Differenzierung vor allem sich wiederholender Bildelemente erlaubt. Vor diesem Hintergrund bedient sich die vorliegende Arbeit dem Ansatz von K. SACHS-HOMBACH (2006, 175f.) und ermittelt für Bilder (sowie bildhafte Textorganisation[79]) folgende Gesichtspunkte:

- „Typikalität", i.e. die Frage, „wie typisch die dargestellten Eigenschaften für eine Gegenstandsklasse sind" (z.B. Einordnung von /Kapuzenträgern/ und /Uniformierten/ als Akteure der Unruhen);
- „Kotext" als die „Summe der Bildelemente" innerhalb der untersuchten Bildfläche: die „Organisation der Formelemente nach Gestaltgesetzen ist hierbei sehr grundsätzlich" (z.B. die Einordnung von Rauch zu einem brennenden Wagen oder einer Gaspatrone; wichtig auch für die Interpretation von handgezeichneten Karikaturen);

---

[79] Damit ist die Organisation von Texten nach gestalttheoretischen Aspekten gemeint, etwa bei Umrahmung mehrerer Artikel.

- „**Kontext**" schließlich zielt auf „Aspekte der physischen Bildumgebung", in Printmedien vor allem andere Bilder oder Texte, die Bildgegenstände näher prädizieren.

Der Aspekt des Kontextes nach Sachs-Hombach deckt sich mit einem zentralen Analyseelement des Methodenansatzes zur **Ermittlung von Bild-Text-Äußerungen** nach E. Felder (2007a): Felder interessiert sich für die Frage, welche „Handlungen [...] im kommunikativen Akt zur Konstitution von Sachverhalten mit Hilfe von Sprach- und Bildzeichen vollzogen" werden (ebd., 359). Dabei betont er die Mehrfachadressierung und daraus resultierende Polyfunktionalität von Bildern in (Print-)Medien (ebd., 366) und folgert, dass Bildfunktionen nur durch kontextuelle, d.h. intertextuelle Beziehungen konkretisiert werden könnten. E. Felder schlägt darum einen dreigeteilten Ansatz vor: Erstens, die abstrakte Einteilung in **funktionale Oberklassen** in Anlehnung an Sierle; Felder unterscheidet

- **Repräsentativa/Assertiva**, wenn Bilder (Fotographien) den durch sie konstituierten Sachverhalt als wahr behaupten;
- **Deklarativa**, wenn diese Bilder einen Sachverhalt kennzeichnen oder kategorial einordnen; das auf diese Weise konstituierte Wissen dient anschließend als semantischer Rahmen für Folgeinterpretationen (Folgeeinordnungen) gleicher oder anderer Sachverhalte (Sachverhaltsverknüpfung);
- **Expressiva**, wenn Bilder den durch sie konstituierten Sachverhalt (insb. emotional) bewerten (z.b. durch erkennbare Mimik)
- **Direktiva**, wenn Bilder zu einem bestimmten Handeln auffordern und
- **Kommissiva**, wenn Bilder ihren Publizisten zu etwas verpflichten.

Zweitens wird die **konkrete Bild-Text-Äußerung** erfasst (z.B. ,Islam illustrieren', ,zu Veränderung der Integrationspolitik auffordern'). Zur Vermittlung zwischen abstrakter und konkreter Analyseebene schlägt Felder (im Anschluss an O. SCHOLZ: [2]2004, 113f.) die induktive Ermittlung von „**Handlungstypen**" unter dem Aspekt singulärer vs. genereller Denotation vor. Bilder sind dann primär singulär denotierend, wenn sie den Sachverhalt als einmaliges Ereignis konstituieren (Ereignis-Bild), generell denotierend hingegen, wenn die Bilder das Dargestellte in einen Typ- oder Gattungsrahmen einordnen (Genre-Bild)[80]. Die Analysepraxis zeigte allerdings, dass gerade bei Bildern zu Ereignissen, die sich nicht auf einen einzigen punktuellen Zeitpunkt fokussieren lassen (wie es bei den dreiwöchigen Unruhen der Fall ist), keine genaue Grenze gezogen werden kann, an der sich etwa ihre (Bilder) von einer prädizierenden zu einer nominalen Funktion verändern. Eher lässt sich jedoch von Genre-Bildern ,mit Ereignispotentialen' (Bilder mit Elementen hoher Zuordbarkeitswahrscheinlichkeit) oder Ereignisbildern ,mit Genrepotentialen' (singulär denotierende Bilder mit hohen Prädikationsanteilen) sprechen (ausführlich hierzu 4.6).

---

[80] Sachs-Hombach unterscheidet Bilder ebenso als „singulärer oder genereller Terminus", d.h. die Bildfunktion lässt sich als „Nominator" oder „Prädikator" beschreiben (vgl. K. SACHS-HOMBACH: 2006, 167f.).

3.2.3 Ermittlung von (sozialer) Medienperspektivität nach Köller (2004)

Die unter 2.2.4 in ihren Grundlagen dargestellte Analyse medialer Perspektivität nach W. Köller (2004) dient in dieser Arbeit begleitend

- der Erhebung funktional-grammatischer Einbettung semantischer Felder insbesondere im Hinblick auf Geltungsanspruch und Grad der Anfechtbarkeit von Äußerungen, sowie
- der Spezifizierung von Agens-Objekt-Beziehungen.

Geltungsanspruch, d.h. der **Modus**, in dem einzelne sprachliche Aussagen Sachverhalte als 'wahr' konstituieren[81], lässt sich mit Köller nach zwei Aspekten gliedern (W. KÖLLER: 2004, 445ff.):

- „Modifikation" bezieht sich auf „Modalitätsproblem[e] auf der Objektseite"; modifizierende Aussagen in diesem Sinne prädizieren den Geltungsanspruch eines konstatierten Sachverhaltes scheinbar ,aus sich heraus' (aspektseitig).
- „Modalisation" hingegen akzentuiert den Stellenwert eines Sachverhaltes in einer bestimmten Wahrnehmungs- und Kommunikationssituation aus der Sicht des jeweiligen Sprechers (ebd., 447) und markiert mehr oder weniger offen die Perspektive des Sehepunktes.

Während sich Modalisation vor allem an Modaladverbien und Modalsätzen (z.B. *natürlich, wirklich, in der Tat, keineswegs*), Modalpartikeln (*ja, nun*), Distanzmarkern (*,Banlieues', so genannte Banlieues*) und Skepsissignalen (z.B. im Verbmodus des Konj. II) ablesen lässt, findet sich Modifikation auf nahezu allen sprachlichen Ebenen (Lexik, Syntax, Grammatik). Dies ist auch der Grund, warum m.E. weniger von Modifikation vs. Modalisation, sondern vielmehr vom **Geltungsanspruch** und **Grad der Anfechtbarkeit** gesprochen werden sollte. Denn der aspektseitige Anspruch auf Wahrheit findet sich in ausnahmslos jeder Aussage. Es ist jedoch eine Frage der Anfechtbarkeit, ob ein aspektseitiger Geltungsanspruch kenntlich gemacht und damit offener Kritik ausgesetzt wird (z.B. explizit mittels Modalwörtern wie *wirklich*) oder ob ein Geltungsanspruch möglichst verdeckt (persuassiv[82]) zum Tragen kommt. Reduzieren lässt sich die Anfechtbarkeit (und damit der implizite Geltungsanspruch erhöhen) vor allem durch Verdichtungen wie

- Partizipialkonstruktionen (*die Jugendlichen randalieren* vs. *die randalierenden Jugendlichen*)
- Substantivierungen/Univerbierungen (*randalierende Jugendliche* vs. *die Randalierer/die Randale, Vormarsch des Islams*)
- Komposita-Bildung (*Unruhen in den Vorstädten* vs. *Vorstadtunruhen*),
- Genetiv-Setzung (*angesichts des globalisierten Kapitalismus, Jugendliche der Revolte*)

---

[81] Köller spricht von der Frage, ob ein Sachverhalt „in das Reich der Wirklichkeit, der Möglichkeit oder Notwendigkeit fällt und wie sich diese Funktionen versprachlichen lassen" (W. KÖLLER: 2004, 445).

[82] Das Grundprinzip der Persuasionsforschung ist im Kern, „eine Überzeugung (Persuasion) des Publikums durch Botschaften, glaubwürdige Quellen, Appelle und Ähnliches zu erzielen" (vgl. W. KLINGLER & G. ROTERS: 1999, 114).

- Komplexe Schachtelsatzbildungen und Nebensatzkonstruktionen (*daß Frankreich ein lebendes Paradoxon ist, nämlich ein Land, in dem sich revolutionärer Geist und extremer Konservatismus nicht nur nicht ausschließen, sondern vermählt haben, so daß man verkürzt sagen kann, Frankreich sei der Hort einer permanenten Revolution gewesen, deren Träger und Garant aber der Staat und seine Institutionen waren*)

Diese Liste an Beispielen der Reduzierung von Anfechtbarkeit ist längst nicht vollständig, doch sie gibt einen Eindruck über die Fülle an Möglichkeiten, dem Rezipienten handlungsleitende Konzepte ungesehen schmackhafter zu machen, ja Sachverhaltskonstitutionen als quasi gegeben darzustellen.

Zur Beschreibung von Agens-Objekt-Beziehungen lässt sich ferner auch die Perspektivität durch **Genera Verbi** methodisch fruchtbar machen (vgl. ebd., 465): Die Beschreibung einer (Akteur-) Handlung im Passiv statt im unmarkierten Aktiv zieht eine „Intransitivierung" nach sich, das heißt, ursprünglich aktivische Prozesse werden einer Valenzstelle, ihres Agens und mit ihm seiner Handlungsintentionen beraubt (z.B. *In den Vorstädten wird nicht die Marseillaise gesungen*[83]). Passiv-Konstruktionen können damit zur „Argumentreduktion" (G. ZIFONUN: 2000, 326) genutzt werden und einen Vorgang sogar umgekehrt darstellen (als liefe der Prozess auf das subjektivierte Objekt zu). Mittels der Satzendung im Partizip nimmt die Relevanz des Prozesses (etwa einer spezifischen Handlung) ab zugunsten einer auf das Prozessresultat fokussierten Sachverhaltskonstitution[84].

Die Analyse von Perspektivität, wie sie hier skizziert wurde, kann auch einen Beitrag zum Verständnis intertextueller Beziehungen, respektive der perspektivischen Einbettung von Zitatquellen beitragen. In dieser Arbeit wird versucht, die Zitatquellen danach zu beschreiben, ob der Autor sich zustimmend hinter sie [„(+)"], widersprechend vor sie [„(-)"] oder neutral (d.h. die zitierten Aussagen additiv-summarisch einbettend) über sie stellt [„(0)"][85].

Perspektivische Verknüpfung mittels **Konnexion** wird in dieser Arbeit nur am Rande zur Beschreibung von Sachverhaltsverknüpfungen berücksichtigt; der Analyse liegt die Kategoriendifferenzierung der Online-Grammatik gr@mmis[86] zugrunde.

3.3 Textsortenanalyse nach Lüger (1995) und Burger (2005)

Um Handlungsleitende Konzepte in der Medienberichterstattung differenzierter miteinander vergleichen zu können, sucht diese Arbeit die Medientexte auf den Prämissen der Textlinguistik systematischer zu erfassen. Versteht man **Pressetextsorten** zunächst

---

[83] In diesem Beispiel kommt es zudem zu einer ‚Expansion der Akteure', das heißt, vor dem Hintergrund, dass die AKTEURE überwiegend als <jugendliche Gruppen> konstituiert werden, werden sie hier implizit als Beispiel für <alle Frankreich-fremde Vorortbewohner> vorgestellt.

[84] Dieser Effekt nimmt zu mit dem Wechsel von Werden-Passiv zu Zustands-Passiv.

[85] [Polizeigewerkschaftler] *räumte ein, dass das Verhalten mancher seiner Kollegen verletzend [...] ist* (+) (ND, 284, 3/4); [Unruhen] *waren nach Einschätzung der Polizei eine 'soziale Revolte' und keineswegs das Werk organisierter Banden* (+) (ND, [272, 1/1]); *wie die Tageszeitung 'Le Monde' [...] erfahren haben will* (-) WELT [134, 1/1]; Grammatische Details s. 4.1.4.

[86] http://hypermedia.ids-mannheim.de/ pls/public/sysgram.ansicht?v_typ=d&v_id=366) [07.09.2007].

strukturell (monologisch, dialogisch) und funktional „als Spezialfälle einer allgemeinen funktionalen bzw. handlungstheoretischen Textsortentyplogie" (H. BURGER: 2005, 207f.), stellt sich die Frage, Texte eher nach „thematischen Textbasen" (Werlich: 1975) oder anhand von „funktionalen Typen" zu klassifizieren (vgl. K. ADAMZIK: 2004, 100). Der funktionale Ansatz ist für die Textsortenunterscheidung in der Presse insofern brauchbarer, als „es hier

> Konventionen der Zuordnung gibt, die mindestens außerhalb des Boulevard-Journalismus über längere Zeit stabil sind oder die sich mindestens innerhalb eines Blattes über längere Zeit etablieren, die für die regelmäßigen Leser damit zum berechenbaren Rezeptionsmuster werden" (H. BURGER: 2005, 210).

Ohne auf die Diskussion um verschiedene Termini der Textsortenlinguistik einzugehen[87], gilt es vor allem eine Typologie anzuwenden, die nicht rein deduktive (etwa in Anlehnung an Bühlers Organon-Modell oder den Illokutionstypen der Sprechakttheorie), sondern auch induktive Kriterien (wie Textgestalt und Layout) berücksichtigt[88]. Die hierzu „derzeit elaborierteste und am stärksten linguistisch ausgerichtete Typologie" (ebd., 208) bietet H. Lüger (1995)[89].

Nach H. Lüger lassen sich Textsorten als standardisierte „Sprachhandlungsschemata auffassen, die mit bestimmten Textmustern und -strategien jeweils spezifische Vermittlungsaufgaben erfüllen" (ebd., 77). Zentrales Element von textualisierten Äußerungen sei ihre Intentionalität (ebd., 51), wobei Lüger ähnlich wie Sierle (vgl. 2.2.3) Intention (incl. Illokution und Proposition) und Perlokution („Handlungsziel") voneinander unterscheidet. Danach differenziert er auch die folgenden fünf „Grundtypen" an Textintentionstypen, „denen wiederum entsprechende Klassen von Texten" empirisch[90] zugeordnet sind (ebd., 66-76):

Textintentionstyp	Erläuterung	Textsorten
Kontaktorientierte Texte	zielen auf „Kontaktherstellung": bauen Spannung auf, sind Blickfänger und Anreiz, darauf aufbauende ausführlichere Textteile zu lesen	Anreißer, Name der Zeitung, Aufmachung der Titelseite, Artikel-Überschriften, Lead und Zwischenüberschriften
Informationsbetonte Texte	vermitteln überwiegend wertneutral Informationen über Sachverhalt und stellt „Fakten als tatsächlich existierend" dar	Meldung, Harte Nachricht, Weiche Nachricht, Bericht, Reportage, Problemdarstellung, Zeitgeschichtliche Darstellung, Sachinterview
[Idealtypische Differenzierung; praktisch laufender Übergang („Übergangsphänomene", ebd., 70)]		
Meinungsbetonte Texte	„Einstufung" und „Kommentierung eines gegebenen Sachverhalts"; Intentionstyp: „bewerten' oder ,evaluieren'".	Kommentar, Glosse, Kritik, Meinungsinterview
Textintentionstyp	Erläuterung	Textsorten
[Idealtypische Differenzierung; praktisch laufender Übergang („Übergangsphänomene", ebd., 70)]		
Auffordernde Texte	das „Ziel solcher Texte besteht [...] in der Ausführung einer [der Aufforderung] entsprechenden Reaktion auf Seiten des Empfängers, wobei mit ,Reaktion' auch emotionale Zustände und Haltun-	„bevorzugtes sprachliches Mittel [...] sind Aufforderungen"

---

[87] Vgl. hierzu K. ADAMZIK (2004, 101ff.).
[88] So fordert auch allgemein W. HEINEMANN (2000, 513).
[89] Auch die Differenzierung von S.J. SCHMIDT & S. WEISCHENBERG (1994, 233ff.) differenziert weniger Medientextsorten als Lüger.
[90] H. Lüger benennt sein Textkorpus leider nicht, aus dem er seine Textsorten herleitet.

45

Instruierend-anweisende Texte	gen eingeschlossen sein sollen." für bestimmte Problemsituationen sollen „geeignete Maßnahmen zur Kenntnis gegeben werden, mit denen sich der Ausgangszustand verändern lässt."	Handlungsanleitungen, Ratgebungen

An H. Lüger (1995) und den Erweiterungen von H. Burger (2005) orientieren sich dann auch folgende Kriterien für die Text-Klassifizierung der vorliegenden Untersuchung. Von beiden nicht berücksichtigte, doch empirisch gegenständige Textsorten sind mit Asterisk (*) kenntlich gemacht.

Textsorte	Kritierien (Unterstreichung = notwendige, aber nicht hinreichende Bedingung)
Anreißer	Auffälligmachen des Informationsträgers" durch „Selektion von Inhalten", Sprachgestaltung durch Stilmittel oder unter „Hinzuziehung visueller Mittel" (typographische Mittel); Themen werden nur kurz „angerissen"; häufig mehrdeutige Titel im „Bemühen um textwerbende Originalität"; Syntagmen häufig komprimiert und verblose Kurzsätze, Interseiten-Verweise (vgl. H. LÜGER: 1995, 85)
Kolumnentitel* Kolumnenlead*	Seiten-Überschriften und Seitenleads, die auf nachfolgende Texte verweisen und formal (gehen über ganze Seite, teilw. Rahmen und Kästen) wie inhaltlich einen semantischen Raum präsupoieren; unterscheiden sich zu Anreißern in Umfang und Varianz der verwiesenen Sachverhalte (und Artikel). (Z.B. 284, 2/4 – Kolumnenlead; 164, 1/5 – Kolumnentitel)
Meldung	Information nur, „dass ein Ereignis stattgefunden hat" oder stattfinden wird (was, wo, wann, wie, weshalb, wer), i.d.R. nur wenige Zeilen, kaum explizite Wertungen, Sachverhaltskonstitution durch implizite Faktizität (Hoher Geltungsanspruch), Relativierungen durch Partikel oder Präsätzen (es ist damit zu rechnen); [Übergang zu Bericht fließend]. (ebd., 89)
Harte Nachricht	beschränkt sich auf Themen „von großer politischer, wirtschaftlicher und kultureller Bedeutung"; (zumindest explizit) „wertneutral" und achronischer Textaufbau (Wesentliches zuerst, Details zum Schluss); gehen häufig auf Agenturmeldungen zurück; daher ähnliche Syntaxerscheinungen wie bei Meldungen (Komprimierung durch Schachtelsätze oder Univerbierungen), häufige Redeerwähnungen und Authentizitätssignale (vgl. ebd., 94). Große Ähnlichkeiten zu Meldung und Bericht**.
Weiche Nachricht	„überwiegend" Darstellung von „Skandalen, Verbrechen, Naturkatastrophen, Unglücksfälle"; „Themen aus dem sog. human interest-Bereich" und entsprechende Überschriften; in der Einleitung (und häufig auch im Schluss) häufig „originelle Begebenheiten, markante Zitate oder humorvolle Gags vorangestellt"; Aufbau gekennzeichnet durch Kontraste, Phraseologismen und deren Abwandlungen, überzeichnende Darstellungsweisen; zielt auf Unterhaltung, Lesernähe, Wissenszuwachs (vgl. ebd., 104). Große Ähnlichkeiten zu Meldung und Bericht**.
Bericht	Struktur überwiegend: Texteröffnung: Titel(gefüge), evtl. Angabe des Korrespondent, Lead / Aufhänger; Hauptteil: Berichtetes Hauptgeschehen (Zitate / Kommentare / Hintergrundinformationen); Textschluss: Stellungnahme / Prognose; mehrzeilige Titel und mehrspaltiger Body; Kernbereich teilt mit, „wie ein Ereignis verlaufen ist, [...] wie einzelne Aspekte [...] zusammenhängen, [...] welche Folgen das Ereignis hat, [...] in welchen sozialen, historischen, politischen, kulturellen Zusammenhang das Ereignis steht." ; Leser-Distanzverkürzende und Authentizitätssignale; Ziel: Einordnung- und Bewertungsübernahme; Wissensaufbau; kaum explizite Wertungen (im Verhältnis zu Kommentaren) (ebd., 111f.).
Reportage	Ähnlich wie Bericht, jedoch perspektivische Berichterstattung (teilweise Ich-Form, „konkrete Wiedergabe von Eindrücken, Gefühlen, Einstellungen und Wertungen", Schilderung häufig in aktualisierendem Präsens, Temporaldeiktika und adverbiale Bestimmungen (dann plötzlich usw.); Präsupposition des Augenzeugen-Berichtes; „hoher Anteil" wörtlicher Redezitate (ebd., 113f.; H. BURGER: 2005, 215).
Problemdarstellung	Ähnlich wie Bericht und Reportage, jedoch „systematische[...] Entfaltung des Textinhalts", i.e. in Anlehnung an Große (1974) „expositorische Makrostruktur"; „Bezeichnungen wie ‚Hintergrundbericht' oder ‚analysierender Beitrag" (H. LUGER: 1995, 119); Fokus liegt nicht auf Aktualität, sondern auf größere Zusammenhänge, Sachverhalte und Zeiträume; wesentlich umfangreicher (bis zu einer ganzen Seite), Einleitung und Schluss bilden häufig Rahmen.

Textsorte	Kritierien (Unterstreichung = notwendige, aber nicht hinreichende Bedingung)
Zeitgeschichtliche Darstellung	Wie Problemdarstellung, doch statt expositorischer, temporale Makrostruktur (temporal meint nicht chronologisch; Bezug zu einer Zeitachse kann sehr variabel sein) (ebd., 122f.).
Sachinterview	Dialogsituation repräsentiere <u>Frage-Antwort-Situation des interessierten Lesers</u>, dessen Fragen vom Interviewten beantwortet würden (ebd., 124f.); im hier untersuchten Textkorpus nicht existent bzw. als Meinungsinterview eingeordnet [FV].
Kommentar	Problematisierung eines Sachverhalts in häufig argumentativer Textstruktur; Beinhalten <u>Rechtfertigungen</u> und „<u>Begründung</u> von Wahrheitsansprüchen"; Darstellung des bewerteten Sachverhalts sehr selektiv, d.h. häufig beruht der Kommentar auf einem anderen informationsbetonten Text; häufig <u>explizite Wertungen</u> (auch Modalpartikel, Modaladverbia); Ziel: <u>Einstellungsänderung</u>, d.h. Überzeugung des Rezipienten (ebd., 128).
Glosse	Im Vergleich zum Kommentar zugespitzter, <u>polemischer Stil</u>; Ziel ist nicht konsensfähige <u>Meinungsbeeinflussung</u> (wie beim Kommentar); „ein solcher Konsens wird vielmehr bereits vorausgesetzt"; <u>Ironiesignale</u> hier konstitutiv: Detailschilderungen, Umgangssprachliches, Partikelverwendung, Distanzmarker; Register- bzw. Stilverstöße (vgl. ebd., 138ff.).
Kritik	Beschäftigt sich im weitesten Sinne mit <u>Kunstkritik</u> (Film-, Theater-, Musikkritik usw.), informiert über kulturelles Angebot, Einleitung häufig mit Aufhänger, wertend und in Hintergrund einordnend (ebd.).
Meinungsinterview[91]	Dienen wie Kommentare dazu, „bezüglich der Einordnung gegebener Sachverhalte Argumente, Erklärungen, Hintergründe zu liefern und damit <u>auf die evaluative Haltung der Adressaten Einfluss zu nehmen</u>"; <u>dialogische Form</u>; <u>authentizitätsstützend</u>: suggeriert „Unmittelbarkeit der Information, im Eindruck der Wirklichkeitsnähe" (Müdlichkeits- und Autor-Prominenz-signale); Zwecke sehr unterschiedlich: Wissenserweiterung, Meinungssteuerung, öffentliche Selbstdarstellung einer Person oder Gruppe u.a. (vgl. ebd., 141f.).
Leserbrief*	Überwiegend <u>metadiskursiv wertende</u>, einen bereits in anderen Texten behandelten Sachverhalt und seine sprachliche Konstitution problematisierende Texte; <u>Autor- und Herkunftsangaben; Quellentextverweise</u>. Teilweise ersetzen Leserbriefe auch normale Texte und nehmen etwa die Stellung von eigenständigen Kommentaren ein (z.B. 241, 2/2).
Pressespiegel* Meinungsspiegel* Internetspiegel*	Nach meist wertneutraler Einleitung <u>additive Aufreihung von Zitaten</u> aus anderen (Print- oder Internet-)Medien; Ziel: Information und Orientierung geben über meist divergierende Meinungen zu in anderen Texten des Mediums behandelten Sachverhalten. Die Auswahl der Quellmedien und ihrer Aussagen entspricht in der Summe häufig der Haltung des Mediums bzw. seiner Leitartikel (z.B. 158, 2/2)
Essay*	Wie Kommentar, doch viel <u>umfassender; Wertungen werden meist in allgemeine</u> (häufig wissenschaftliche, literarische oder philosophische) <u>Kontexte</u> und größere Sachverhalte eingewoben.
Auffordernde Texte	„Angestrebte Adressatenreaktion wird direkter ausgedrückt" (ebd., 145) [Im untersuchten Textkorpus nicht belegt.].
Handlungsanleitungen	„praktische Tips", jede Art von Gebrauchs- oder Bearbeitungsanleitungen sowie Kochrezepte (ebd., 148) [Im untersuchten Textkorpus nicht belegt.].
Ratgebungen	Texte, „die dem Leser Informationen darüber liefern, wie man in bestimmten, als schwierig empfundenen Situationen sein eigenes Verhalten optimieren und die jeweils sich ergebenden Aufgaben leichter bewältigen kann." Im Unterschied zu Handlungsanweisungen „geht es nicht um Herstellung eines Produkts [...], sondern eher um Problemlösungen aus dem sozialen Handlungsbereich" (ebd., 150) [Im untersuchten Textkorpus nicht belegt.].

Schließlich sei auf die Kritik H. Burgers verwiesen, die die Lüger'sche Unterscheidung von Meldung, Bericht, Weicher und Harter Nachricht betrifft. Während Meldun-

---

[91] Die Unterscheidung Meinungs- vs. Sachinterview greift m.E. nicht, da sie die Rezipientensicht ausklammert: was ,nur' als Meinung oder schon als ,sachliche', glaubwürdige und authentische Informationsquelle gilt, hängt davon ab, wie der Interviewpartner vom Rezipienten eingeordnet wird.

gen und Berichte nämlich vor allem auf strukturellen Kriterien fußten, seien bei Weichen bzw. Harten Nachrichten im Wesentlichen inhaltlich-thematische Gesichtspunkte ausschlaggebend (vgl. H. BURGER: 2005, 212). Um methodisch präzisere Unterscheidungen treffen zu können, folgt daher auch diese Analyse Burgers Vorschlag, primär solange zwischen den Textsorten „Meldung" und „Bericht" zu wählen, „wie sich strukturelle Indizien für diese Textsorten finden lassen" (ebd.). Erst wenn hierfür keine klare Unterscheidung möglich war, wurden inhaltlich-thematische Klassifikationskriterien und die Textsorten Harte bzw. Weiche Nachricht herangezogen[92].

3.4 Quantitative Erhebungen zur Ergänzung qualitativer Ergebnisse

Wenngleich sich Untersuchungsgegenstand und Untersuchung – und folglich auch die jeweiligen Wissensrahmen – in zeitlich nahem Rahmen befinden, besteht dennoch die Gefahr, als Untersuchender der „Subjektivität und der kommunikationsbiographischen Beschränktheit individueller Spracherfahrung" zu erliegen (M. JUNG: 1994, 79). Unterschätzt werden dabei vor allem die Fehlschlüsse, die durch intuitive Interpretationsvorgänge auf der Grundlage großer Lexemlisten entstehen. Ein solcher Bias der Repräsentationsheuristik kann entstehen, wenn Häufigkeiten von Belegen falsch eingeschätzt und dann ‚ersatzweise' nach mentalen Prototypen (z.B. zur erwarteten politischen Einstellung einer Zeitung) ermessen werden (vgl. F. STRACK & R. DEUTSCH: 2002, 353). Um die Gefahr solcher Fehler zu reduzieren, wurden mit Hilfe dynamischer Datenbanken die Hauptuntersuchung ergänzende[93] quantitative Erhebungen durchgeführt und Mengenverhältnisse hierdurch deutlicher abgebildet. Die Ergebnisse (4.1) geben darüber hinaus auch Aufschluss über

3.5 Bild/Text-Konzeptverhältnisse: Analyseansatz zur Ermittlung diskursiver Subversion

Die Erhebung und der anschließende Vergleich verschiedener Diskursvariablen (Handlungsleitende Konzepte, Bild-Text-Äußerungen, Verteilungen von Ausdrucks- und Textformen, Rubriken usw.) zielt schließlich auf die **Ermittlung von kulturell-geschliffenen Korrelationen diskursspezifischer wie diskurstranszendenter Form-Konzept-Relationen.** Hierbei werden keine streng statistischen Korrelationsberechnungen durchgeführt, sondern lediglich auf der Basis bereits erhobener Verteilungen Tendenzen herausgearbeitet, welche Inhalte an welche Formen stärker gebunden zu sein scheinen. Es gilt, das hierzu gehörende Erkenntnisinteresse nach Restriktions- bzw. Subversionspotential verschiedener tradierter Ausdrucks- und Sprachhandlungsformen als eine für weitere Untersuchungen relevante Fragestellung herauszustellen.

---

[92] Die Unterscheidung Burgers von spot-news und soft-news (H. BURGER: 2005, 212) sind m.E. für das Fernsehmedium, weniger aber für Pressetextsorten geeignet, da die Grenzen in Printmedien nicht so eindeutig verlaufen wie in Filmmedien.

[93] Ein Plädoyer für statistische Methoden als die Einzeluntersuchung Ergänzende findet sich bei U. SCHMITZ (2000, 199) sowie bei M. JUNG (1994, 78).

4 Konstitution des Mediendiskurses zu den Unruhen in den Pariser Vorstädten (Untersuchung)

Nachfolgend sollen nun die Ergebnisse der Untersuchung anhand exemplarischer Belege vorgestellt werden, im Einzelnen: die (auch statistische) Organisation des Diskurses (4.1), die Sachverhaltskonstitution anhand ausgewählter Referenzobjekte im Prädiskurs (4.2) sowie im Primärdiskurs (4.3), Ergebnisse zur diskursiven Sachverhaltsverknüpfung (4.4) sowie zum Metadiskurs (4.5), schließlich Resultate aus der (Text-) Bild-Berichterstattung (4.6) sowie zu Korrelationen von Form-Konzept-Relationen (4.7). Die einzelnen Untersuchungsebenen werden dabei je nach Bedarf und Erkenntnisgewinn expliziert.

4.1 Zur Organisation des Diskurses: ein erster Überblick

Für einen ersten Überblick zur ‚physischen Organisation' des Diskurses stehen die nachstehenden Ergebnisse zu Aufbau und Verteilung einzelner Erhebungsvariablen:

4.1.1 Diskurstypen und ihre diachrone Verteilung

Der Diskurs über die Unruhen lässt sich funktional in Prädiskurs, Primärdiskurs, Sekundärdiskurs und Metadiskurs(e) differenzieren.

Mit **Prädiskurs** werden historische Berichte zu ähnlichen Ereignissen (wie den der Unruhen) bezeichnet, die Teilen des Primärdiskurses als Grundlage oder Quelle für historisch-vergleichende Sachverhaltsverknüpfungen dienen. Nach punktueller Textkorpussuche zu Ereignissen, die in soziologischen Texten Gegenstand sind, beschränkt sich der Prädiskurs auf vier Texte aus SZ und WELT zu einem Ereignis am 06.10.1990 (vgl. 1.2 und 8.1). Der **Primärdiskurs** umfasst all jene Texte und Bilder, die unmittelbar auf das Ereignis der Unruhen, seinen Ursachen, Folgen u.ä. rekurrieren. **Sekundärdiskurse** haben in der Regel einen anderen Referenzschwerpunkt, rekurrieren jedoch in unterschiedlichem Maß auf Teile des Primärdiskurses, um deren semantische Felder auf den Fremddiskurs zu transformieren (z.B. das Konzept <Zerstörung als drohende Folgen von Parallelgesellschaften> als Teil des Konzeptes <Islamisierung in Deutschland> im Hinblick auf DEUTSCHE LEITKULTUR(en); WELT [70, 1/1]). **Metadiskurse** schließlich machen den Primärdiskurs (ausdrucks- wie inhaltsseitig) selbst zum Gegenstand von Kritik und setzen auf dieser Beobachterebene zweiten Grades entweder spezifische Konzepte dominant oder transformieren und transzendieren sie zu Konzepten ‚allgemeiner Tragweite' (z.B. SZ [197, 1/1])[94].

Die **prozentualen Verhältnisse** der verschiedenen Diskurstypen innerhalb einzelner Medien zeigen im diachronen Vergleich überwiegend ähnliches (s. Anhang 8.5, A-C): Zu Beginn der Unruhen (Oktober, Anfang November) sowie zum Jahrestag des Anlasses (27.10.2006) überwiegt prozentual der Primärdiskurs (zw. 35% und 50%); mit der Zeit nimmt er kontinuierlich ab. In umgekehrtem Verhältnis verhalten sich Sekundär- und Metadiskurse: Sekundärdiskurse nehmen mit der Zeit zu und bilden ab

---

[94] Metadiskurse beziehen sich dabei ausschließlich auf den deutschen Diskurs; die Berichterstattung über französische Diskurse wird als Primärdiskurs behandelt.

Januar 2006 (in der SZ schon früher) nahezu die alleinigen Bezüge zu dem Ereignis. Metadiskurse (als ganze Texte) nehmen zwar ebenfalls zu (sie erreichen bis zu 30% im ND, über 20% in der WELT und nur rund 10% in der SZ), sind in WELT und ND aber vor allem im November und Dezember, in der SZ ausschließlich im November vertreten.

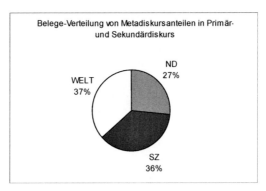

Belege-Verteilung von Metadiskursanteilen in Primär- und Sekundärdiskurs

WELT 37%

ND 27%

SZ 36%

Während die absoluten Höhepunkte der Primärdiskurs-Berichterstattung (s. Anhang 8.5, D-E) in der SZ in zwei deutlichen Wellen zwischen dem 7.-11. und dem 15./16.11. (Ø7 bzw. 4 Beiträge/Tag) liegen, hält die WELT bis auf einen Höhepunkt um den 5.-8.11. (Ø8 Beiträge/Tag) ihre Primärdiskurs-Berichterstattung über drei Wochen (03.-17.11) hinweg auf einem recht gleichmäßigem Niveau (Ø3 Beiträge/Tag). Das ND schwankt im Umfang seiner Primärdiskurs-Berichterstattung der gleichen Zeit in einem Zyklus von 5, dann 2-3 Tagen zwischen 1 und 3-4 Beiträgen/Tag.

Sekundärdiskurse finden sich über alle Zeiträume hinweg und in allen Medien. Abgesehen von einem Hauptfeld in allen Medien zwischen dem 06. und 12. November (Ø4 Beiträge/Tag; SZ 13 Beiträge am 8.11.), fällt in der diachronen Verteilung auf, dass der Großteil der Beiträge dieses Diskurstyps in der SZ Ende Dezember 2005 verebben, während ND und noch stärker die WELT in den späteren Zeitintervallen häufiger Sachverhalte mit dem Primärereignis verknüpfen.

Für die Metadiskurs-Berichterstattung ist zu ergänzen, dass neben den wenigen Texten dennoch viele einzelne metadiskursive Äußerungen im Primär- und Sekundärdiskurs bestehen (8.5, D). Das Hauptfeld hierfür findet sich zwischen dem 07. und 11. November (Ø3 Beiträge/Tag), insbesondere für die SZ finden sich einige Belege auch über diesen Zeitraum hinaus.

4.1.2 (Diachrone) Verteilung von und in Rubriken, Textsorten und Bildern

Über alle Medien hinweg wird in insgesamt 20 **Rubriken** berichtet (s. Anhang, 8.6, A-D). Der Hauptteil der Primärdiskurs-Berichterstattung fällt für das ND auf die Titelseite (16), auf *Ausland* (10) *Tagesthema* (7) und *Die Drei* (6); für die SZ auf *Politik* (19), *Feuilleton* (15), Titelseite (10), *Themen des Tages* (6), *Die Seite Drei* (4) und *Meinung[en]* (6+2); für die WELT schließlich auf *Ausland* (25), Titelseite (15), *Forum* (8), *Europa* (3) und *Literarische Welt* (3). Die WELT schafft für den Höhepunkt der Berichterstattung als einzige eigens Rubriken zu den Unruhen, nämlich zunächst *Krawalle in Frankreich* (2) und drei Tage später *Aufruhr in Frankreich* (2). Auffällig in der SZ ist auch der hohe Anteil an Artikeln im *Feuilleton*-Teil, in dem auch die Jahresberichterstattung am 26.10.2006 nahezu komplett stattfindet. Kommentare finden sich auf der *Meinungen*-Seite des ND ausschließlich im Sekundärdiskurs, für den Primärdiskurs liegen sie auf der Titelseite (2). Im diachronen Vergleich der Rubriken-Verteilungen ergeben sich keine systematischen Veränderungen: Im ND wird am längsten auf Titelseite und *Ausland*-Seite berichtet, bei der SZ überwiegend im *Politik*- und *Feuilleton*-Teil, in der WELT anfänglich auf der Titelseite, später vor allem auf der *Ausland*- und *Forum*-Seite. Sekundärdiskurse finden sich in allen Zeitungen über alle Rubriken hinweg, im ND vor allem aber im *Berlin*-, *Feuilleton*-, *Inland*- und *Ausland*-Teil, in der SZ im *Politik*-Teil, *Themen des Tages* und *Bayern* sowie in der WELT im *Auslands*-, *Forums*- und *Feuilleton*-Teil. Die Verteilung der Metadiskurse bzw. seiner Anteile in Rubriken erlaubt keine spezifischen Aussagen.

Anders im Hinblick auf **Textsorten** (s. Anhang, 8.7, A-C): Im Metadiskurs aller Zeitungen dominieren hier Pressespiegel (5 Belege), Internetspiegel (5), Leserbriefe (SZ und WELT: 6) und generell weniger strukturell reglementierte Textsorten (Harte und weiche Nachrichten, Essay, Kritik u.ä.). Den Sekundärdiskurs über alle Zeitungen hinweg konstituieren überwiegend Berichte, Kommentare, Meldungen, Meinungsinterviews und Leserbriefe. Der Primärdiskurs schließlich gründet sich im ND vor allem auf Berichten, Meldungen und Harten Nachrichten, in der SZ auf Berichten, Kommentaren, Harten Nachrichten, Meinungsinterviews, aber kaum auf Meldungen[95], in der WELT endlich auf Berichten, Kommentaren und Meldungen, Harten Nachrichten und Meinungsinterviews.

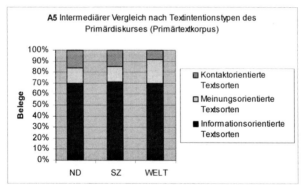

Tendenziell bei allen, vor allem aber in der SZ, finden sich Problemdarstellungen, Zeitgeschichtliche Darstellungen und Meinungsinterviews vermehrt gegen Ende der Unruhen (ab 10./11.11.2005) sowie zum Jahrestag, Reportagen dagegen wesentlich früher (ab 04.11.).

---

[95] Problematisch bei den Textsorten der SZ ist, dass bei ihr Agentur- von Redaktionsteilen kaum zu unterscheiden sind und sich daher nur wenige typische Meldungen ermitteln lassen.

Bei allen drei Zeitungen im Primärdiskurs überwiegen informationsorientierte Textsorten etwa gleichermaßen (~70%); meinungsorientierte Textsorten dominieren verhältnismäßig in der WELT; kontaktorientierte Textsorten findet sich im ND häufiger.die **Bildberichterstattung** (s. Anhang 8.8) folgt in der Summe der diachronen Verteilung der Textbelege im Primärdiskurs (vgl. 4.1.1), doch gibt es intermediäre Unterschiede: WELT und ND veröffentlichten tendenziell mehr Bilder als die SZ während der Unruhen (2.~12.11.). Nach den Unruhen rekurriert das ND am häufigsten mittels Bildern auf die Unruhen. Im Sekundärdiskurs konstituiert die WELT mit Abstand am häufigsten Fremdsachverhalte durch Primärdiskurs-relevante Bilder[96] und dies auch über die ganze Zeit hinweg.

4.1.3 Titelarbeit

Zur Diskursorientierung trägt auch ein Blick auf Form und Funktion der Ober-, Unter- und Haupttitel im Primärdiskurs[97] bei (vgl. Anhang 8.4). Der **Obertitel** in ND und WELT nimmt etwa entweder die Funktion von Untertiteln – oder aber eine metatextuelle Funktion an. Das ND kategorisiert dabei die Form- bzw. inhaltliche Grundfunktion des jeweiligen Textes (z.B. *Kurz* [259, 1/1], *Standpunkt* [234, 2/2]). In der WELT zeigen Obertitel über die Textintention hinaus auch semantische Räume und mit ihnen von den Rezipienten erwartete Wissensrahmen an, innerhalb derer der im Text geschilderte Sachverhalt konstituiert werden soll (z.B. *Echolot* [52, 1/3]; *Politik* [53, 1/1]; *Unruhen* [55, 1/1]; *Unruhen in Frankreich* [66.1/1]). Dies ist insofern bemerkenswert, als bereits am 04.11.2005, d.h. weit vor dem Höhepunkt der Unruhen-Berichterstattung, von *Aufruhr in Frankreich* [27, 1/1], am 05.11.2005 von *Unruhen in Frankreich* [33, 1/1] die Rede ist und damit im Grunde bereits ein in dieser Form konstituiertes Ereignis entweder als bekannt vorausgesetzt wird oder kategorial dominant gesetzt werden soll. In der SZ nimmt der Obertitel keine vergleichbare Rolle ein, sondern dient überwiegend als semantische Grundlage, Erläuterung oder Folgerung zu den im Titel spezifizierten Sachverhalten (z.B. *Notstandsrecht wirkt* [//] *Krawalle flauen ab* [171, 1/1).

Die **Titel** der SZ sind über alle Textsorten hinweg Aufmacher, selten mehr als zwei- oder drei Wörter lang, markant, den zentralen Themenpunkt oder aber (von Ober- oder Untertitel erläuterte) Details, Gefühle, Eindrücke konstituierend (z.B. *Die Vorstadt-Intifada* [155, 1/2], *„Wir sind im Krieg"* [157, 2/5]). Titel von ND und WELT sind denen der SZ sehr ähnlich, doch meist länger und viel seltener in der Kombination mit Untertiteln. Im ND fällt jedoch auf, dass das Lexem *Krawalle* im Titel zweier Meldungen am 02. und 03.11.2005, danach jedoch nie wieder erscheint[98]. Einen so deutli-

---

[96] Damit sind Bilder gemeint, die im Kontext expliziter Textrekurrierung auf die Vorstadt-Unruhen mit den Unruhen in Verbindung gebracht werden können; diese Bilder haben meist diskursimportierende Funktion (vgl. 4.4.1).

[97] Titel des Sekundärdiskurses ergäben lediglich Aufschluss über behandelte Sekundärthemen; hierzu vgl. 4.4. Titel in Metadiskursen entsprechen denen im Primärdiskurs.

[98] Danach sind es ausschließlich Lexeme wie *Unruhen, Widerstand, Frust* in der Rekurrierung auf die UNRUHEN.

chen Unterschied gibt es weder bei der SZ noch bei der WELT[99], was auf Seiten des ND auf eine (redaktionelle) Ablehnung des Lexems sowie des damit verbundenen Konzeptes (s.u.) schließen lässt.

Untertitel sind in der SZ sehr zahlreich vertreten und meist lange, den Titel erläuternde oder teilweise auch kommentierende ganze Sätze (z.b. [T.] *Republikanische Selbsttäuschung* [//] [UT] *Die selbstverordnete Blindheit der französischen politischen Klasse gegenüber den Problemen der unterpriviligierten Einwanderer* [163, 1/1]). Dies trifft auch auf Untertitel vor allem von Berichten in der WELT zu; Meldungen dagegen haben nie Untertitel (im Gegensatz zur SZ). Im ND schließlich sind Untertitel – formal wie in der SZ – meist in Berichten, Harten Nachrichten und Meinungsinterviews vertreten.

Auf der Grundlage von größeren Korpora wäre zu klären, ob ein textsortenspezifisches Fehlen der in der Regel auf Reduzierung der potentiellen Textpolysemie hin ausgerichteten Unter- und/oder Obertitel als rezipientenorientiertes Signal zur mehr kognitiv-diskursiver ‚Freiheit' interpretiert werden kann. Die Ergebnisse hier deuten zumindest in diese Richtung.

4.1.4 Text- und Zitatquellen: Autoren, Experten und ‚Freunde'

Die Organisation eines Diskurses hängt auch von den beteiligten AutorInnen, Quellen und in Folge hegemonialer Überlegungen auch von spezifischen Intellektuellen ab. Da dies häufig vernachlässigt wird, sei hier in begrenztem Rahmen auf Besonderheiten des Unruhen-Primärdiskurses eingegangen: Die Hauptquellen der Berichterstattung bilden bei allen drei Zeitungen zum einen Agenturen, zum anderen (Auslands-) Korrespondenten. Das ND hat die größte Anzahl an Artikeln aus **Agenturquellen** (37 %)[100] und rekurriert überwiegend auf die Agenturen AFP, dpa und epd; der **Auslandskorrespondent** Ralf Klingsieck trägt 22,2 % der Berichterstattung (bei 22,2 % keine Quellenangaben). Die WELT rekurriert in nur 11,9 % der Fälle vor allem auf die Agenturen AP und dpa, 16,6 % der Berichterstattung leistet der Korrespondent Jochen Hehn (bei 15,9 % keine Angaben). Die SZ hat mit 11,1 % den geringsten Anteil an Agenturquellen (AFP, Reuters und dpa) und zugleich mit 30,15 % den größten Anteil an der Berichterstattung durch Auslandskorrespondent Gerd Kröncke (bei 6,3 % keine Quellenangaben). Die verschiedenen Quellenverhältnisse bieten die Grundlage für die spätere, nach Textsorten differenzierende Konzeptermittlung.

Unterschiede lassen sich auch in der Art und Perspektive von **Zitatquellen** feststellen, die die einzelnen Zeitungen zur Sachverhaltskonstitution bemühen: Das ND zitiert den Präsidenten Jacques Chirac und die französischen Minister Nicolas Sarkozy und Dominique de Villepin durchweg negativ, ihnen widersprechend, den Minister für Chancengleichheit Azouz Begag dagegen (ebenso WELT und SZ) durchweg zustimmend. Viele Zitate sind der frz. Sozialistenzeitung ‚L'Humanité' entnommen. Häufiger als in SZ und WELT kommen französische (und deutsche) Vertreter der kommu-

---

[99] Bei der SZ sind es von vorn herein Lexeme wie *Wut, Aufstand, Offensive* u.ä., in der WELT ist auf den ersten Blick keine Systematik erkennbar (Mischung aus ND und SZ).

[100] Dass in Medien nicht immer der Agenturanteil vom Redaktionsanteil zu unterscheiden sei (vgl. H. BURGER: 2000, 621), trifft auch auf das ND zu.

nistischen/sozialistischen Partei (z.B. in Meinungsinterviews [250, 1/2]) sowie Jugendliche aus den Vororten in einer positiven Perspektive zu Wort. Während das ND weniger auf einen festen Intellektuellen rekurriert[101], kommt in der WELT insbesondere der Philosoph Alain Finkielkraut zu Wort, ebenso Michel Wieviorka (+)[102]. Zitate französischer Sozialisten und Kommunisten sowie der Zeitungen ‚Le Monde' und ‚Libèration' werden durchweg negativ eingebettet, im Gegensatz zu Zitaten von Sarkozy (0/+), der französischen Polizei, deutschen CDU-Politikern und der eher politisch konservativen Medien ‚Le Figaro', ‚La Tribune' und der Wirtschaftszeitung ‚Le Echos'. Insgesamt kommen in der WELT Polizeisprecher und deutsche Politiker wesentlich häufiger zu Wort als in ND und SZ.

Die SZ schließlich zeigt ein sehr heterogenes Bild an Zitatquellen: So werden neben Günther Beckstein und Alain Finkielkraut auch Marx, Bloch, Enzensberger u.ä. (teilweise auch in Verbindung mit Sarkozy) positiv zitiert, französische Kommunisten (wie Hollande) sowie Polizisten kommen überwiegend neutral zu Wort. Intermedial rekurriert die SZ vor allem auf die frz. ‚Libération' (+) und ‚Le Monde' (+).

4.1.5 Allgemeine Ergebnisse zur intertextuellen Konstitution des Diskurses

Prinzipiell lässt sich Intertextualität, das heißt die Verknüpfung verschiedener Texte, in Form von Interseiten- und Intraseiten-Intertextualität beschreiben. Erstere findet vor allem mittels Deixis (*Seite 3, Feuilleton*) statt und ist in allen Textsorten vertreten. Intraseiten-Intertextualität beschreibt dagegen den Anspruch, dass Texte bereits allein durch ihre Komposition auf ein und derselben Seite miteinander in ‚semantischen Kontakt' treten, d.h. vom Rezipienten auch als konzeptuell verbunden wahrgenommen werden. Dabei ist die Leserichtung und folglich die Seitenplatzierung von Artikeln nicht unerheblich, wie folgendes Beispiel deutlich macht: Der Sekundärdiskurs-Bericht [28, 1/1] (*Nicht überall, wo Gymnasium draufsteht, ist auch Gymnasium drin*) befasst sich mit den PISA-Ergebnissen. Der direkt über [28, 1/1], mehr im Zentralsichtfeld stehende Kommentar mit dem Titel *Aufruhr in Frankreich* [27, 1/1] bringt die Unruhen mit schlechter Schulbildung in Verbindung. Unter der Annahme, dass bei einer tendenziellen Leserichtung von oben nach unten der *Aufruhr*-Text [27, 1/1] zuerst rezeptiv wahrgenommen werden, handelt es sich um eine Intraseiten-Intertextualität.

Generell lässt sich nun feststellen, dass um den Höhepunkt der Berichterstattung (~5.~11.11.2005) in allen drei untersuchten Medien die Intraseiten-Intertextualität zunimmt, teilweise mit bis zu 6 Artikeln pro Seite und in der Regel in Kombination verschiedener Diskurstypen. SZ und WELT neigen dabei wesentlich häufiger zu Kombinationen aus Primär- und Sekundärdiskurs-Artikeln als das ND. Die Titel einer Seite zeigen bereits meist eine semantische Nähe an (z.B. [240, 1-3/3]).

Noch größeres Potential hat die Konstitution von Intertextualität mittels Kolumnentitel und -lead (überwiegend in SZ, selten im ND, aber nie in der WELT): Sie eröffnen

---

[101] Einige Intellektuelle sind Eric Marlière (+), Huguès Lagrange (+), Laurent Mucchielli (+), Peter Sloterdijk (+).

[102] Weitere sind Sebastian Roche (+), Laurent Mucchielli (+), Philippe Reynaud (0/+), Jytte Klausen (+), Mayryse Esterle-Hedibel (+), Hartmut Häußermann (+) und Alexander Mitcherlich (+).

meist den semantischen Raum, indem der erste Teil fettgedruckt das zunächst unspezifische Konzept <Unruhen> konstituiert und nach einem Doppelpunkt die semantischen Zusätze und Sachverhaltsverknüpfungen texttiefen- oder gar textoberflächenstrukturell (etwa durch Konnexion) angelegt werden: z.b.

Aufruhr der Benachteiligten: *Paris verhängt Ausgangssperren, und Berlin denkt über Vorsorge nach* [169, 1/6]
- es folgen Primär- und Sekundärdiskursartikel.

Frankreich und die Folgen: *Was Deutschland aus den Unruhen im Nachbarland lernen kann* [179, 1/4]
- es folgen ausschließlich Artikel aus dem Sekundärdiskurs.

Die konkreten intertextuellen Sachverhaltsverknüpfungen werden im Folgenden noch spezifiziert.

4.2 Prädiskurs: Sprachhistorischer Export für Primärdiskurse

Nach einem Unfall am 06.10.1990, der laut Aussage des farbigen Fahrers durch einen Polizeiwagen verursacht worden sei, kommt es in Vaulx-en-Velin zu dreitägigen Auseinandersetzungen zwischen Jugendlichen und Polizei. (vgl. M. ZITZMANN: 2005; P. CHAMPAGNE: 1997, 61). Dieses Ereignis, das am 09., 10. und 12.10.1990 in vier (Bild-)Texten von SZ und WELT reflektiert wird, bildet die Grundlage eines Prädiskurses und damit von Wissensrahmen, an den der Primärdiskurs später wieder angeknüpft (z.B. SZ vom 10.11.2005 [172, 2/5]).

4.2.1 Das EREIGNIS

Die SZ konstituiert das EREIGNIS in ihren beiden Texten unterschiedlich: in einem Bericht am ersten Tag als <Folgenhaftes, gewaltsames Ereignis mit sozialem Hintergrund> (*Soziale Unruhen, Krawalle, Straßenschlachten*), negativ denotiert. Das Lexem *Unruhen* bildet dabei den schwach negativ konnotierten Ausgang für die Anzeige von ,Unnormalität', die dann adjektivisch jeweils näher bestimmt wird (*Soziale* -, *schwere Unruhen*) [144, 1/1]. Am zweiten Tag wird das Ereignis in einer Meldung bereits wieder kleiner konstituiert als <Gesetzesbrüche> und <Handstreitigkeiten> (*Ausschreitungen, Auseinandersetzungen*) [145, 1/1].

Ganz anders in der WELT: Auf Lexemebene zwar wertneutral bis schwach negativ konnotiert (*Unruhen, Ereignisse*), findet sich auf der Ebene der Syntagmen dagegen die Konstitution des EREIGNISSES als ,erwähnenswertes' <bürgerkriegsähnliches Gefecht> bzw. <Scharmützel> (*Blutige Straßenschlachten*) [12, 1/1]. Ferner geschieht sprachlich etwas, was ich fernerhin als **Expansion des Referenzobjektes** bzw. hier des EREIGNISSES nenne: Damit ist die Konstitution des Sachverhalts gemeint – als wesentlich länger, größer und umfangreicher als es die Mehrheit der Diskursteilnehmer ansonsten konstituiert. In diesem Fall wird das Ereignis mittels Partikeln expandiert (*Seit fast einer Woche liefern* [...] *fast täglich*).

4.2.2 Ereignis-URSACHEN

Die Ursachen des Ereignisses lassen sich - genauso wie bei den Unruhen 2005 – in ANLASS und HINTERGRUNDURSACHEN differenzieren. Die SZ konstituiert in ihrem Bericht den ANLASS auf der Ebene der Syntagmen als durch die Verunglückten und deren <Fahrlässigkeit selbstverschuldeten Unfall>:

> *nachdem eine Polizeistreife* [...] *hatte zwei junge Männer kontrollieren wollen, die auf einem <u>schweren Motorrad</u> mit <u>überhöhter Geschwindigkeit</u> und <u>ohne die vorgeschriebenen Sturzhelme</u> die Avenue* [...] *befahren hatten* [...]. *Nach Angaben der Polizei versuchte der Fahrer, <u>von dem sich später herausstellte, dass er keinen Führerschein besitzt</u>, der Strafe zu <u>entkommen</u>. Dabei stürzte er.* [...] *Der Fahrer und einige Zeugen <u>behaupten</u>, die Polizisten <u>hätten</u> sich* [...] *in den Weg gestellt und den Zusammenstoß absichtlich herbeigeführt.* [144, 1/1]

Anderslautende Aussagen als die der Polizei (Zeugen) werden explizit (*behaupten*) und mittels Konjunktiv II (*hätten*) in Frage gestellt. Die SZ-Meldung am Folgetag sowie der Bericht der WELT konstituieren den ANLASS dagegen wertneutral als <Unfall aus ungeklärten Umständen>.

Die URSACHEN des Ereignisses werden in den Berichten von SZ [144, 1/1] und WELT [12, 1/1] als ‚anhaltend' und ‚allgegenwärtig', insgesamt aber nur geringfügig explizit konstituiert (SZ: *Latente Spannungen*; WELT: *kein Einzelfall*): Die SZ deutet das Konzept <Fremdheit und Arbeitslosigkeit als Quelle von Unruhen> an (*mehr als die Hälfte [im Ort sind <u>Ausländer</u>]*[103]. [...] <u>*Arbeitslosenquote*</u> *liegt mit 17 Prozent weit über dem Landesdurchschnitt*), die WELT spezifiziert dieses Konzept negativ konno- und denotierend um das Attribut der ‚Langeweile' (*meist <u>beschäftigungsloser</u> Jugendliche ohne Schulabschluss*) sowie um die Konzepte <Kriminelle Organisation> (*gewaltbereite Banden*), <Bildungslosigkeit> und <Willkür> (in einem positiv eingebetteten Zitat eines Wissenschaftlers: *Tut man etwas, explodiert es, tut man nichts, kommt es ebenfalls zur Explosion*).

4.2.3 Ereignis-FOLGEN

Die Folgen werden in den Berichten von SZ und WELT ähnlich (kurz und negativ denotiert) konstituiert: Dominantes Konzept beider ist die <Zerstörung von privatem Eigentum> (*<u>geplündert und niedergebrannt</u>*, SZ [144, 1/1]). Die WELT markiert dieses Konzept mittels Lexeme und Syntagmen aus dem Militärlexikon lediglich stärker im Ausmaß als <Kriegsfolgen> bzw. <Ausdruck rabiaten Zerstörungswillen> (*Mehr als ein halbes Hundert Geschäfte wurde <u>verwüstet</u>, ein Supermarkt <u>dem Erdboden gleichgemacht</u>* [12, 1/1]).

4.2.4 Beteiligte AKTEURE und ihr HANDELN

Die JUGENDLICHEN, d.h. die mit der Polizei in Konflikt geratenen Akteure, werden in dem Bericht der SZ [144, 1/1] sowie in den beiden Texten der WELT [11, 1/1; 12,

---

[103] Die WELT spricht hierbei von *Gastarbeiter*[n] und expliziert damit stärker das Attribut der ‚Fremde' als Kausator.

1/1] negativ denotiert als <Krawallmachende Gruppen> konstituiert. In dem antagonistischen Attributfeld der ‚Organisiertheit' dominiert bei der SZ allerdings das Attribut ‚unorganisiert' (*Scharen überwiegend jugendlicher Randalierer, Aufrührer*), während in der WELT das gegenteilige Attribut (‚organisiert') mit dem Konzept der
<Kriminalität> verknüpft wird (*gewaltbereiten Banden*). Die WELT betont die Ju-
gendlichen als ‚verwahrlost' (*herumlungerten, ohne Schulabschluß*) und <Gesetzes-
brecher>, wohingegen die Meldung der SZ [12, 1/1] die JUGENDLICHEN teilweise
gar positiv konnotiert als altersunspezifische, ‚rechtskonform' <Meinung-
Kundgebende> konstituiert (*aufgebrachte Demonstranten*). Das Lexem *Demonstranten* taucht auch in der WELT, jedoch in einem derart negativ konnotierenden Kontext
auf, dass eine positive oder auch neutrale Wertung nur schwerlich in Betracht gezogen
werden kann.

Auf die POLIZEILICHEN AKTEURE wird lediglich in der WELT und positiv
konnotiert als <Rechtschaffende> (*Ordnungshüter*) rekurriert.

Das HANDELN der JUGENDLICHEN wird in SZ und WELT analog zur AK-
TEUR-Rekurrierung als <Gewalttätiges Handeln in Gruppen> konstituiert. Interessant
dabei ist zum einen die sich negativ steigernde Aufreihung von Handlungsverben in
der WELT (*warfen* [...] *Steine, setzen* [...] *in Brand und verwüsteten*) sowie die Bezie-
hung zwischen JUGENDLICHEN und POLIZEI: In beiden Medien (Berichten) werden die Jugendlichen als die treibenden Kräfte (Agenten) konstituiert, die die POLIZEI
attackieren. Dies geschieht perspektivisch in der SZ mittels Dativ-Objektivierung der
POLIZEI (*lieferten der Polizei* [...] *eine Straßenschlacht*) sowie in der WELT durch
univerbierte Passivierung (*beim Auftauchen des Polizeifahrzeugs*).

4.2.5 ORTE des Geschehens

Auf die ORTE der Unruhen 1990 rekurriert die SZ schließlich auf der Ebene der Kollokationen mit der Betonung auf das Konzept der <Fremde> (*Einwanderer-Vororte*
[145, 1/1]). Die WELT konstituiert die Vororte von Paris als <isolierte und sich selbst
isolierende, die Menschen zwängende, schemenhafte Wohnviertel> (*Ballungszentren,
Beton-Wohnsilos, berüchtigte*[...] *Arbeitslosen-Ghettos* [12, 1/1]). Die (Bindestrich-
)Komposita verweisen auf einen hohen konzeptuellen Verdichtungsgrad und damit
auch auf eine sehr sichere, den Sachverhalt als uneingeschränkt wahr postulierende
Sprachrealisierung.

4.3 Primärdiskurs: Die mediale Sachverhaltskonstitution der Vorstadt-Unruhen (2005 bis 2007)

Im Folgenden wird der Diskurs zu den Ereignissen vom 27. Oktober 2005 bis heute
auf seinen verschiedenen sprachlichen Ebenen differenziert, d.h. die mediale Sachverhaltskonstitution, Sachverhaltsverknüpfung und Sachverhaltsbewertung je nach Aufschlusskraft (re)konstruiert auf der Ebene der

- Lexeme,
- Kollokationen und Syntagmen,
- Intertextualität,
- Perspektivität

- Textsorten- und Rubrikenspezifik sowie der
- diachronen Veränderung von Ausdrucksformen und Konzepten.

4.3.1 EREIGNIS(SE)

Die Vorstadt-Unruhen 2005 werden im Diskurs in vier bzw. fünf Teilen konstituiert: nämlich als das EREIGNIS ALS GANZES (die dreiwöchigen Unruhen), das EREIGNIS IN seinen TEILEN (tägliche Veränderungen) und das AUSMASZ DER UNRUHEN, der ANWENDUNG DES NOTSTANDSRECHTS sowie der PROGNOSE (Geschätzte Zukunftsentwicklung des EREIGNISSES).

4.3.1.1 Das EREIGNIS als GANZES

Das ND konstituiert das EREIGNIS (als GANZES) auf den verschiedenen Untersuchungsebenen sehr unterschiedlich; zwei Grundkonzepte, die von weiteren Nebenkonzepten begleitet werden, stehen jedoch bei allen im Fordergrund: zum einen das Ereignis als <unspezifisches, mit Gewalt und Zerstörung verbundenes Durcheinander> (*Unruhen, Krawalle, Anarchie* [245, 1/1]), zum anderen als <Gewaltsames, kollektives Aufbegehren gegen soziale Benachteiligung> (*Aufstand, Aufstände* [289, 1/1]). Das erste Hauptkonzept wird negativ wertend auf allen Ebenen mittels Feuer-, Flammen- Natur- und Wellenmetaphorik als <unaufhaltsames, sich lokal und temporal ausbreitendes Ereignis> geprägt, dessen Verhalten ‚eruptiv und impulsiv' auftrete:

Lexemebene	Ebene der Kollokationen	Ebene der Syntagmen
• *Gewaltwelle* [273, 3/3] • *Die Welle* [242, 2/2]		• *Welle der Gewalt* [250, 2/2] • *Welle gewaltsamer Zusammenstöße* [235, 1/1] • *Unruhen flauen ab* [255, 1/1]
• *Flammenwände* [246, 1/1] • *Flächenbrand* [234, 2/2]	• *Paris brennt* [246, 1/1] • *Französische Feuer* [253, 1/1]	• *Flammen vor den Toren von Paris* [235, 1/1] • *Feuer der Vororte* [234, 2/2]
• *Gewaltausbrüche* [272, 1/1] • *Stadtguerilla* [233, 1/1]	• *Vorstadt-Unruhen* [237, 1/3] • *Vorort-Krawalle* [251, 1/1]	• *Unruhen in den Pariser Vorstädten* [289, 1/1] • *Gewaltausbrüche in Vororte von Paris* [256, 1/1]

Wie den exemplarischen Belegen zu entnehmen ist, erhält die Metaphorik teilweise sogar den Charakter von substantivierten Eigennamen (*Die Welle*), was für einen hohen verdeckten Geltungsanspruch spricht. Auf der Ebene der Kollokationen sowie noch deutlicher der Syntagmen wird die Feuermetaphorik teilweise positiv ausgestaltet, in dem das EREIGNIS <Signalwirkung> erhält (*Pariser Brände, Feuer von Paris, Der Flächenbrand als Projektionsflächenfeuerchen* [246, 1/1]). Die Kollokationen prädizieren das Ereignis mittels Bindestrich-Komposita meist lokal mit *Unruhen* oder *Krawalle* im Grundwort (die Kollokation *'Banlieue-Unruhen'* [267, 2/2] wird mittels Distanzmarker abgelehnt[104]) und markieren es ab dem 05.11.2005 bis heute als ortsspezifisches Ereignis (*Vorstadt-Unruhen* [237, 3/3]).

---

[104] Vgl. hierzu das positivistische Äquivalent in der SZ: Dort ist in der Jahresberichterstattung explizit von *Banlieue-Unruhen* [223, 2/5] die Rede.

Das zweite, eher positiv wertende Hauptkonzept (<Ereignis als Ausdruck sozialen Widerstands>) findet sich schwach auf Lexemebene (vgl. o.), aber besonders auf der Ebene der Syntagmen belegt:

> [Polizei[105]:] *Unruhen waren eine 'soziale Revolte'* (0/+) [272, 1/1]; *Das in den Vorstädten* [...] *geparkte Elend macht sich Luft* [= Untertitel] [240, 1/3]; *Ausschreitungen und Verzweiflungsausbrüche*[...] (0/+) [246, 1/1]; *Der Flächenbrand als Projektionsflächenfeuerchen*; *Aufstand der Frustrierten* [234, 2/2].

Ein Nebenkonzept hierzu ist das <Ereignis als Ausdruck bzw. Abrechnung mit französischer (Sozial-)Politik>. Dabei fällt auf, dass der Sachverhalt häufig passiviert wird, z.b.:

- *In Frankreich werden der Regierung die sozialen Unzulänglichkeiten derzeit in verbrannten Autos vorgerechnet* [260, 1/1]; die Werden-Passivierung[106] intransitiviert mögliche Akteure und abstrahiert den Sachverhalt, so dass die metaphorische Ebene als solche erkannt werden kann (vgl. Alternative: *die Brandleger / Brennenden Autos rechnen vor*).
- *Rund um Paris zeigen sich in den letzten Tagen die jahrelangen Versäumnisse der Politik* [241, 2/2]; die Passivierung mittels Reflexivverb (sich zeigen) perspektiviert die Unruhen als Phänomen mit indexikalischer Zeichenfunktion (Unruhen stehen für falsche Politik).

Auf der Ebene der Syntagmen wird ferner die <Abgeschlossenheit> des Ereignisses attributiv in Frage gestellt: Entweder ist das EREIGNIS 'wie es zu sehen ist: zeitlich begrenzt' (vor allem im Zusammenhang mit Belegen des <Zerstörung>-Konzeptes, vgl. o.), oder es ist 'latent: nur oberflächlich zeitlich begrenzt' (*Ein Funke genügt, neuen Brand zu entzünden* [284, 3/4]; *Zwar glimmt die Wut der perspektivlosen Jugend noch, doch das wird zum Alltag erklärt* [267, 1/2]); letzteres Attribut korrespondiert meist mit Belegen des Konzeptes <Soziale Erhebung>.

Der Sachverhalt wird im ND auf der Ebene der Syntagmen vielfältig verknüpft, vor allem um Ausmaß und Folgenreichweite zu prädizieren: So wird das EREIGNIS mittels Komparativen neutral verglichen mit den Ereignissen von 1968 (*Wie schon einmal zu Zeiten der Studentenunruhen* [242, 1/2]) und seine Folgen für die französische Politik (teilweise in Weiterführung der Metaphorik) hervorgehoben (*Feuer der Vororte* [*greift auf* [...] *Regierung über*] [235, 1/1]).

Diachrone Veränderungen lassen sich auf allen Ebenen feststellen: das Lexem *Unruhen* bzw. Syntagma *Unruhen in Frankreich* sowie das damit verbundene (erste) Hauptkonzept tritt mit der Zeit immer häufiger auf, nach Abklingen der UNRUHEN erscheinen AKTEUR-spezifizierende Komposita (*Jugendkrawalle*) und das EREIGNIS wird im Umfang manchmal 'verkleinert' (*Ausschreitungen, Gewaltausbrüche*). Gegen Ende der Hauptberichterstattung wird das EREIGNIS auch zeitlich begrenzt (*zwei Wochen schwerster Brandstiftungen und Zerstörungen* [255, 1/1]) und das 'Latenz'-Attribut tritt häufiger auf. Die Jahresberichterstattung (2006) greift im Hinblick

---

[105] Beleg einer intertextuellen Verknüpfung: der Polizeibericht vom 08.12.2005 wird positiv eingebettet; daher handelt es sich auch nicht um Distanz- sondern Betonungsmarker.
[106] Vgl. W. KÖLLER: 2004, 465.

auf das EREIGNIS überwiegend auf das Hauptkonzept der <unspezifischen Zerstörungen> (*Unruhen, Gewaltwelle*) zurück.

Die beiden Hauptkonzepte treten in allen Textsorten und Rubriken auf. Allerdings dominiert das <Zerstörung>s-Konzept auf Lexemebene von Agenturmeldungen (besonders zu Beginn der Berichterstattung); soziale Konzepte (<Sozialer Widerstand>, <Signalwirkung>) finden sich dagegen häufiger in Essays, Reportagen und Harten Nachrichten sowie in den Rubriken *Seite Drei* und *Feuilleton*.

Auf den ersten Blick ähnlich wie im ND konstituiert die SZ das EREIGNIS. Auch bei ihr findet sich auf allen Untersuchungsebenen eine reiche Feuer- und Flammenmetaphorik mit überwiegend gleichen Sprachformen[107] und ähnlichem Hauptkonzept (<Eruptive, unaufhaltsam sich ausbreitende Zerstörung>). Weitaus geringer als im ND fällt allerdings die Wellenmetaphorik ins Gewicht [172, 4/5; 172, 2/5]; an ihre Stelle treten Mystifikation (*Der Aufstand [...] findet bei Dunkelheit statt* [151, 1/1], Explosionsmetaphorik (*die über das ganze Land sich ausbreitende Explosion* [163, 1/1] sowie besonders Lexeme und Syntagmen aus dem Kriegs-, Terrorismus- und Gesundheitsvokabular:

Lexeme	Kollokationen	Syntagmen
• ‚Krieg' [= Titatübernahme in den Titel] [157, 2/5] • *Straßenschlacht* [236, 1/1; 148, 1/1 u.a.] • *Anschläge* [156, 1/1]	• *französische Krankheit* [155, 1/2] Anm.: Verwendung als substantivierter Eigenname	• '*Dies ist nicht Beirut, die Stadt steht nicht in Flammen*' [Dilain, Bürgermeister]. *Aber drei Nächte hintereinander hatten Dutzende von Autos gebrannt* [146, 1/1]. Anm.: Die adversative Konnexion zeigt hier die negative Zitateinbettung und damit Dominantsetzung des im Zitat widersprochenen Konzeptes (<Bürgerkriegsverhältnisse>). • *Szenen einer Stadtguerilla* [147, 1/1] • *Kämpfe zwischen Jugendlichen und Polizei* [150, 1/1]

Die Beispiele zeigen die Variation zu dem ND-Konzept des eher <allgemeinen Zustands der Zerstörungen>: Die konstituierte Verschärfung (Einordnung der <Zerstörungen> in einen attributiv stärker als ‚(Gruppen-) organisiert' geprägten Gesamthintergrund) zeigt das (in der SZ durchaus umstrittene [vgl. 225, 1/1]) Konzept des akuten und daher auch akut zu ‚therapierenden' <Bürgerkriegs>. Dem entspricht auch das Nebenkonzept des <Folgenhaften, das (staatliche) System fundamental Angreifende> bzw. der <Ausdruck einer akuten (Staats-)Krise> (*Krise; eine der größten Krisen der Fünften Republik* [158, 1/2]). Wiederum dieses Nebenkonzept wird innerhalb der SZ aus zwei verschiedenen Richtungen angefochten: Einerseits wird einem <Krisenzustand> an sich widersprochen (z.B. nach den Unruhen als <noch-nicht-Krise>: *um die Krise abzuwenden* [sei etwas zu tun] [168, 3/3]), andererseits wird das EREIGNIS lediglich als <Ausdruck einer permanenten Krise> konstituiert:

> *Die Gewaltexplosion ist in der Tat keine Neuigkeit. Zur Krise wurde sie lediglich durch ihre Quantität und ihre Dauer* [159, 1/2]; *Krise [...] wird von den brennenden Autos und*

---

[107] Neu lediglich: *Französische[s] Großfeuer* [172, 2/5], *Wiederaufflackern der Unruhen* [211, 1/1].

Schulen [...] lediglich illuminiert, das Bild Frankreichs in der Welt verdunkelnde[...]
Symptome [163, 1/1]
```

Was im ND einem Teil eines antagonistischen Attributfeldes entsprach (s.o.), ist in der SZ ein eigenständiges <Latenz>-Konzept. Es konstituiert sich im Rahmen des zweiten SZ/ND-Hauptkonzeptes (<Ereignis des gewaltsamen, zerstörerischen Aufbegehrens>) und hebt die ‚Musterhaftigkeit' (*Unruhen wie diesen* [175, 1/1]; *Warum brennt Frankreich erst jetzt?* [184, 1/1]) bzw. ‚Serienartigkeit' (*Unruhen in den Banlieues [und ihre Vorläufer]* [173, 1/2]) des EREIGNISSES hervor. Dieses <Latenz>-Konzept ist auch überwiegend verknüpft mit dem Konzept der ‚legitimen' <Sozialen Kämpfe> (*Aufruhr der Benachteiligten*: [fett: SZ], verwendet in einem Kolumnentitel zur Öffnung des semantischen Raums [169, 1/6]; Lexeme: *Aufstände* [167, 1/1]; *Revolte* [159, 1/2]; *Proteste*[108] [191, 2/5]). Auch zu diesem Konzept gibt es in der SZ (und der WELT, nicht so im ND[109]) einen attributiven Streit: nämlich <Soziale Kämpfe> entweder ‚um Rechte von Fremden' (z.B. in der Genetivattribuierung *Aufstand der Einwanderer* [148, 1/1]) oder aber ‚gegen allgemein soziale Benachteiligung (z.B. *Aufstand, Revolte der Überflüssigen* [183, 1/1])[110].

Auf der Ebene der Sachverhaltsverknüpfung wird das EREIGNIS in Lexemen und Kollokationen negativ in Verbindung gebracht mit palästinensischen Konflikten, das Konzept <religiös motivierter Terror gegen den Staat> angedeutet (*Intifada* [44, 1/1] *Die Vorstadt-Intifada* [155, 1/2]). Der Sachverhalt der EREIGNISSE wird ferner negativ verknüpft mit europäischen Terrorakten [184, 1/1] und den Studentenprotesten 1968 (die seien im Vergleich dagegen *nichts* gewesen [vgl. 158, 1/2; 167, 1/1]). Kollokationen schließlich binden das Ereignis wie schon im ND gerade gegen Ende sowie nach den Unruhen an spezifische Orte und Zeiten (*Vorstadt-Unruhen* [212, 1/1]; *Herbst-Unruhen* [209, 1/1]).

Diachrone Veränderungen in der Sachverhaltskonstitution gibt es sowohl auf Lexem-, Syntagmen- und Rubrik-Ebene: die SZ beginnt auf Lexemebene wie das ND mit dem Lexem *Krawalle* sowie <Zerstörung>s-Konzepten und nimmt mit der Zeit erheblich an Form- und Konzeptvarianz zu. Im Höhepunkt der Berichterstattung erscheint das Konzept der <Krise> und der dazugehörige attributive Streit. Gegen Ende der Berichterstattung (16.11.2005) nimmt die Zeitspezifikation des EREIGNISSES zu und Kolumnentitel konstituieren semantische Räume (vgl. o. Beispielkasten). In der Jahresberichterstattung 2006 wird schließlich allein mittels des Konzepts <Soziale Kämpfe>, explizit gegen <(Bürger)krieg>s-Konzepte und ausschließlich im *Feuilleton* auf das EREIGNIS rekurriert [223, 1-5/5; 225, 1/1]. Ingesamt sind auf Lexemebene *Kra-*

---

[108] Bei diesem Beispiel ist auch die deutlich erkennbare Attribuierung des Konzeptes als ‚legitimer' Widerstand auffällig. Bei der überwiegenden Mehrheit der auf das Konzept <Sozialer Widerstand> rekurrierenden Formen ist stark vom Rezipienten abhängig, ob er den entsprechenden Sachverhalt (als Aufstand, Revolte, Protest) als gesetzeskonform, legitim oder inakzeptabel präsupponiert.

[109] Im ND dominiert das Konzept der <Allgemeinen sozialen Kämpfe> bzw. das EREIGNIS im Hinblick auf *Einwanderer* wird als Beispiel dessen konstituiert (vgl. o.).

[110] Interessanter Weise wird nur sehr selten auf die Intentionalität bzw. Zielgerichtetheit des EREIGNISSES rekurriert, etwa hier mittels Modalwort als diskursiv umstrittener Punkt markiert: *scheinbar sinnlose*[r] *Protest* [167, 1/1].
```

walle und *Unruhen* weitestgehend synonym, auf Syntagmenebene verschiedene Wort-verbände aus denselben[111] am häufigsten belegt.

Textsorten- und rubrikenspezifisch ist festzuhalten, dass zwar wie schon im ND alle Konzepte in allen Textsorten belegt sind, doch überwiegen <Zerstörung/ Krieg/Chaos>-Konzepte in Berichten, Meldungen und Harten Nachrichten sowie in der Rubrik *Politik* (14/15 Belege); quantitativ ist das Konzept <Sozialer Widerstand> im *Feuilleton* zur Hälfte (in der Jahresberichterstattung ganz), in Problemdarstellun-gen, Reportagen und Zeitgeschichtlichen Darstellungen ausschließlich belegt.

Die WELT schließlich rekurriert insgesamt nur sehr gering und wenn, dann aus-schließlich im *Feuilleton* und in den Textsorten Essay und Reportage auf soziale Kon-zepte im weitesten Sinne. Als auf bestimmte soziale und ökonomische Bedingungen spezifiziert konstituiert etwa eine Reportage am 05.11.2005 das EREIGNIS (*Während die Vorstädte brennen, geht das bürgerliche Paris seiner Wege* [34, 1/1]); an die Stelle <sozialen Widerstands> rückt dabei das (Rand-)Konzept <Ausdruck sozialer Verelen-dung> (*Teufelskreis des sozialen Niedergangs und der eskalierenden Gewalt* [32, 1/4]). Die Wellenmetaphorik [34, 1/1; 141, 1/1; 46, 3/5] tritt im Vergleich zur Be-richterstattung im ND stark in den Hintergrund, Feuer- und Flammenmetaphorik ent-sprechen auf allen Ebenen in etwa der der SZ. Lexeme wie *Revolte* [131, 1/1] und *Anarchie* [96, 1/1] sind durchweg negativ konnotiert und zielen auf Konzepte wie <Chaos> und <Kontrolllosigkeit> ([Der Staat habe sich der] *Anarchie* [ergeben] [96, 1/1]). – Neu im Diskurs der WELT sind einzelne Varianten aus dem triebpsychologi-schen Vokabular, die das EREIGNIS als ‚emotiv', ‚unkontrolliert' und ‚sich selbst genügend' prägt (*Exzesse* [37, 1/1]; *Gewaltexzesse* [78, 2/2]; *Orgie von Gewalt, elf Nächte*[...] *blinder Zerstörungswut und sinnloser Gewalt* [40, 1/3]). Im Vergleich zur Berichterstattung der SZ stehen in der WELT <(Bürger)Krieg>s- und <Terrorismus>-Konzepte auf allen Analyseebenen dominant:

Lexeme	Kollokationen	Syntagmen
• *Straßenschlachten* [26, 1/1; 22, 1/1 u.a.] • *die Kämpfe* [69, 1/1]	• *Französische Zustände* [76, 1/1] • *heiße*[r] *Herbst* [89, 1/1] • *eskalierende*[...] *Gewalt* [26, 1/1]	• *technisch aufgerüstete Straßenkriege* [37, 1/1] • *Straßenkämpfe der vergangenen Nächte* [26, 1/1] • *Ausbruch der bürgerkriegsähnlichen Unruhen im Großraum Paris* [36, 3/4] • *direkte Straßenschlachten* [30, 1/1] • *Aufgrund der 'bürgerkriegsähnlichen' Szenen* [26, 1/1] Anm.: es bleibt unerkennbar, ob es sich um Dis-tanz-, Zitat- oder Betonungsmarker handelt. Die Objektstellung und der Kontext (Straßenschlacht) lassen aber eher auf suggerierte Zitatmarker schließen. • [Regierung habe mit den] *Notmaßnahmen* [...] *indirekt eingeräumt, daß sich die Französische Republik in einem kriegsähnlichen Zustand befin-det.* Anm.: Modalisation: einräumen i.S.v. 'gesteht ein'

---

[111] *Unruhen in den Pariser Vorstädten; Unruhen in der Pariser Banlieue* [151, 1/1; 154, 1/1]; *Aufstän-de in den Vorstädten* [157, 1/1]; *Aufruhr in Frankreich* [160, 2/2]; *Krawalle in Frankreich* [169, 3/6; 184, 1/1]; *Unruhen in Frankreich* [172, 1/5]

		markiert den Sehepunkt sehr deutlich; *indirekt* relativiert die Sehepunkt- Perspektive als deutende/übertragende; die Finale Konnexion ("daß") erhebt schließlich hohen Geltungsanspruch.
		• *Die Regierung spricht von perfekt organisierter Randale. Die Polizei sieht ein 'spielerisches Element'* [30, 1/1] → Die Distanzmarker signalisieren Ablehnung gegenüber der polizeilichen Sachverhaltskonstitution.
		• *Angriffe auf den Staat und dessen Einrichtungen* [37, 1/1] • *Ganze französische Vorstädte versinken im Chaos und Pöbelherrschaft* [31, 1/1]

Wie die Beispiele zeigen, stattet das Hauptkonzept <Bürgerkrieg> das EREIGNIS mit einer gewissen (gar technischen) Organisation und Systematik gezielt aufeinander treffender Gruppen aus. <Latenz>- oder <Routine>-Konzepten wie in ND und SZ wird (bis auf einem Artikel im Feuilleton [34, 1/1]) explizit widersprochen (z.B. mittels Distanzmarker: *ganz 'normale' Eskalation der Gewalt* [91, 1/1]). Dagegen verknüpft die WELT das EREIGNIS (auffälliger Weise zeitgleich mit der SZ am 05.11.2005) stark mit palästinensischen Konflikten, das heißt hier mit dem Konzept des <religiös motivierten Angriffs (auf den Staat)>:

> *Intifada!* [33, 1/1] *Die Vorstadt-Intifada* [155, 1/2], *Intifada? Die könnten nur israelische Besatzer provozieren* [...]. *Weit gefehlt! Siehe Frankreichs Vorstädte; hauseigene Intifada- und Terrorgefahr* [33, 1/1]

Wie in SZ und ND wird auch in der WELT der Sachverhalt mit den Maiereignissen 1968 sowie mit der französischen Revolution 1789 verknüpft, doch pejorativ offenbar mehr mit dem Ziel einer generellen Ablehnung potentieller <Widerstand>skonzepte (*Mythos der Barrikade, Revolution von 1789* [wirft] *Treibenden und Getriebenen unveräußerliche Stichworte zu* [44, 1/1]). Ferner wird das EREIGNIS in den Rahmen ,bisheriger rassespezifischer' Auseinandersetzungen eingenommen, verknüpft mit Unruhen in amerikanischen Ghettos (*Aufstand der Ghettos* als Hyperonym im Bezug auf das EREIGNIS [173, 1/1], *Rassenunruhen* [37, 1/1]).

Auf der Ebene intertextueller Sachverhaltskonstitution ist schließlich auf zwei Besonderheiten hinzuweisen: Zum einen die Darstellung des EREIGNISSES in Form einer Chronik zusammenhängender Teilereignisse, die in dem Hauptartikel farblich hervorgehoben integriert ist [32, 1/4]; zum anderen fallen zwei Rubrikbezeichnungen auf, die während der Hauptberichterstattung erscheinen: Auf der zuerst erscheinenden Seite (05.11.2005), betitelt mit *Krawalle in Frankreich*, steht mehr das allgemeine <Zerstörung>skonzept im Vordergrund, so, wie es auch in der SZ und im ND auftaucht. Drei Tage später erscheint erneut eine Seite, nun betitelt mit *Aufruhr in Frankreich*, doch hauptsächlich mit <Bürgerkrieg>s-Konzepten. Das Lexem *Krawalle* scheint – wie schon in den beiden anderen Medien sachverhaltsneutraler, *Aufruhr* dagegen spezifischer auf <soziale Unordnung> zu verweisen und damit offener für ,zerstörungsspezifische' Konzepte zu sein.

Im diachronen Vergleich zeigt sich auf Lexemebene schließlich, dass das Lexem *Krawalle* das am häufigsten belegte ist; *Unruhen* und entsprechende Komposita treten gegen Ende der UNRUHEN (10.11.) vermehrt auf. Das Konzept <Bürgerkrieg> (*Straßenschlacht* u.ä.) ist im Gegensatz zur SZ von Anfang an dominant, nimmt mit der Zeit aber weiter zu. Allgemein (proto)typische Syntagmen sind *Unruhen in den Vorstädten* [38, 1/1], *Unruhen in Frankreich* [39, 1/1; 89, 1/1] und *Krawalle in Frankreich* [65, 1/3]. Je später die Berichterstattung, desto häufiger treten Wellenmetaphorik sowie zeit- und ortsspezifizierende Kollokationen auf (*Vorstadt-Unruhen* [80, 1/1], *Herbst-Unruhen* [89, 1/1]); sie dienen auch in der Jahresberichterstattung – dann ohne Bindestrich der Ereignis-Rekurrierung (*Vorstadtunruhen* [136, 1/1]).

4.3.1.2 Das EREIGNIS in TEILEN und das AUSMASZ des EREIGNISSES

Da es sich bei dem Ereignis um ein ausländisches Geschehen handelt und es nicht üblich ist, dass Brände (i.w.S.) mehr als 10 Tage die Titel- und Hauptseiten der Medien mitprägen, bedarf es offenbar neben der wiederholten Rekurrierung auf das EREIGNIS im GANZEN auch einer Behandlung der täglichen Veränderungen, der EINZEL-EREIGNISSE, die zugleich als dem GANZEN EREIGNIS zugehörig konstituiert werden müssen. Und in der Tat findet man bei allen drei Medien sprachliche Modi, innerhalb derer diese TEILEREIGNISSE (integrativ) konstituiert werden. Hierzu gehören vor allem drei Elemente: (1) Die Hervorhebung des Tagesereignisses als im Verhältnis zum GESAMTEREIGNIS eher kleinen, aber dennoch berichtenswerten Ereignisses (v.a. mit Zerstörungskonzepten); (2) die Konstitution der TEILEREIGNISSE als <Gesonderte in Serie> respektive mittels Ordinalangaben; (3) das <Ausmaß der Zerstörungen> im Vergleich zu Vortagen in Form von Statistiken (Aufzählungen zu zerstörten Autos, Gebäuden, Verhafteten u.ä.) oder mittels Rekurrierung auf Folgen:

	ND	SZ	WELT
(1)	• *Gewaltausbrüche* [239, 2/2] • *Chaos-Wochenende* [239, 2/2] • *Ausschreitungen* [245, 1/1] • *[meisten der jüngsten] Brandstiftungen* [248, 1/1]	• *Feuernächte* • *Krawallnacht, Anschläge* [156, 1/1] • *Brandstiftungen* [171, 1/1]	• *Krawalle [...] weiten sich aus* [23, 1/1] • *Ausschreitungen* [51, 1/5]
(2)	• *Siebente Nacht des Chaos* [234, 1/2] • *[Elf Tage nach] Ausschreitungen* [245, 1/1] • *18. Krawallnacht* [262, 1/1]	• *Es brennt und brennt und brennt immer wieder* [151, 1/1] • *nach fast zweiwöchigen Ausschreitungen* [165, 1/1] • *14. Nacht in Serie* [176, 1/1]	• *nach der sechsten von Gewalttätigkeiten überschatteten Nacht in Folge* [22, 1/1] • *Zuspitzung der Unruhen* [26, 1/1] • *Frankreich brennt seit 11 Tagen* [40, 1/3]
(3)	z.B. 9.11.2005 [248, 1/1] • *landesweit erneut 1173 Fahrzeuge in Flammen* • *330 Festnahmen* • *rund 200 Fahrzeuge weniger in Flammen [...] als in der Nacht zum Montag* • *Weniger als zehn Fälle von Brandstiftungen an Gebäuden wurden verzeichnet* Anm.: konstituiert Abnahme der Unruhen • *106 Verurteilungen*	z.B. 7.11.2005 [156, 1/1] • *500 Festnahmen* • *2200 Autos und etliche Gebäude vom Kindergarten bis zum Krämerladen [gingen] in Flammen auf* • *Erstmals war auch die Pariser Innenstadt betroffen* • *etwa 30 Polizisten verletzt, als Jugendliche mit Schrotkugeln auf sie schossen* • *1300 Brandstiftungen, nach 900 in der Nacht zuvor*	z.B. 9.11.2005 [46, 2/5] • *'leichtes Abflauen'* • *'nur' noch 1173 [Fahrzeuge in Flammen]* Anm.: Modalisierend: Distanzierungssignale, genauer Kontrastsignale • *Gegenüber der Nacht zum Dienstag, als 1408 Fahrzeuge in Flammen [...]* • *Zahl der [betroffenen] Gemeinden [...] ging von 274 auf*

	• Zahl der Anschläge verdoppelte sich [...] auf 554	226 zurück • Festnahmen [...](330 statt 395)
z.B. 18.11.2005 [267, 1/2] • Die Unruhen seien beendet [...]. Die Zahl der Autos, die nächstens brennen, übersteige nicht mehr 'den Durchschnitt einer normalen Nacht' (-)	z.B. 18.11.2005 [189, 1/1] • Während die Gewalt [...] weiter zurückgeht Anm: Modifizierend: Temporale Konnexion bzw. Nebensatzstellung erhebt bereits hohen Geltungsanspruch:	z.B. 18.11.2005 [74, 1/1] • weniger als 100 Fahrzeuge in Brand gesetzt, was nach Behördenangaben nichts Ungewöhnliches ist • 33 Menschen wurden festgenommen

Die WELT konstituiert auf diese Weise als einziges Medium ein erneutes Anschwellen der Unruhen am 12.11.2005 [58, 1/1] und setzt wesentlich häufiger als ND und SZ Distanzmarker oder relativierende Modalwörter [50, 1/1 u.a.] bei potentieller Abschwächung der Unruhen ein. – Dass die Sachverhaltskonstitution der Berichterstattung nach den drei hier vorgestellten Gestaltungsprinzipien intendiert sowie offenbar auch rezeptiv erfasst wird, bestätigt ein metadiskursiver Beleg in der SZ vom 11.11.2005: er kritisiert, die *Brandanschläge* seien *zu einer Art Gradmesser für die Unruhen geworden* [176, 1/1].

4.3.1.3 Zur ANWENDUNG DES NOTSTANDSRECHTS

Am 08.11.2005 erhob die Französische Regierung den Ausnahmezustand auf der Basis eines seit 1955 gültigen Rechtes für große Teile Frankreichs und ermöglichte damit verschiedene polizeiliche Maßnahmen (vgl. Anhang 8.1). Art, Anwendung, Ziel der Anwendung und Wirkung des dem Ausnahmezustand zugrunde liegenden NOTSTANDSRECHTS werden in den Zeitungen teilweise ähnlich, teilweise aber auch sehr unterschiedlich insbesondere auf Syntagmen-Ebene konstituiert.

Das GESETZ selbst wird von allen Medien, am nachdrücklichsten in ND und SZ als <unzeitgemäß> geprägt[112], wobei einzelne ‚historisierende' und negativ konnotierende Verben sowie mehrfach Distanzmarker den Ausschlag für pejorative Sachverhaltsbewertungen liefern:

> ND: *wird ein Gesetz 'reaktiviert', das 1955 während des Algerienkrieges erlassen wurde* [250, 2/2]; SZ: *haben sich an ein Gesetz aus der Zeit des Algerienkrieges erinnert* [168, 3/3], WELT: *Ist es richtig, ein Gesetz aus dem Jahr 1955 zu exhuminieren, um für Ruhe zu sorgen?* [56, 1/2]

Während jedoch das ND die von der Regierung versicherte ‚sachgemäße und ordnungsgemäße' EINSETZUNG des Notstandsrechts mittels Konjunktiv II in Frage stellt ([*Ausgangssperren*] *würden* '[...] *nur dort angewandt, wo sie absolut notwendig' seien* [262, 1/1]), zweifelt die WELT nicht daran, d.h. sie objektiviert die Notstandsmaßnahmen mittels modifizierender Satzstellung und temporaler Verknüpfung als pro forma gegen die UNRUHEN gerichtet (*Sollten die Notmaßnahmen* [(+)] *nicht ausreichen* [46, 2/5]; *Nach tagelangen **Krawallen jugendlicher Zuwanderer** werden in Frankreich Ausgangssperren verhängt* [fett: WELT] [46, 1/5]). In der WELT interes-

---

[112] Die WELT konstituiert das GESETZ dagegen auch vereinzelt als geradezu <für die Unruhen gemacht> [vgl. 50, 1/1; 45, 1/1].

sant ist auch die Konstitution des AUSNAHMEZUSTANDS als ‚alternativlos'. Im folgenden Beleg etwa wird durch Suggerierung[113] einer indirekten Rede im Konjunktiv die Verantwortung für die in der Aussage inhärenten Interpretation auf einen unbekannten Emittenten gelenkt und im Anschluss einer finalen Nebensatzkonstruktion das Konzept des <Alternativlosen Handelns> damit präsuppoiert:

> *erklärte die französische Regierung, das Land stehe vor der Wahl zwischen Republik und Chaos. Um die Republik zu bewahren und das Chaos zu vermeiden, hat man den Notstand ausgerufen und Ausgangssperren verhängt* [Essay] [70, 1/1]

Bei der WIRKUNG des NOTSTANDSRECHTS gehen die Meinungen von ‚wirkungslos' (ND) über ‚(meist) fragwürdig' und ‚zu gering wirkend' (*Noch ist es aber zu früh zu sagen, ob dies eine direkte Folge der* [...] *verhängten Notstandsmaßnahmen ist* WELT [51, 1/5]) bis hin zu teilweise assertorischen Sprechhandlungen zu Gunsten des NOTSTANDS in der SZ (*Notstandsrecht wirkt*; im Titel [171, 1/1]). Das Attribut ‚Keine Wirkung' wird meist mittels Konzessiver Konnexion perspektiviert und damit die Erwartungshaltung der Emittenten signalisiert:

> ND: *Immer noch Gewalt trotz Notstand; Trotz Inkrafttreten des Notstandsrechtes sind die Ausschreitungen* [...] *weitergegangen* [251, 1/1]; WELT: *Trotz* [...] *Ausgangssperren randalierten* [...] *Jugendliche* [50, 1/1])

4.3.1.4 PROGNOSE

Mit PROGNOSE ist jener fiktive Referenzsachverhalt gemeint, zu dem Medien nach dem konstituierten Ende des EREIGNISSES rückblickend Aussagen über seine Weiterführung bzw. Wiederholbarkeit treffen. Dabei ist festzustellen, dass zwar alle Medien eine <Gefahr der Wiederholung> des EREIGNISSES sehen, sich ND und SZ/WELT jedoch in einem antagonistischen Attributfeld unterscheiden: Nämlich in der ‚räumlich distanzierten Rekurrierung' auf diese <Gefahr> (ND) versus der räumlichen wie zeitlichen ‚Distanzlosigkeit/Übertragbarkeit bzw. Allgegenwärtigkeit' des Sachverhalts:

ND	SZ / WELT
• *das befürchtete Wiederaufflammen der Unruhen vom vergangenen Jahr* [187, 1/1] • *Selbst die Polizei befürchtet ein Wiederaufflammen jugendlicher Gewalt* [283, 1/1] Anm.: Der Modalpartikel zu Beginn des Satzes konstituiert die Sprecherhaltung (als ebenso fürchtende).	• *Es kann jeden Moment wieder losgehen* [223, 2/5] (SZ) • *kann sich schon morgen wiederholen* [91, 1/1] (WELT) Anm.: Reflexiv-Passivierung erzeugt eine Phänomenisierung des Sachverhalts; der Partikel *schon* rafft den Zeitpunkt und konstituiert den ‚bedrohlichen' Sachverhalt als nahbarer. • *Städte der Zukunft sind in Paris und Umgebung zu besichtigen: Sie gehen gerade in Rauch auf* [178, 1/1] (SZ) Anm.: Hier wird das Potential zur Sachverhaltsverknüpfung deutlich: sämtliche Städte (der Text schließt gerade auch deutsche mit ein), so wird hier konstituiert, verfügten über die Grundlagen für (neue) <gefahrvolle> EREIGNISSE (wie die UNRUHEN).

In diesem antagonistischen Attributfeld deutet sich bereits das Verknüpfungspotential und -interesse auf der Sachverhaltsebene an. Die räumliche Distanzierung des ND ge-

---

113 - Das vermeintliche ‚Zitat' ist so in keiner weiteren Quelle des gesamten Korpus belegbar.

genüber den französischen Ereignissen (in der PROGNOSE) weist bereits auf geringere Sachverhaltsverknüpfungen zu Sekundärdiskursen hin. Dagegen lassen die Belege aus SZ und WELT die Vermutung zu, sehr viel stärker die französischen mit anderen (wie sich unten zeigen wird: deutschen) Sachverhalten verknüpfen zu wollen. Emotive Momente der ‚Sorge' oder gar ‚Angst', wie sie dabei zumindest implizit anklingen, bilden die Grundlage für daraus folgende Präventiv-Konzepte (s.u.).

4.3.2 Ereignis-URSACHEN

Die URSACHEN für das EREIGNIS der Unruhen wird in allen drei Medien differenziert betrachtet, nämlich zum einen nach seinem direkten ANLASS (4.3.2.1) und zum anderen nach seinen HINTERGRUNDURSACHEN (4.3.2.2).

4.3.2.1 ANLASS der Unruhen

Am 27. Oktober 2005 kommen zwei Jugendliche (Zyed Benna und Bouna Traore) in dem Pariser Vorort Clichy-sous-Bois zu Tode, als sie nach einem bis heute umstrittenen Vorgeschehen mit französischen Polizeibeamten eine Transformatorenanlage betraten. Ein weiterer Jugendlicher (Muhittin Altun) überlebte mit schweren Verbrennungen. Nach Bekannt werden des Ereignisses brennen noch am selben Abend in dem Ort erste Fahrzeuge nieder. So neutral eingegrenzt wie möglich – dies scheint offiziell als ANLASS der Unruhen gesehen zu werden (vgl. Anhang 8.1). Die genauere Konstitution des Ablaufs des Anlass gebenden Ereignisses geht in der Berichterstattung wie schon im Prädiskurs sehr unterschiedliche Wege: Hauptstreitpunkt ist dabei die Perspektive und Sachverhaltskonstitution zum Aufeinandertreffen von Jugendlichen und Polizei(kontrolle). Bei der Konstitution des Todesgrundes der Jugendlichen konkurrieren dabei vor allem die Konzepte <Flucht vor Polizeibrutalität und -willkür> (ND), <Ängstlichkeit, Leichtsinn und Fahrlässigkeit> (SZ, WELT) sowie das vermittelnde, wertneutrale Konzept <Tragik>. Folgende Belege auf der Ebene der Syntagmen sind dabei aufschlussreich:

<Flucht vor Polizeibrutalität und -willkür> (ND)	<Ängstlichkeit, Leichtsinn und Fahrlässigkeit> (WELT/SZ)	<Tragik>
a) [Polizeibeamte] *wollten* [...] *eine Gruppe von Jugendlichen* [...] *kontrollieren und gingen dabei so brutal vor, dass die spätere* Unfallopfer *panikartig* flüchteten [230, 1/1] b) *Einer solch* willkürlichen Kontrolle *[bezieht sich auf die Einräumung dieser Tatsache von Polizeigewerkschaftler] hatten Zyed Benna, Buna Traore und Muhittin Altun [...]* ausweichen *wollen*	c) *Dort wollten sie sich vor der Polizei verstecken und sprangen* trotz der Hochspannungswarnungen *über die hohe Mauer* [146, 1/1] d) Es gibt Schilder, *die auf 'Lebensgefahr'* hinweisen *[...]. Banou und Ziad sind* von 20000 Volt getötet *worden* e) *warum die drei Jugendlichen* Hals über Kopf *davongestürmt sind [...]* [32, 2/4] f) *als eine Polizeistreife* auftauchte [32, 2/4] **Versus <Flucht>** g) *Die* Version, *dass die drei von Polizisten verfolgt wurden,* lässt sich nicht belegen [151, 1/1] h) *als sie* angeblich *von der Polizei verfolgt worden waren* [173, 1/1; 91, 1/1]	i) *Sie hatten sich vor der Polizei in einem Trafohäuschen versteckt und waren dabei* verunglückt [154, 1/1] (SZ) j) *Umstände ihres* tragischen Todes (WELT) [32, 2/4]

Das <Flucht>-Konzept steht im Vordergrund, wenn die Polizeibeamte mittels Adjektiv und Partikel-Steigerung (*so*) oder auch implizit (b) als aktive Akteure willkürlicher Gewaltausübung, die Jugendlichen mittels Adverbialattribut als darauf reagierende Objektopfer geprägt werden (a, b). Abgelehnt wird dieses Konzept in WELT und SZ durch Anfechtung der Quellen-Glaubwürdigkeit bzw. Reduzierung des Geltungsanspruches, entweder mittels expliziter Kennzeichnung (g) oder häufiger mittels moralisierender Modalwörter (h). In (c) sieht man das Konzept <Fahrlässigkeit> bzw. <Leichtsinn> in einer konzessiven Konnexion realisiert, das eine Erwartungshaltung gegenüber einem ‚vorsichtigen Umgang mit Hochspannungsanlagen' präsuppoiert (implizit ebenso in (d)). Ferner wird das Konzept des <jugendlichen Leichtsinns> bzw. auch der <Ängstlichkeit> dominant gesetzt, indem der Agens auf die Jugendlichen (e), das Handeln der Polizei dagegen passiviert wird (f). Das <Tragik>-Konzept schließlich zeigt sich in der sprachlichen Rekurrierung auf dies explizierende Lexeme (j) oder durch Konstitution des Geschehens als ‚unvorhersehbares', ‚schicksalhaftes' Ereignis (i).

4.3.2.2 Ereignis-URSACHEN

Die Handlungsleitenden Konzepte bei der Rekurrierung auf die HINTERGRUNDURSACHEN der UNRUHEN sind sowohl intermediär als auch intramediär sehr heterogen und vielfach widersprüchlich. Wenn auch kaum einzelne Konzepte allein einem bestimmten Medium (sowohl auf Zeitungs-, Textsorten- oder Rubrikebene) zuzuordnen sind, so ergab die Analyse doch konzeptuelle Tendenzen sowie dominierende Wissensrahmen in den verschiedenen Medien, die sich grob in drei Kategorien unterscheiden lassen: Erstens Konzepte aus der Perspektive **der** jugendlichen AKTEURE (Konzepte aus dem eher sozial- und gesellschaftskritischen Bereich), zweitens Konzepte aus der Perspektive **von außen auf** die jugendlichen AKTEURE (Konzepte aus dem Bereich der Kriminologie und negativ habitualisierende Wissensrahmen), drittens schließlich Konzepte aus einer allgemeinen, mehr globalen Perspektive.

(I) Konzepte aus der Perspektive der Jugendlichen beanspruchen häufig explizit (z.B. *Wurzeln des Übels liegen tiefer*, ND [243, 2/2]) oder implizit (als ideelle Konzepte), die ‚tiefer liegenden', den UNRUHEN ‚nicht an der Oberfläche ablesbaren' und ‚andauernden'[114] Ursachen zu beschreiben. Sie suchen die (mutmaßliche) Sicht und die Gefühle der Jugendlichen nachzuvollziehen. Diese konzeptuelle Perspektive dominiert überwiegend in der Berichterstattung des ND und ist in der SZ stärker als in der WELT vertreten. Die wichtigsten Konzepte und exemplarischen Belege dieser Kategorie seien hier im Einzelnen vorgestellt:

Konzepte	Exemplarische Belege
(A) <Soziale, ökonomische Benachteiligung und Chancenlosigkeit, das eige-	k) *Kapitalmächte sind* [nicht einzuschüchtern], *trotz entgleister Verhältnisse, für die sie Verantwortung tragen* ND [246]
	l) *Dort* [Vorstädte] *erwarten die Menschen schon lange nicht mehr*, dass eine Regierung [...] *sie aus der Sackgasse der Aussichtslosigkeit führt* SZ [149, 1/1]
	m) *Weil sie sich ausgeschlossen fühlen von jeglichem Wohlstand, richtet sich die Wut der*

---

[114] So schreibt die SZ etwa modalisierend: *Die Unruhen kommen nur scheinbar aus heiterem Himmel, schon lange hatten Fachleute die Entwicklung vorgezeichnet* [167, 1/1].

ne Leben zu gestalten>	*Jungen nun gegen alles, was eine Uniform trägt.* (0/+) SZ [146, 1/1] n) *Hoffnungslosigkeit und Sinnlehre* werden in den ghettoisierten Minderheiten der Banlieues ganz ähnlich <u>empfunden</u> [wie in den USA] SZ [173, 1/2]

Ein immer wiederkehrendes Konzept ist das der <Chancen- und Perspektivlosigkeit> (A), nach dem die UNRUHEN geradezu unausweichlich gewesen seien (vgl. auch Beleg (w)). Die URSACHE wird hierbei in erster Linie gesellschaftlichen Bedingungen, d.h. kapitalistischen Wirtschafts- und Arbeitsverhältnissen zugeschrieben, wenngleich Referenzobjekte der Wirtschaft am seltensten mit den UNRUHEN verbunden werden (Konzessive Konnexion bei (k)). Damit verknüpft werden Empfindungen der ‚Leere' und der <Hoffnungslosigkeit, aus eigener Kraft die Situation verändern zu können> (k-n). Der Kausalzusammenhang zu dem EREIGNIS wird dabei meist explizit ausgesprochen, etwa mittels Zuschreibung (k) oder kausaler Konnexion (m); implizit kommt das Konzept zum Beispiel in Metaphern wie in (l) oder in der abstrahierenden Rekurrierung auf die Lebensumstände in den Vororten zur Geltung (Fokussierung auf das Resultat durch Passivierung in (n)).

(B) <Stigmatisierung, Rassismus und gesellschaftliche Ausgrenzung; Segregation>	o) [Villepin] <u>räumte ein</u>, <u>dass</u> zu den <u>ernstesten</u> Problemen, die den Hintergrund der [...] Gewalttwelle bilden, die <u>Diskriminierung</u> der Jugendlichen arabischer und afrikanischer Herkunft gehört ND [250, 2/2]
	p) [Polizeigewerkschaftler] <u>räumte ein</u>, <u>dass</u> das Verhalten <u>mancher seiner Kollegen verletzend</u> und die <u>Frustration</u> der Jugendlichen groß <u>ist</u>, die <u>ganz offensichtlich</u> nur wegen ihrer Hautfarbe immer wieder [...] einer erniedrigenden Kontrolle ihrer Papiere und ihrer Taschen unterzogen <u>werden</u>. ND [284, 3/4]
	q) [<u>Rassismus</u>] 'wird von den Jugendlichen, die sich immer wieder <u>ungerecht behandelt und chancenlos sehen</u>, als <u>Hauptursache</u> für ihr gewalttätiges Aufbegehren genannt' ND [265, 1/1]
	r) [Ereignisse] <u>zeigen</u> in <u>erschreckender Weise</u> das Scheitern einer <u>Politik der urbanen und sozialen Segregation</u> ND [258, 1/2]
	s) Wer [...] mehrmals am Tag <u>kontrolliert wird</u>, <u>kann</u> <u>nun</u> mit Gewalt <u>selbst kontrollieren</u>. SZ [151, 1/1]
	t) <u>Alltags-Rassismen</u>, die sie als Nachkommen prä-moderner 'Eingeborener' <u>stigmatisieren</u> SZ [159, 1/2]

Mit diesem ersten ist in der Regel auch das zweite Hauptkonzept (B) assoziiert: <Stigmatisierung> als Farbige und Vorortbewohner sowie <Gesellschaftliche Ausgrenzung> werden besonders in ND und SZ als URSACHEN herangeführt. Dies häufig in Zitaten von Politikern oder Experten, die perspektivisch eingeordnet werden. In (o) und (p) etwa werden die Zitate durch das Verb (einräumen) sowie in (p) zusätzlich mittels Modalwort als ‚Eingeständnis bekannter Tatsachen' eingebettet. Der Geltungsanspruch der Aussage wird zudem im Indikativ (statt erwartetem Konjunktiv) und finaler Konnexion (*räumte ein, dass* [...] *ist*) erhöht; in (p) werden die ‚schikanierten' Jugendlichen außerdem noch mittels Passiv in einer Opferrolle konstituiert (ebenso (s)). Die URSACHEN-Konstitution wird schließlich in ihrer Anfechtbarkeit reduziert, indem die Konzept tragenden Propositionen kompakt und abstrahierend als Substantive eingeführt werden (*Diskriminierung, Frustration*). Ähnliches gilt für (q) (*Rassismus*), wobei hier eine explizite URSACHEN-Qualifikation vorgenommen (*Hauptursachen*) und den Jugendlichen ein hoher Reflexionsgrad zugeschrieben wird; die Passivierung perspektiviert und festigt die Aussage als Resultat. In (r) zeigt sich ein typisches Beispiel für die Konstitution der URSACHEN als in den UNRUHEN begründete und indexikalisch offensichtliche (EREIGNISSE *zeigen*); die Modalisation der Aussage mittels Modalphrase (*in erschreckender Weise*) signalisiert die Haltung des Autors (bzw. Sehepunktes) und hebt die Aussage emotionalisierend hervor. Eine modalisierende – und hier konkret aus den URSACHEN der <Stigmatisierung> heraus ,mitfühlende' und ,verständnisvolle' Haltung nimmt auch der Modalpartikel (*nun*) in (s) ein. In (t) wird die URSACHE in Form der Kollokation als ,nachdrücklich' und ,fortwährend' geprägt.

(C) <Fehlende ,akkomodierende' Integrations- und Sozialpolitik>	u) *Die Trabantenstädte sind <u>große Sackgassen am Rande der Gesellschaft. Keine Arbeit. Keine Werte. Kein Vertrauen.</u> Keine Hoffnung. Nirgends. Ohne <u>die</u> [...] lassen sich die* [...] *Zuwanderer <u>nicht integrieren</u>* ND [234, 2/2]
	v) *Kern des Übels an der Wurzel* [...] *<u>Fehlende Integration und praktizierte Ausgrenzung</u> führten in Frankreich und auch hier zur Verselbstständigung und Herausbildung von Wohninseln* ND [261, 1/1]
	w) *Wo das wirkliche Problem liegt, <u>brachte ein</u> [...] <u>Bewohner</u> [...] <u>auf den Punkt</u>: 'Wir halten nichts davon, Autos kaputtzumachen. Aber es gibt keine Wohnungen, es gibt keine Arbeit, und der Bürgermeister hat kein Geld. Das ist es, was man Sarkozy sagen muß.* WELT [24, 1/1]

Mit ,sozialen' URSACHEN-Konzepten einher geht auch immer eine Kritik an der damit befassten Politik. Konkret wird das <Versagen der Politik> bei der Bereitstellung sozialer und integrativer Leistungen (daher auch das Attribut der ,akkomodierenden' Integration[115]) bemängelt (u-w). Eine Aufreihung der fehlenden Ressourcen, die anschließend ein bestimmter Artikel wieder aufnimmt, zeigt sich in (u). Während Beleg (v) die URSACHEN mittels Univerbierung abstrahiert und damit dominanter (und unanfechtbarer) macht, stimmt der Autor in (w) mittels Formel explizit der Aussage des Befragten (Jugendlichen), seiner impliziten Kritik sowie seinem abschließenden Appell (Modaler Infinitiv (müssen)) zu.

| (D) <Repressive Politik> | x) *[Sarkozy] 'setzte einzig auf <u>Konfrontation und Härte, doch das rächt sich.</u>' Das Ergebnis sieht man heute* [...] *in Clichy-sous-Bois* [...]*: ausgebrannte Autowracks, brandgeschwärzte Wände, zersplitterte Straßenlampen* [240, 1/3] |
| | y) *Jugendunruhen kommen in Wellen. Erst brennen Polizeiautos, dann erschrecken die Politiker und reden von Prävention, Integration und Solidarität. Jugendzentren gehen auf, Arbeitsbeschaffungsprogramme werden lanciert, die Polizei macht Ich-bin-ok-du-bist-ok-Kurse.* [...] *Dann <u>wird gekürzt und geschlossen und geprügelt</u>, bis wieder die Polizeiautos brennen und die Politiker erschrecken.* WELT [143, 1/1] |

Beleg (x) zeigt wiederum eine Variation der positiven Zitateinbettung bei der Anwendung des URSACHEN-Konzeptes <Staatliche/Polizeiliche Repression> (D: d.h. die stigmatisierende Behandlung von Vorortbewohnern durch Polizeibeamte und Politik), nämlich in dem semantischen Aufbau eines durch Deixis-Rekurrenz gestützten Folgeverhältnisses (*Dies rächt sich*). Als Kreislauf konstituiert der Beleg (y) die URSACHEN für das EREIGNIS, die durch Passivierung und Reihung des hier entscheidenden Syntagmas (*wird gekürzt und geschlossen und geprügelt*) das Konzept zudem abstrahiert, unanfechtbarer und in geraffter Form realisiert.

| (E) <Fehlende politische Artikulation / Interventionsmöglichkeit> | z) *[Fast 10 000 Fahrzeuge wurden in Brand gesteckt] '<u>Das war die einfachste Möglichkeit, medienwirksam auf sich und ihre Probleme aufmerksam zu machen</u>'* ND [284, 3/4]
 <u>Keine Möglichkeit, gehört zu werden</u> [= aus Zitat abstrahierter Absatztitel] |

---

[115] Dieses Attribut ist Teil eines anachronistischen Attributfeldes und steht im semantischen Kampf mit dem Attribut der ,assimilierenden' Integration(spolitik); s. dieses Kapitel unten.

	ND [240, 1/3]
	aa) *Ungeduld mit der Welt, die sich <u>immer wieder einen Ausdruck sucht</u>*
	ND [246, 1/1]
	bb) *Die <u>Wut</u> auf den <u>gemeinsamen Gegner</u> [Sarkozy], der nicht greifbar ist, entlädt sich jede Nacht in blindem Hass SZ* [151, 1/1]

Im Beleg (z) dient ein Zitat nicht als Basis, sondern als semantischer Aufbau zur UR-
SACHEN-Konstitution im Konzept der <fehlenden politischen Artikulations- bzw.
Interventionsmöglichkeit> (wie es auch in (bb) explizit und implizit in (aa) zum Ausdruck kommt). Nach der hier eher wertneutralen Wiedergabe eines ‚Faktums' (Zahlen), wird das dem zugrunde liegende Konzept <Zerstörung> ins positive Verhältnis
gesetzt mit der Möglichkeit, sich politisch zu äußern; das Zitat kann dabei innerhalb
eines an sich wertneutralen Berichtes[116] die Rolle des kommentierenden Autors über-
nehmen.

Schließlich sei am Rande zu dieser Konzept-Kategorie doch darauf hingewiesen,
dass sich vor allem auf Seiten der WELT heftiger Widerspruch etwa gegen das UR-
SACHEN-Konzept <Soziale Ausgrenzung> (B) regt, wie die folgenden beiden Belege
dokumentieren:

> *<u>Als Gründe dafür</u> wurden unter anderem <u>Vorurteile und ein Ausschluß</u> aus der Gesell-*
> *schaft <u>genannt</u> [79, 1/1]; Kann man darin einen Ausdruck des Protests sehen, eine Identi-*
> *fizierung dessen, von dem man sich betrogen fühlt? <u>Nach dem Motto</u> [(-)], daß diese*
> *<u>grandiose</u> Republik <u>wunders was</u> von Frankophonie, Bürgerrechten und Partizipation*
> *versprochen hat, aber nichts bietet als Deklassierung, Arbeitslosigkeit und Gettoisie-*
> *rung?* [37, 1/1][117]

Gegen das Konzept des <politischen Artikulationsversuches> wendet sich auch der
Autor des Textes [31, 1/1] und setzt dehumanisierende Konzepte dagegen: *Ausbruch
von Masseninstinkten.*

(II) Konzepte stärker aus der Außen-Perspektive auf die Jugendlichen beanspru-
chen, die URSACHEN eher ‚objektiv', im weitesten Sinne am EREIGNIS und den
AKTEUREN direkt abzulesen. Sie stehen nicht immer, aber überwiegend in einem
Ausschlussverhältnis zur ersten URSACHEN-Konzept-Kategorie und sind kaum im
ND belegt, teilweise in der SZ, am weitesten jedoch in der WELT verbreitet:

(F) <Soziale Verelendung und Rohe Sitten>	cc) *verfehlte Wohnungs- und Arbeitsmarktpolitik hat [...] zur wachsenden <u>Verelendung der Ballungsgebiete</u> geführt WELT* [27, 1/1]
	dd) *<u>verwahrloste</u>[...] <u>Vorstädte</u>[...], in denen <u>staatliche Strukturen den Rückzug angetreten und weitgehend rechtsfreie Räume</u> hinterlassen haben WELT* [42, 1/1]
	ee) *In der alten Heimat war die Autorität des Vaters unangefochten; in den Vorstädten von Paris hat <u>man</u> die <u>Väter mit dem Messer bedroht</u>* [69, 2/2]

Das erste Konzept (F) wendet die ‚sozialen' URSACHEN-Konzepte (wie A) insofern,
als dass es eine (Mit)Schuld der Vorortbewohner an ihrer Situation andeutet. Diese
Andeutung des Konzeptes <sozialer (Selbst-)Verelendung> wird möglich, als es wie

---

[116] - Oder als ein solcher vom Rezipienten erwarteter.

[117] Im ersten Beleg signalisiert der Emittent große Distanz zur wiedergegebenen Aussage, indem er
sich auf Metaebene begibt (*Gründe [...] werden genannt*); der zweite Beleg ist geprägt von distanzie-
render, präsuppoierender Fragestellung und negativ konnotierenden festen Syntagmen (*Nach dem
Motto; wunders was*).

hier in passivischer Form (Univerbierung in (cc), man-Form in (ee)) generalisiert objektiviert oder als Adjektiv-Attribut (dd) direkt an den ORT (*Vorstädte*) der Bewohner angefügt wird.

| (G) <Versagte ‚assimilierende' Integration, Parallelwelten und Selbstisolation> | ff) *Beide Seiten haben eine <u>Bringschuld</u>. <u>Die der Zuwanderer ist zwangsläufig größer</u>. Sie müssen nicht nur die Sprache der neuen Heimat lernen, sondern an erster Stelle deren kulturelle Grammatik* SZ [155, 1/2]
gg) *Die Situation* [in Clichy] *erhellt das Bild in einem <u>Land, in dem verschiedene Gesellschaften nebeneinander leben</u>.* SZ [146, 1/1]
hh) *<u>Unglücklicherweise</u> kommt zur <u>ökonomischen Spaltung</u> auch noch die die ethnische <u>und kulturelle</u> dazu: <u>Tatsache ist, daß</u> der Großteil von Sarkozys Abschaum <u>nordafrikanischer oder afrikanischer Abstammung ist, und meistens muslimisch</u>.* WELT [52, 2/3] |

Eine ähnliche Sicht zeigt sich in dem Konzept (G), das die URSACHEN ebenfalls als eher selbstverschuldet habitualisiert. Explizit (*Bringschuld*) und mit den Sachverhalt als alternativlos modifizierendem Nachdruck (*zwangsläufig*) ist in (ff) etwa das Teilkonzept der <assimilierenden Integration> und im Hinblick auf die URSACHEN mit ihm die Konstitution einer fehlenden ‚Anpassung von Seiten der handelnden Vorortbewohner' zu erkennen[118]. Die Belege (gg) und (hh) konstatieren eine Kultur- und Ethnien bedingte <Abschottung>. Dieses Konzept ist in der Regel die Grundlage zu weiteren, insbesondere kriminalisierenden URSACHEN-Konzepten dieser Kategorie:

(H) <(Organisierte) Kriminalität>	ii) *Angesichts des <u>Niedergangs und der sozialen Ausgrenzung</u> ihrer Eltern <u>kann es kaum verwundern, daß</u> viele Jugendliche ins <u>kriminelle Milieu</u> abtauchen* WELT [32, 1/4]
(I) <Terrorismus, Islamismus und Islamisierung>	jj) *Frankreich steht mit seinen <u>mindestens fünf Millionen Muslimen</u> an der Spitze. Hier sind die <u>Grenzen des guten Funktionierens multikultureller Nachbarschaft vielfach erreicht</u>* SZ [155, 1/2] kk) [...], *dazu die <u>islamisch-arabische Dimension</u>.* WELT [44, 1/1] ll) [Krawalle] *hauptsächlich das <u>Ergebnis sozioökonomischer Ungleichheit</u>, oder spielen <u>auch der Islam</u> und das jugendliche Alter der Randalierer <u>eine Rolle</u>?* WELT [65, 1/3] mm) [man] *verkennt <u>die hauseigene Intifada- und Terrorgefahr</u> aus und in den eigenen Vor- und Teilstädten, den 'Ghettos' Europas* WELT [33, 1/1]
(J) <Inakzeptanz gegenüber dem Staat und dem Westen>	nn) *das von* [...] *Finkielkraut geprägte Schlagwort vom '<u>anti-weißen Rassismus</u>' machte die Runde, verschwand dann aber <u>mangels politischer Korrektheit</u> rasch wieder aus den Debatten* oo) *<u>Die Intifada der Palästinenser</u> war Anstoß und Vorbild für die jungen Anführer, die mit jedem geworfenem Stein arabische oder islamische Solidarität oder beides entwickelten. Der Feind ist immer der Westen oder seine Zivilisation* [...] SZ [155, 1/2]
(K) <Polygamie>	pp) *Es war Sarkozy, der in der <u>Vielweiberei</u>* [...] *eine der Ursachen für die gescheiterte Integration der Jungen sah und damit <u>einen Randaspekt</u> in den Mittelpunkt rückte.* SZ [225, 1/1] qq) *"UMP-Politiker* [hatten] die [...] *Unruhen* [...] *darauf zurückgeführt, daß vor allem <u>Kinder aus Mehrfachehen</u> größere Schwierigkeiten bei der <u>Eingliederung in die Gesellschaft</u> hätten. <u>Ein umstrittener Vorwurf.</u> Doch leben in Frankreich etwa 300 000 Schwarzafrikaner in Familien, in denen Männer mehrere Ehefrauen haben.* WELT [80, 1/1]

---

[118] Interessant hierzu ist ein dem widersprechender Beleg aus der SZ [183, 1/1], der das Konzept der <fehlenden Assimilation> in seiner Argumentationsstruktur umkehrt: [man] *<u>will nicht wahrhaben, dass es das <u>Hier-Aufgewachsen-Sein, die erfolgreiche Assimilation</u>, genau die verinnerlichte Egalité ist, aus der die Flammen emporschlagen.</u>* (Der Modale Infinitiv [wollen] in Verbindung mit einem Verb der Empfindung perspektiviert die Emittenten/Quellen des Konzeptes <fehlender Assimilation> als ‚individuell' und ‚bewusst verschleiernd'.

Sehr häufig werden diese Konzepte sprachlich nur angedeutet und vielfach gegen Anfechtung abgesichert – offenbar, wie der Autor in (nn) expliziert, aus dem Grund diskursiver Restriktion. So etwa beim negativ bewerteten Konzept der <Islamisierung> (oder <Islamschwemme>) in (jj), in dem die Anzahl der in Frankreich lebenden Muslimen indirekt (implizit) als Grund für das EREIGNIS eingeführt wird. Ebenfalls nur beiläufig in einem nachgeschobenen Nebensatz konstatiert sich der <religiös fundierte Terrorismus>-Verdacht (I) in (kk) sowie in (ll) als Suggestivfrage im Interview[119]. Interessant in diesem Hinblick sind auch die Belege (pp) und (qq): Bei ersterem wird <Polygamie> (Mehrehe der Eltern) (K) als Nebenursache (*Randaspekt*) eingeführt. Bei letzterem konstituiert der Autor das Konzept zunächst wertneutral als derzeit diskursiven Streitpunkt, zu dem der Autor jedoch verdeckt mittels adversativer Konnexion eine dem Konzept zustimmende, d.h. ihm ‚bedenkenswerte Faktenargumente' liefernde Haltung einnimmt.

Analog zur EREIGNIS-Konstitution (insb. <Zerstörung>s-Konzepten) finden sich auch hier Belege, die <organisierte Kriminalität> (H) oder gar einen <religiös motivierten Angriff auf den Staat/Westen> (über <Multirassismus>[120] bis hin zu <Kampf der Kulturen>[121]) (J) als URSACHE präsuppoieren. Während im Beleg (oo) das Konzept sehr explizit artikuliert wird, suggeriert der Autor von (ii) allgemeinen Konsens (bzw. eine allgemeine Erwartungshaltung) mittels modalem Infinitiv (*kann es nicht verwundern*) und erhöht seinen Geltungsanspruch durch anschließende finale Konnexion. Auf die Sachverhaltsverknüpfung respektive zu Sachverhalten in Palästina in diesem Konzept-Kontext wurde bereits bei der EREIGNIS-Konstitution hingewiesen (vgl. o.).

Ebenso analog zur EREIGNIS-Rekurrierung stoßen in der Berichterstattung von ND und SZ vor allem die Konzepte <Organisierte Kriminalität> und <Islamismus/Islamisierung> auf Ablehnung, meist explizit und in Form negativer Zitateinbettung realisiert:

Versus <Organisierte Kriminaliät>	• *Es sind also keinesfalls sie [kriminelle Banden], die [...] geplant und organisiert haben, wie [...] spekuliert wurde* ND [265, 1/1]
	• *[In Gerichtsverfahren] keinen Anhalt für die von rechten Polizeigewerkschaften erhobenen und von [...] Sarkozy aufgegriffenen Behauptungen, dass die Gewaltakte kein spontaner Ausdruck von Frustration der Jugendlichen seien, sondern organisiert wurden* ND [237, 3/3]
	• *Innenminister glaubt an organisierte Gewalt* [= Untertitel] (-) SZ [154, 1/1] Anm.: Infragestellen von Authentizität und Glaubwürdigkeit bzw. Berufung auf als glaubwürdig präsupoierte Quellen (Rechtsprechung).
Versus <Islamismus> / <Terrorismus>	• *Genauso wenig steht hinter [den Unruhen] die lenkende Hand islamistischer Fundamentalisten, die dem Staat ihre gewachsene Macht demonstrieren wollen. Ganz im Gegenteil.* ND [265, 1/1]

[119] Die Suggestivität liegt im Priming der potentiellen Antwort, die anschließend auch prompt das in der Frage konstituierte Aspektverhältnis (vor allem sozioökonomische Ursachen, aber auch [!] Islam und Alter) wiedergibt; das Modaladverb (*hauptsächlich*) liegt im Vorfeld und Nebenfokus als bekannt perspektivierter Sachverhalte (Genetivkonstruktion), der ‚Islam'-Aspekt hingegen liegt im Hauptfeld und (mutmaßlich auch intonierendem) Fokus des Fragesatzes.

[120] *Das Konzept der 'Integration' mag gut gemeint sein, führt aber nach allen bisherigen Erfahrungen eben nicht zur Gleichheit aller Menschen [...] sondern [...]: Zu einem Unsozial-Staat mit einer multirassistisch-multikulturellen Klassengesellschaft, oben weiß und unten schwarz gefärbt.* SZ [190, 3/3].

[121] Vgl. etwa die WELT 143, 1/1; 33, 1/1 u.a.

	Anm.: Explizite Ablehnung und Überspitzung der Aussage
	• _keine islamische Ideologie_
Versus	• [Von Sarkozy] _ist es nur ein Schritt zu der Linie_ [von Le Pen], _der bereits 'einen Bürger-_
<Islamisierung>	_krieg' heraufziehen sieht, weil die Zuwanderer 'in unserem Land eine Überlegenheit_
	des Fremden etablieren' wollen SZ [225, 1/1]
	Anm.: Negative Zitateinbettung durch Präsuppoierung allgemeiner Ablehnung gegen-
	über Le Pen und dessen Aussagen; Ablehnung des Konzeptes ist hier implizit realisiert
	und als Grundlage zur Konstitution SARKOZYs.

Schließlich erwähnenswert ist hier auch die Konfrontation der divergierenden URSA-CHEN-Semantik im Hinblick auf das <Umsturzpotential> des EREIGNISSES (vgl. Konzept (J)): Zitiert die WELT etwa aus einem in _Le Figaro_ veröffentlichten Polizei-bericht, es handle sich um _geplante Angriffe gegen die Institutionen der Republik und ihre Repräsentanten_ [134, 1/1] und greift in einem Kommentar der gleichen Seite – und des gleichen Autors – dieses pejorative Konzept des <Staatsangriffs> nahezu im identischen Wortlaut wieder auf [131, 1/1], deuten ND und SZ das Konzept eher meli-orativ als <Revolution: radikale Veränderung> aus:

> _Die Ausschreitungen kommen für ihn_ [Rapper] _nicht von ungefähr: Sein erstes Soloal-bum_ [...] _(Die Stimme des Volkes) enthält das Lied 'Rev'S'olution'. Das Wortspiel verbin-det rêve (Traum) mit solution (Lösung) zur Revolution._ SZ [159, 2/2]; _dass auch Hoch-kulturen noch Revolutionen brauchen könnten, generelle Umwälzungen, totale Verände-rungen, luftraubende Beben. Die Feuer von Paris_ [(+)] _haben mit solchen Revolutionen nicht zu tun. Mit dem Gedanken daran schon._ ND [246, 1/1]

Bevor die dritte Konzept-Kategorie nun erläutert wird, ist nachträglich auf ein URSA-CHEN-Konzept einzugehen, das Belegen den beiden ersten Kategorien häufig inhä-rent, d.h. immer auch **Parallelkonzept** ist: Es handelt sich dabei um das Konzept der <Emotiven Ursachen>, i.e. die Zuschreibung psychischer Bedingungen bei der Entste-hung (und anhaltenden Dauer) des EREIGNISSES. Dabei fällt das antagonistische Attributfeld ‚extrinsische' versus ‚intrinsische Motivation'[122] auf: das erste Attribut findet sich überwiegend im ND (vereinzelt in der SZ) und verleiht der postulierten Emotionalität eine gewisse Gegenstands-Reflektiertheit, einen aus der Sicht der Emit-tenten eher positiv zu bewertenden Grund; es wird vor allem mit dem Lexem _Wut_ (ND [267, 2/2] u.a.) expliziert und korrespondiert häufiger mit der Konzept-Kategorie (I). Dem gegenüber steht das zweite Attribut als eine eher auf ‚unreflektierte', ‚unkontrol-lierte' und rein auf ‚Egozentrik zielende' Emotionalität; mit dem hierzu favorisierten Lexem _Hass_[123] korrespondiert – meist in der WELT (z.B: 42, 1/1) – die Konzeptgrup-pe (II). Das Konzept der <Emotiven Ursachen> ist auch in der AKTEUR-Konstitution von Bedeutung.

---

[122] Die Bezeichnungen rühren aus der Allgemeinen Psychologie und bezeichnen zum einen die Moti-vation ‚von innen heraus', zu persönlichen Gunsten des Handelnden („intrinsisch"), zum anderen die Motivation aus äußeren Gründen, d.h. Objekt- und zu einem allgemeinem Zweck orientiertes Handeln („extrinsische").

[123] Ein Beleg auf Syntagmenebene findet sich etwa in 158, 1/2: _Der Tod der beiden Jungen_ [...] _hat die Unruhen ausgelöst. Inzwischen braucht es keinen Vorwand mehr._ (Prägung der emotiven Ursachen als ‚Lust an Gewalt und Zerstörung').

(III) Die dritte und letzte Konzept-Kategorie scheint mehr aus einer allgemeinen, globalen Perspektive auf die URSACHEN zu rekurrieren. Das wichtigste vorneweg ist das Konzept vom <Mythos des französischen Wahlspruchs>. In der SZ wird damit vor allem Kritik geübt an der Differenz von theoretischem Ideal (‚Freiheit, Gleichheit, Brüderlichkeit') und politischer Praxis, die sich die genaue Analyse sozialer Problematiken verbiete:

> *Republikanische Selbsttäuschung* [= Titel] SZ [163, 1/1]; *Die selbstverordnete Blindheit* [(-)] *der französischen politischen Klasse gegenüber den Problemen der unterprivilegierten Einwanderer* (-) SZ [163, 1/1]; *Im Land der prinzipiellen Chancengleichheit herrscht die kulturelle Praxis einer erschreckenden Ungleichheit.* SZ [163, 1/1]

Die WELT bedient sich noch häufiger dieses Konzeptes; doch während die Ablehnung in der SZ mehr auf die Politik gerichtet ist, konstituiert die WELT das Ideal tendenziell pejorativer als ‚an sich irrige Ideologie', die gänzlich abzulehnen sei:

> *In Frankreich herrscht seit jeher das Prinzip, daß derjenige, der in Frankreich geboren ist, automatisch französischer Staatsbürger ist.* [/] *Diese Praxis ist natürlich viel mehr als eine solche, sie ist ein Manifest.* [...] *eine Verheißung, Franzose zu sein.* [...] *jedem Neugeborenen* [...]: *das Recht nämlich auf Partizipation an dieser großen Sache, welche die französische Republik ist. Soweit die Theorie.* WELT [61, 1/1]

Ein weiteres, überwiegend im Feuilleton und in den Textsorten Essay, Reportage und Zeitgeschichtliche Darstellung aller drei Medien[124] verbreitetes URSACHEN-Konzept ist das der <Tristen Architektonik>. Während in der WELT – auch in der Verbindung mit Konzepten der Kategorie (II) – ein *Zusammenhang zwischen verfehlter Stadtplanung und sozialer Verwahrlosung* [40, 3/3] konstatiert wird, fokussieren SZ und ND zusammen mit Konzepten der Kategorie (I) eher auf subjektive Erfahrensmomente im Umgang mit der ‚monotonen', ‚lebensfeindlichen' und ‚Gewalt-fördernden' Wohnverhältnissen:

> *trübsinnige, am jämmerlichen Raster der Wohnraumspekulation ausgerichtete Zeilenbauten aus Waschbeton. Überall dort, wo es jetzt brennt* [...] *Unbestritten: Räume prägen uns.* [...] *Die Frage nach den Ursachen der Randale ist auch die Frage nach dem Phänomen 'Heimat'. Die Architektur als Produktionsversuch derselben ist also nicht nur symbolisch ins Bild der Kämpfe geraten. Sie ist nicht die Staffage der Debatte - sie ist ein Teil davon.* SZ [178, 1/1]

Eher eine Nebenrolle spielen Konzepte wie <Generationenkonflikte> (*Generationenprotest* [...], *die Jungen gegen die Alten*; WELT [44, 1/1]) und zu späterer Zeit <Medienberichte als Ursache> (*Anscheinend haben Zeitungsdiagramme* [...] *den sportlichen Ehrgeiz der Jugendlichen oft erst richtig angeheizt?* SZ [223, 4/5]). Das Teil-URSACHEN-Konzept des <Unruhenantriebs durch Beamte und Politiker> (insb. durch den frz. Innenminister Sarkozy) wird später bei der Sachverhaltskonstitution der AKTEURE und ihrem HANDELN (4.3.4) genauer zu behandeln sein.

---

[124] Die meisten Belege finden sich jedoch in der SZ; nur dort widmen sich auch zwei ganze Artikel [194, 1/1; 178, 1/1]) diesem Konzept.

Wie bereits zu Beginn dieses Kapitels moniert, lassen sich keine einfachen Form-Konzept-Relationen ermitteln, deutliche Tendenzen hingegen schon (s. Tabelle). Während Meldungen nur sehr gering und überwiegend unspezifisch, wertneutral auf UR-SACHEN rekurrieren, findet sich über alle Medien hinweg in formal freieren und inhaltlich umfassenderen Textsorten (wie Essay, Reportagen usw.) tendenziell häufiger Konzepte der Kategorie (I). In Berichten und Harten Nachrichten sowie in meinungsbetonten Texten nehmen in Abhängigkeit der jeweiligen politischen Haltung des Mediums auch Konzepte der Kategorie (II) zu. Im *Feuilleton* rekurrieren die Medien insgesamt mit 78 % der Texte eher mittels Konzepten der Kategorie (I) auf URSACHEN[125].

	Prozentualer Anteil an Konzept-Kategorie (I) / (II) [%]		
	ND	SZ	WELT
Essay, Reportagen, Problem- und Zeithistorischen Darstellungen	100 / 0	100 / 0	50 / 38
Berichte und Harte Nachricht	100 / 0	83 / 17	62 / 38
Kommentar, Glosse	100 / 0	50 / 33	20 / 70

4.3.3 Ereignis-FOLGEN

Im Hinblick auf die FOLGEN, d.h. durch das EREIGNIS der Unruhen ausgelöste Ereignisse oder veränderte Zustände, lassen sich in allen drei Medien insgesamt sechs differenzierte Konzepte nachweisen; die geringste FOLGEN-Rekurrierung geschieht im ND, die umfassendste in der SZ.

Bereits bei der Konzept-Untersuchung der EREIGNIS- bzw. dessen AUSMASZ-Konstitution lässt sich in der Aufzählung von zerstörten Fahrzeugen und Gebäuden sowie Summierung zu erwartender Kosten implizit das Konzept <Destruktive Folgen> erkennen (vgl. o.). Ebenso lässt sich das bereits in der URSACHEN-Rekurrierung aufgefallene Konzept der <Fehlenden Integration> hier als FOLGE auffassen, nämlich das EREIGNIS als auslösender Beleg für das <Scheitern des französischen Integrationsmodells> (insbesondere in SZ und WELT mittels indikativischer Explikation und Authentizitätssignalen):

> Die *intégration à la francaise ist* fürs Erste *gescheitert* SZ [191, 2/5]; *Für viele Experten ist* Frankreichs **Integrationspolitik** *gescheitert* [fett: WELT] WELT [32, 1/4].

Ähnlich verhält es sich bei der Konstitution von <Folgen für das allgemeine Zusammenleben> respektive in SZ und WELT:

rr) [Unruhen] *erschüttern ganz Frankreich* SZ [154, 1/1]	tt) *den sich verschärfenden Gegensatz zwischen urbanen Zentren und Vororten?* SZ [184, 1/1]
ss) *Dennoch verstärkten die Feuernächte das Empfinden für verschiedene Kategorien: 'Wir, die Muslime' auf der einen Seite, 'die anderen' jenseits ei-*	uu) *Da die Unruhestifter in der Regel aus islamischen Familien stammen, wächst die Stimmung gegen den Islam in Frankreich. Zum wiederhol-*

---

[125] In anderen Rubriken wie *Ausland, Europa* lassen sich keine vergleichbaren Differenzen ermitteln –, vermutlich auf Grund mangelnder Vergleichbarkeit (*Europa* im ND etwa ist nicht identisch mit *Ausland* in der WELT).

nes Grabens, der tiefer wird. [...] *das ambivalente Gefühl* [nach dem 11. September]: *Verdient haben es die Amerikaner, die Briten, doch.* SZ [155, 1/2]	*ten Male wurde* [...] *eine Moschee Ziel eines Brandanschlages* SZ [188, 1/1] vv) *haben plötzlich neue Begleiter für die Nacht: zwei Kampfhunde* WELT [36, 2/4]

Beleg (rr) prägt die FOLGEN als <fundamentale Destabilisierung des Landes>. (ss) bis (uu) exemplifizieren das Konzept der <wachsenden kulturellen Spannungen/Spaltung>, entweder durch Konstitution von Gegensätzen (z.b. in (ss) *Wir/auf der einen Seite – die anderen/jenseits*; die Distanzmarker markieren die Lexeme als ,im übertragenen Sinne') oder zumindest durch Distanz bzw. Gegensätzlichkeit anzeigende Lexeme (*Gegensatz/gegen den Islam*). Beleg (vv) zeigt die Realisierung der <Folgen im Alltag>; der Unterschied zum vorhergehenden ,normalen' Zustand wird in dieser Reportage mittels Temporaldeixis hervorgehoben.

Ein weiteres, in allen drei Zeitungen verbreitetes Konzept zielt auf die <politischen Folgen> für einzelne Politiker oder – sachverhaltsverknüpfend – für den Wahlkampf 2007:

ww) [Unruhen] _schienen_ [...] *den agilen Innenminister zunächst zu schwächen. Davon profitierte* [...] _Villepin_. ND [267, 2/2]; [Unsicherheit in den Vorstädten] *Das hat der Popularität des Innenministers nicht geschadet, er ist der ernstzunehmende Präsidentschaftsbewerber* SZ [225, 1/1]; [Ereignisse] _haben den Populisten_ [Le Pen] [...] *zu neuem Leben erweckt* [...] *Eine Krise* [...] *wirkt auf den 77jährigen wie eine Frischzellenkur* WELT [72, 3/3];

xx) Im nächsten Wahlkampf [...] *werden* die Vorstädte eine zentrale Rolle spielen SZ [187, 1/1]

Das Verständnis des FOLGEN-Konzeptes dieser Belege setzt vor allem Kenntnis einer rechtskonservativen Tendenz etwa Sarkozys und Le Pens sowie die Semantik der <Zerstörung> und des <Sicherheitsproblems> im Hinblick auf das GESAMTEREIGNIS voraus. Erst auf Basis dieser Wissensrahmen ist der Schluss möglich, dass Politiker im (potentiellen) Wahlkampf einen ,Profit' aus den UNRUHEN ziehen könnten (wie im zweiten Satz expliziert, im dritten Satz indirekt-negativistisch als ,nicht nur keinen Schaden' realisiert) bzw. dieses Verhältnis von (Sicherheits-) Politik und UNRUHEN eine Relevanz für den Wahlkampf 2007 hätte.

Im Hinblick auf die FOLGEN verknüpft am häufigsten die SZ respektive deutsche Sachverhalte:

yy) _Mit Blick auf die Vorgänge im Nachbarland_ kündigte[...] die [dt. Politik] *an, auf die Eingliederung von Ausländern besonderes Augenmerk zu legen.* (0) SZ [160, 2/2]

zz) [Unruhen] _belebten_ in Deutschland *die Diskussion* über die Integration von Einwanderern (0/+) SZ [169, 3/6]

aaa)_Frankreich und die Folgen_: Was Deutschland aus den Unruhen im Nachbarland _lernen kann_ (0/+) [179, 1/4]

So konstituiert (yy) wertneutral, (zz) im Verb gar positiv konnotiert, eine <politische Reaktion> in Deutschland auf das EREIGNIS. Mit imperfekten Beschreibungsformen der ,Wahrnehmung' (yy) bzw. der ,Lebendigkeit' (zz) wird die FOLGE als bereits existent, im Beleg (aaa) dagegen im Präsens explizit und eher appellativ (der Modale Infinitiv wird vermutlich nicht nur als Potentialis rezipiert[126]) im Hinblick auf zukünf-

---

[126] Geht man davon aus, dass ein SZ-Rezipient etwa im EREIGNIS, aber auch in den URSACHEN überwiegend mit <Zerstörung>skonzepten geprägt wurde (vgl. o.) sowie unter der Prämisse, dass er Zerstörungen und damit verbundene materielle und menschliche Schäden wohl eher ablehnt, kann ein

tige, zu erwartende Handlungen geprägt. (zz) ist ferner auch ein Beispiel für das Konzept der <diskursiven Folgen>, das heißt der Betonung, dass sich anlässlich des EREIGNISSES bestehende Diskurse ändern bzw. neue Diskurse (vor allem pejorativ zur ‚präventiven Integrationspolitik') ergeben. In der Regel ist daran auch immer eine Erwartungshaltung für verschiedene, meist politische Handlungen gegen pejorative Sachverhalte geknüpft (vgl. [141, 1/1]). – Positiv wird lediglich im ND auf die (diskursiven) Folgen verwiesen (*erst durch die Unruhen wird ihnen* [Vorstädten] *die Aufmerksam zuteil, die sie so dringend nötig haben*, [240, 1/3]).

Zu den <emotiven Folgen> gehört am Rande des Mediendiskurses von SZ und WELT die immer wiederkehrende Rekurrierung auf emotionale Reaktionen von Politikern und *Bürger*[n] (*erschrecken* WELT [34, 1/1]; *Aufregung* SZ [209, 1/1]), die während den UNRUHEN die medial postulierte Ratlosigkeit im Hinblick auf das sich Ereignende hervorheben sollen.

Im diachronen Vergleich vor allem erst in der Jahresberichterstattung 2006 wird schließlich in allen Medien vielfach moniert, dass es ähnlich wie bei der URSACHEN-Konstitution <keine konstruktiven Änderungen> gegeben habe (z.B. *'Die Unruhen sind folgenlos geblieben'*, SZ [223, 4/5]; *Ein Jahr nach Unruhen* [...] *fällt die Bilanz ernüchternd aus*, WELT [131, 1/1]).

4.3.4 Beteiligte AKTEURE und ihr HANDELN

Als AKTEURE treten in den untersuchten Medien diejenigen auf, die für die brennenden Fahrzeuge primär als Handlungsträger verantwortlich gemacht werden (JUGENDLICHE), meist in Verbindung mit den weiteren Bewohnern der Geschehensorte (VORORTBEWOHNER), den verschiedenen POLITISCHEN AKTEUREN sowie der POLIZEI.

4.3.4.1 JUGENDLICHE

Bei der Rekurrierung auf die JUGENDLICHEN dominiert auf Lexemebene aller drei Medien das Konzept der <Destruktivität>, das sich vor allem in dem negativ denotierten Lexem *Randalierer* äußert. Analog zum AUSMASZ der UNRUHEN sind hierbei lediglich die attributiven Nuancen des Konzeptes unterschiedlich, in SZ (*Krawallmacher* [156, 1/1]; *Mob* 158, 1/2]) und WELT (*Rebellen* [69, 2/2], *Dieser Teil* [52, 2/3]) nämlich wesentlich pejorativer und dehumanisierender als im ND (*Steinewerfer* [251, 1/1], *Straftäter* [266, 1/1]). Auf der Ebene der Kollokationen und Syntagmen ist das Konzept der <Destruktivität> sogar nur noch in SZ und WELT realisiert, wobei dies häufig einher geht mit den Konzepten der <kriminellen Konstitution> und der <Organisiertheit> der AKTEURE:

Kolumnentitel mit dem Inhalt *Frankreich und die Folgen* [...] *Deutschland kann lernen* nur als implizite Aufforderung zu präventivem Handeln verstanden werden.

	SZ	WELT
Kollokationen	bbb) *jugendliche[...] Randalierer[...]* (0/-) [154, 1/1] ccc) *mutmaßliche Brandstifter* (-) [171, 1/1] ddd) *Bande Jugendlicher* (0/-) [154, 1/1] eee) *vandalisierende[...] Jugendliche* (-) [157, 1/5] fff) *'violent mobs'* (-) [184, 1/1]	ggg) *jugendliche[...] Randalierer[...]* (0/-) [23, 1/1] hhh) *marodierende[r] Mob* (-) [42, 1/1] iii) *Sarkozys Abschaum* (-) [52, 2/3]
Syntagmen	jjj) *Zwei Monate mit oder ohne Bewährung steckt ein Bandenmitglied leicht weg, dessen Biographie aus Versagen in der Schule, Berufs- und Arbeitslosigkeit, Langeweile und Drogenkriminalität besteht. [...]Ein solcher Aufrührer will nicht in die Gesellschaft integriert werden, Er hasst sie.* [155, 1/2] kkk) *Banden von Vermummten* [156, 1/1] lll) *'Hetzmasse'* nannte Elias Canetti solche Ansammlungen aufgebrachter Gewalttäter [173, 1/2]	mmm) *Gewalt [...] hat sich [...] ausgeweitet* [21, 1/1] nnn) *[Diesen] Ich-AGs des Brutalismus* [37, 1/1] ooo) *wie dumm und kriminell die Akteure sind* [37, 1/1] ppp) *[, der] die [...] operierenden Jugendbanden* [40, 1/3] qqq) *Ihre Anführer sind die Rapper, die 'großen Brüder' (also die Anführer der Straßenbanden), die Drogenhändler, kurz, die Gegenelite und das Gegenestablishment* [69, 2/2]

Neben Feuermetaphorik (ccc) ist die <Zerstörungsintention> auch als Partizipalattribut (eee; hhh) besonders anfechtungssicher realisiert. Beleg (fff) ist nur geringfügig distanzmarkiert, da es sich offenbar um eine pejorative Variation des eher wertneutralen Ausdrucks *flash-mobs* handelt. In (iii) ist auf Grund der fehlenden Distanz- bzw. Zitatmarker die präsuppoierte Aussage stark vom Rezipienten abhängig –, nämlich ob Sarkozys Äußerung, es handle sich um *Abschaum* (vgl. 4.3.4.3), implizit zugestimmt wird oder nicht. Da sich in der WELT beide Haltungen nachweisen lassen[127], sind beide Deutungsmöglichkeiten zumindest möglich. Im Beleg (lll) handelt es sich um einen intertextuellen Beitrag, bei dem vor allem das Konzept der <sich verselbstständigenden Gewalt in der Masse> importiert wird[128]. Während in (mmm) schließlich die AKTEURE implizit als bloße <Gewalt> abstrahiert werden, stellt sie (nnn) als ‚egoistische', ‚terrornahe' (Ismen) und dehumanisierte Organisationen dar.

Wertneutral (*Jugendliche* (0), *Die Jungens* (0) [167, 1/1]) wird in allen drei Medien vor allem in Reportagen, Problemdarstellungen und Essays sowie tendenziell häufiger in ND und SZ gesprochen. Damit verweisen die Emittenten zugleich auf das ‚junge Alter' und mit ihm auf eine <reduzierte Verantwortlichkeit> für das Handeln der AKTEURE (z.B. *wütende[...] Kinder [...]Warum geraten [sie] sie außer Rand und Band?* ND [260, 1/1]; *Ghetto-Kinder* SZ [195, 1/1]; *Mutproben* SZ [157, 1/1]). Explizit und mit modifizierendem Nachdruck (Modaler Infinitiv, Finale Konnexion und *ist*-Setzung) gegen das Konzept des <jugendlichen Spiels> wendet sich der folgende Beleg aus der WELT: *auch diese [Kinder] müssen wissen, daß Brandschatzen kein Lausbubenstreich ist* [78, 2/2].

Wie bereits in der URSACHEN-Rekurrierung sich andeutete, werden die AKTEURE zwar überwiegend in ND und SZ, jedoch auch in Reportagen, Essays, Problemdarstellungen und Zeitgeschichtlichen Darstellungen der WELT im weitesten Sinne mit <sozialen/gesellschaftskritischen Konzepten> in Verbindung gebracht:

---

[127] Vgl. etwa WELT [52, 2/3] sowie [42, 1/1].

[128] Vgl. Elias Canetti (1980). Masse und Macht. Frankfurt am Main: Fischer Verlag.

	ND	SZ	WELT
Kollokationen	rrr) *Aufgebrachte* [...] *Jugendliche* (+) [234, 1/2]	*ghettoisierte*[...] *Minderheit* [137, 1/1]	sss) *rebellierende*[...] *Jugendliche* [61, 1/1] ttt) *revoltierenden Jugendlichen* [vs. *'kleine Faschisten'*]
Syntagmen	uuu) *ungeliebte*[...] *Stiefkinder Frankreichs im Schatten neoliberalen Reichtums* [234, 2/2] vvv) *'Fraktionen des Asozialen'* [*wie es Frank Castorf einmal sagte*] (Positive Zitateinbettung) [241, 2/2] www)[die] *Aufgewühlten, Ver-kümmerten, in Grobheit Aufgewachsenen* [246, 1/1] xxx) *die idealen Sündenböcke* [258, 1/1]	yyy) *die verlorenen Kinder der Republik* [187, 1/1] zzz) [die] *zu kurz Gekommenen* [149, 1/1] aaaa)[*Es gibt zwei Gesellschaften in Frankreich*] *ihre Mitglieder sind einander fremd bis hin zur Feindseligkeit* [225, 1/1] bbbb)*Gruppe aus einer anderen Welt* [vs. *das großartige Hôtel Matignon, den Amtssitz des Premiers*] [149, 1/1] cccc) *Die und wir. Da ist nichts Republikanisches* [167, 1/1]	dddd)*Franzose zweiter Klasse* [34, 1/1] eeee)*Franzosen dritter Klasse* [61, 1/1 ffff) *eine verlorene Generation auf den Straßen, gefangen und stigmatisiert* [42, 1/1] gggg)*Leute in der Gegend, die die Franzosen Hexagon nennen* [52, 2/3] hhhh) *'die da'* [61, 1/1] iiii) *diejenigen* [...], *die sich ausgegrenzt fühlen oder es auch sind* [69, 2/2]

Die JUGENDLICHEN sind als ‚gesellschaftlich Ausgegrenzte und Benachteiligte', von der wohlhabenden Seite der Welt ‚Isolierte' sowie als ‚unschuldig Schuldige' konstituiert. Die reiche, dunkle und eher lebensabgewandte Metaphorik (vvv-bbbb; dddd-ffff), die Reihung von emotiv wirkenden Lexemen (www) und impliziten Vergleichen (bbbb-cccc) ermöglicht eine Perspektive des ‚Mitfühlens' und des ‚Nachempfindens'. Die Ablehnung der <gesellschaftlichen Distanz> zu den JUGENDLICHEN zeigt sich ganz konkret in der sprachlichen Form, wie in (gggg) durch Wechsel auf Metadiskursebene und Passivierung oder in (hhhh) durch Distanzmarkierung gegenüber der sich befremdenden Perspektive. Allein die WELT setzt ab und an sachte Zweifel gegenüber <sozialer Ausgrenzung>, indem sie – gerade nicht wie in den anderen Belegen den Geltungsanspruch in Form objektivierter Substantivierungen (wie z.B. in (www)) stützt, sondern wie in (iiii) die Sachverhaltskonstitution an den ‚Filter der Gefühle' koppelt und erst im Nachsatz als ‚ontisch' (*auch sind*) billigt.

Viel häufiger jedoch konstituiert die WELT (sowie die SZ vor allem auch in Berichten und Kommentaren) die JUGENDLICHEN pejorativ als <Fremde> und <Nicht-Franzosen>:

	SZ / WELT	
Lexeme	*Orientale, Einwandererkinder* WELT [33, 1/1]	
Kollokationen	jjjj) *Migranten-Jugend* SZ [183, 1/1]; *jugendliche*[...] *Einwanderer*[...] WELT [22, 1/1]; *arbeitslose Immigrantenkinder* [36, 2/4]; *junge Einwanderer* [42, 1/1]	
Syntagmen	kkkk) *Warum Migranten revoltieren* SZ [154, 1/1] llll) *Kinder, die keine Wurzeln haben* [161, 5/6] mmmm) *junge*[...] *Einwanderersöhne, die fremd sind im Land ihrer Geburt* [151, 1/1] nnnn)*überwiegend muslimische*[...] *Jugendliche*[...] [150, 1/1]	oooo)*Frankreichs islamische Großminderheit* WELT [33, 1/1] pppp)*Jugendliche aus Einwandererfamilien* [79, 1/1] qqqq)*vorwiegend aus Einwanderfamilien stammenden Jugendlichen* [23, 1/1] rrrr) *meist afrikanisch stämmige Randalierer* [30, 1/1]

Die Belege rekurrieren auf das ‚Fremd-Sein', indem sie die fremdländische Herkunft explizieren (jjjj; pppp-rrrr) oder als Baum/Wurzel-Metapher vergegenwärtigen. Wie hoch die erwartete Selbstverständlichkeit, der Geltungsanspruch dieser Sachverhaltskonstitution präsuppoiert wird, ist an der adjektivischen und Komposita-Attribuierung, aber auch an der Lexemebene erkennbar. Der Beleg (kkkk) ist insofern bemerkenswert, als es hier modifiziert (*Migranten* als Subjekt einer Titel-Frage[129]) gar zu einer ‚Expansion der AKTEURE' kommt: Damit ist gemeint, dass im Gegensatz zur Mehrheit der Diskurselemente, in denen von ‚jugendlichen Akteuren (meist Gruppen) die Rede ist, der Sachverhalt der UNRUHEN auf **alle** Nicht-Franzosen, Einwanderer usw. übertragen und abstrahiert wird. Solche Expansionen dienen m.E. häufig (wie auch in diesem konkreten Fall) der Verknüpfung zunächst fremder Diskursinhalte (z.b. migrationspolitischer Debatten) mit dem bereits als bekannt vorausgesetzten semantischen Raum.

Im Rahmen der in diesem Kapitel bereits erläuterten Konzepte und Belege lässt sich schließlich auch das in den Medien geschilderte HANDELN der JUGENDLICHEN rekapitulieren: Während im ND den JUGENDLICHEN vor allem ein ‚spielerisches, jugendliches', aber auch ‚reflektiertes, positiv extrinsisch motiviertes' (im Sinne von Widerstand leisten)[130] und teilweise auch ‚alternativloses' (von der Gesellschaft aufgezwungenes)[131] Verhalten zugeschrieben wird, sieht die WELT sie als entweder ‚kriminell-heimtückisch' und ‚auf Zerstörung und Gewalt' zielend[132] oder als ‚instrinsisch motivierte', ‚unreflektiert und unkontrolliert' (bzw. ‚triebgesteuert')[133] Handelnde. Die SZ bewegt sich zwischen diesen beiden Polen, Belege finden sich für beide Konzepttendenzen.

Die bisherige Tendenz in der Form-Konzept-Korrelation lässt sich hier weiter bestätigen: Positive und ‚verständnisvolle' Rekurrierung auf die JUGENDLICHEN findet sich in den Textsorten Essay, Reportage, Problem- und Zeitgeschichtliche Darstellung häufiger als in Berichten und Harten Nachrichten. Gleiches gilt überwiegend für die dritte Seite von ND und SZ; im *Feuilleton* sowie in der *Literarischen Welt* aller drei Zeitungen ergab die Analyse sogar bis auf zwei Belege keine pejorativen Konzepte. Die wiederum finden sich vor allem auf der *Titelseite* sowie im *Ausland*sbereich.

4.3.4.2 VORORTBEWOHNER

Unter diesem Referenzobjekt versammeln sich sehr verschiedene Aspekte, d.h. die untersuchten Zeitungen differenzieren teilweise sehr unterschiedlich zwischen den

---

[129] Das heißt, es wird Emittenten-seitig vollkommener Koonsens zu dieser Sachverhaltskonstitution vorausgesetzt, so dass jegliche Begründung oder Erläuterung hinfällig ist bzw. sein kann!

[130] Vgl. hierzu auch die Belege zur EREIGNIS-Rekurrierung (<Widerstand gegen soziale Ausgren­zung>).

[131] Z.B. *'Was haben sie denn sonst für Möglichkeiten, um auf sich aufmerksam zu machen'*, argumentiert *selbst* der [...] *Bauhilfsarbeiter* ND [265, 1/1] (Positive Zitateinbettung mittels Modalpartikel); vgl. auch 246, 1/1.

[132] [JUGENDLICHE] *schießen* [...] *auf die Polizei* WELT [25, 1/1] vs. ND: *Auf Beamte* <u>wurde</u> <u>auch</u> *mit einem Schrotgewehr* <u>geschossen</u> [242, 2/2]: die aktivische Rekurrierung präsuppoiert eine gezielte Absicht; in der passivischen Variante dagegen werden die Akteure sogar ausgeblendet.

[133] Vgl. *Gewaltexzesse*[...] WELT [78, 2/2]; *lassen ihrem* <u>Haß freien Lauf</u> [36, 2/4].

AKTEUREN der UNRUHEN (JUGENDLICHE), denjenigen AKTEUREN, die in den Vororten selbst leben und (aus der Distanz heraus) Anteil nehmen an den Ereignissen, sowie schließlich auch jenen AKTEUREN, die konzept-kategorisch zu den AKTEUREN der UNRUHEN subsumiert werden. Dieses Problem war auch in der Analyse nur unzufriedenstellend zu lösen, da die Grenzen der AKTEURE sehr häufig ineinander verschwimmen. Dennoch lassen sich vereinzelte Problempunkte skizzieren: Bereits im vorherigen Kapitel wurde das Phänomen der ‚Expansion des AKTEURS' exemplifiziert. Eine ähnliche Verallgemeinerung im Hinblick auf die VORORTBEWOHNER findet sich in der SZ und der WELT noch häufiger, wie zum Beispiel hier:

- *Die ungeliebten Einwanderer* [= Untertitel] SZ [161, 5/6]
- *die islamischen 'Vorstädter' Frankreichs* [...] *Wir haben Glück, denn unsere moslemische Minderheit ist türkischer Herkunft und daher* [...] *weniger extremistisch oder islamistisch als Frankreichs Moslems* WELT [33, 1/1]

Der erste Beleg, erschienen während der Hauptberichterstattung (08.11.2005), in einer Zeit also, in der die URSACHEN-Rekurrierung in vollem Gange war und zugleich alle Augen auf die alltäglichen Meldungen über das Ausmaß der Zerstörungen ruhten, konstituiert die AKTEURE nur unspezifisch mittels des Konzeptes <Gesellschaftliche Stigmatisierung>. Er schafft damit einen semantischen Raum, innerhalb dessen sämtliche AKTEURE auch über das EREIGNIS hinaus geprägt werden können. Hier hat die Unspezifik des Referenzobjekts folglich die Funktion, das vermittelte Konzept für andere Diskurse flexibel in den Vordergrund zu rücken.

Der zweite Beleg unterscheidet ebenfalls keine AKTEURE oder er vermittelt den Eindruck, als seien die ganzen Vorstädte (allein in Paris mit einer Anzahl mehrerer Millionen Menschen) an den UNRUHEN beteiligt. Da dies vermutlich nicht im Sinne des Autors gelegen haben kann (und vom bürgerlich-durchschnittlich gebildeten WELT-Rezipienten wahrscheinlich auch nicht ohne weiteres als solches verstanden werden muss[134]), dient die Rekurrierung auf die VORSTÄDTER als allgemeines Referenzobjekt wohl eher als semantisch offene Struktur zur Dominantsetzung des Konzeptes <Islamismus> und der damit zusammenhängenden Verknüpfung französischer und deutscher Sachverhalte in diesem semantischen Raum.

Diese Beispiele sollen deutlich machen, dass im Grunde jeder Beleg, der in diesem Diskurs auf die VORORTBEWOHNER zu rekurrieren scheint, auf eine solche potentielle Konzeptfunktionalität hin geprüft werden muss, am Ende aber doch Spekulation über die mögliche Rezeption ein wissenschaftlich nicht genügendes Maß einzunehmen droht. Hier kommt die (linguistische) Diskursanalyse m.E. an eine vorläufige Grenze.

Explizit ermittelbare Medienrekurrierung auf die VORORTBEWOHNER ist nur dort möglich, wo einzelne Personen oder Gruppen (etwa in Reportagen wie [151, 1/1] oder [34, 1/1]) besprochen werden und wenn im Bezug auf diese zudem noch ein semantischer Streit zu erkennen ist. Dies ist unter anderem[135] der Fall bei den GROS-

---

[134] WELT-Rezipienten müssten dabei nicht einmal auf Allgemeinwissen zurückgreifen, sondern schlicht eine pragmatische, eigenständige Referenzobjekt-Verengung vornehmen (i.S. (ALLE) VORORTBEWOHNER → JUGENDLICHE).
[135] Ein weiterer, hier den Rahmen jedoch sprengender Objekt-Aspekt ist die SELBSTORGANISATION der VORORTBEWOHNER, d.h. die Organisation von *nächtlichen Streifen* (ND [265, 1/1]; kon-

ZEN BRÜDERN, die während den UNRUHEN sich durch die Straßen bewegen und dort – hier setzt der semantische Kampf ein – ‚mäßigend' (ND, SZ) bzw. ‚aufrührerisch' (WELT) auf die JUGENDLICHEN gewirkt haben (sollen):

SZ	WELT
• *junge Männer, die <u>selbst in den sozialen Brennpunkten aufgewachsen</u> sind und <u>als Jugendliche</u> ihren Frust über die eigene Perspektivlosigkeit bisweilen durch Zerstörung und Krawall abreagiert haben.* (+) SZ [157, 3/5] • *hatten sich [zwischen Jugendlichen und CRS] postiert, um die Szene zu <u>entspannen</u>* [150, 1/1] (+) • <u>*Schlichter*</u> *[...], 'große Brüder' genannt* (+)	• *Die großen Brüder* (-) [36, 3/4] • *Auch für viele Nicht-Moslems, die sich vom Staat im Stich gelassen fühlen, sind sie <u>eine Art Ordnungsmacht</u>* (-) • *Ihre* [JUGENDLICHE] <u>*Anführer*</u> *sind die <u>Rapper,</u> die 'großen Brüder' (also die Anführer der Straßenbanden), die <u>Drogenhändler,</u> kurz, die <u>Gegenelite</u> und das <u>Gegenestablishment</u>* (-) WELT [69, 2/2]

Während die SZ sowohl denotativ (*Schlichter*) als auch konnotativ (*um die Szene zu entspannen*) diese VORORTBEWOHNER mittels <Friedenskonzepten> positiv konstituiert, sind in der WELT die pejorativen Konzepte <Islamismus> in Verbindung mit <krimineller Anstiftung/Organisation> dominierend. Das Zweiwort-Gefüge *Große Brüder* assoziiert zwar mittels Verwandtschaftssemantik in beiden Medien mit den JUGENDLICHEN, distanziert sich aber dennoch weit genug von ihnen, so dass die GROSZEN BRÜDER als eigenständige AKTEURE der EREIGNISORTE erkennbar sind.

4.3.4.3 POLIZEI

Mit den JUGENDLICHEN wird auch immer auf die POLIZEIKRÄFTE rekurriert; das Verhältnis beider ist in den Medien durchaus divergierend konstituiert:

a1) *'Ordnungskräfte'* ND [265, 1/1]; *Flics* SZ [155, 1/2]; *Ordnungsmacht* SZ [157, 1/2] (-)

b1) [POLIZEIBEAMTE] *die* [...] *'Professionalismus und Selbstbeherrschung' bewiesen <u>hätten</u>. <u>Pech für Chirac,</u> dass am nächsten Tag gegen sechs Polizisten ein Ermittlungsverfahren eingeleitet werden <u>musste</u>* ND [265, 1/1] (-)

c1) <u>*martialische*</u> *[...] Einheiten der Bereitschaftspolizei CRS* SZ [150, 1/1] (-)

d1) *Wer die Sicherheitskräfte* [...] *gesehen hat, wird <u>keinen Zweifel</u> an ihrer Bereitschaft haben, die Anweisungen mit <u>gewissen Über-Enthusiasmus</u> zu befolgen.* WELT [52, 2/3] (-)

e1) [von] <u>*rechten*</u> *Polizeigewerkschaften* ND [237, 3/3] (-)

f1) <u>*agiert als Brandstifter*</u> ND [230, 1/1] (-)

g1) *Polizei<u>kräfte</u>* WELT [26, 1/1] (+)

h1) *Das <u>rasche Zuschlagen</u> der Polizei und der Justiz* WELT [24, 1/1] (0/+)

i1) (11.01.2006): *Verdacht* [...], *einen Festgenommenen <u>mißhandelt</u> zu haben* [52, 2/2] (-)

j1) (12.01.2006): *die in einem Pariser Vorort einen jungen Mann bei der Festnahme <u>geschlagen</u> hatten* WELT [58, 1/1] (0/-)

Überwiegend ND und SZ sowie die WELT in den Textsorten Reportage und Essay bezieht sich pejorativ mit den Konzepten <Unnötige Repression>, <Brutalität und Willkür> (a1-b1) sowie (im ND) <Rechtspopulismus> (e1) auf die POLIZEI. Es wird mittels Distanzmarker oder negativ denotierter Lexeme, Grundwörter (a1), Adjektive (c1) oder indirekter Anspielungen, zum Beispiel durch Steigerung wie in (d1) die

---

zeptuell identisch mit SZ [171 1/1] und WELT [51, 1/5])

‚Friedlichkeit' der AKTEUR in Frage gestellt oder ihre ‚Gewaltsamkeit' hervorgehoben. Der Beleg (b1) ist dabei erwähnenswert – nicht wegen seiner Ablehnung des Zitates mittels Konjunktiv II oder der ironisch-zynischen Haltung gegenüber CHIRAC (*Pech für Chirac*), sondern auf Grund des *ismus*-Suffixes: Im Französischen gibt es zwei Möglichkeiten, um das hier gegebene Konzept der <trainierten und standardisierten Kompetenz> (+) sprachlich zu realisieren, nämlich *professionnalisme* (dt. Professionalismus, Maskulin) und *compétence* (Professionalität, Feminin)[136]. In beiden Fällen ist *Profession*- das Ankerlexem und allein die Endungen sind variabel. Berücksichtigt man nun, dass im Deutschen *Professionalität* das unmarkierte und wesentlich häufiger gebrauchte[137] Lexem ist, kann die Wahl der *ismus*-Variante im kommunikativen Rahmen des ND nur so erklärt werden, dass in Anlehnung an <Terrorismus>-Konzepte eine radikalisierte Steigerung ‚organisierter Gewalt' im Hinblick auf die POLIZEI-Konstitution nicht unwillkommen gewesen sein konnte. Rezipienten dürften ebenso mit großer Wahrscheinlichkeit über dieses Lexem stolpern und in dem hier postulierten semantischen Feld wahrnehmen.

Während das ND die BEAMTEN gar als ‚Mitverursacher' der UNRUHEN sieht (f1), rekurriert die WELT überwiegend meliorativ und anhand der Konzepte <Sicherheit, Ordnung und Schutz> auf die POLIZEI (g1-j1). Aufschlussreich hierbei ist die sprachliche Variation im Hinblick auf ein Zwischenereignis, nämlich einer Anklage gegen Polizeibeamte mit dem Vorwurf der gewaltsamen Entäußerung. Prägt die WELT das HANDELN der beschuldigten AKTEURE in einem ersten Artikel mit dem Attribut der ‚intrinsisch motivierten Grausamkeit' (*misshandelt*; (i1)), negiert sie am Folgetag die psychisch-intentionale Dimension und fokussiert sie allein auf eine, zwar noch immer pejorative, doch vor allem materielle Sachverhaltskonstitution (*schlagen*; (j1)). Das ‚Maß an (moralischer) Schuld' der BEAMTEN wird durch diese kleine Variation spürbar verringert.

Unterschiede zwischen ND/SZ und WELT finden sich auch in der perspektivischen Verhältniskonstitution von JUGENDLICHEN und POLIZEI:

k1) *erbitterte Schlachten <u>zwischen Ordnungshütern und aufgebrachten Jugendlichen</u>* ND [234, 1/2]	n1) *direkte <u>Straßenschlachten der Randalierer mit der Polizei</u>* WELT [30, 1/1]
l1) *warfen Steine auf Feuerwehrleute und <u>Polizisten, die</u> mit Knüppeln und Tränengas <u>antworteten</u>* ND [230, 1/1]	o1) *In welchem <u>Zustand</u> sind die Polizisten, ihre Männer, nach über zwei Wochen [...] Ausschreitungen [...]? [/] Gab es [...] <u>Momente, in denen</u> Sie und Ihre Männer sich persönlich <u>bedroht fühlten</u>?* [72, 1/3]
m1) <u>*Man möchte nicht tauschen*</u>*, nicht mit denen in Uniform [und mit denen, die da wohnen, schon gar nicht]* SZ [151, 1/1]	

Die Erstnennung der POLIZEI in (k1) erinnert den Rezipienten an die übliche Satz-Subjektstellung und perspektiviert sie daher eher in die Rolle des Agens, die JUGENDLICHEN in die Rolle des Objekts. Nahezu gleichberechtigte Agens-Verteilung findet sich in (l1), wenngleich das metaphorische ‚Gespräch' zwischen beiden AKTEUREN mit ‚härteren Mitteln' auf Seiten der POLIZEI von ND-Rezipienten als et-

---

[136] UniLex Intranet Dictionary System: http://www.unilexids.de.ubproxy.ub.uni-heidelberg.de/unilex/pages/search.jsf.
[137] Mittels einfacher, auf das ganze Internet bezogener Google-Zählung erhält man das folgende Ergebnis: 56.800 *Professionalismus*, 2.160.000 *Professionalität* (www.google.de [26.09.2007]).

was ungleichmäßig aufgefasst werden könnte. Beleg (m1) perspektiviert beide AK-TEURE als ‚Opfer', begleitet von einer ‚Expansion des Sehepunktes' (passivierende, distanzierende und generalisierende Man-Form)[138].

Die WELT dagegen perspektiviert häufig nach dem gleichen Prinzip wie in (k1) (etwas deutlicher durch die präpositionale Dativobjekt-Konstitution) die POLIZEI in einer Opferrolle (n1). So auch in einem Meinungsinterview mittels suggestiver Fragestellungen (o1): Das Lexem *Zustand* im semantischen Feld der UNRUHEN präsuppoiert in der ersten Frage bereits pejorative Konzepte. Ebenso die zweite Frage, die durch das Lexem *Straßenkämpfe* im Vorfeld des Satzes nicht nur zustimmend geprimed[139] wurde (unter der Frame-Prämisse, dass <Kriegszustände> (vgl. o.) in der Regel keine Glücksgefühle hervorrufen), sondern durch Fokussierung auf ‚gefühlte' Sachverhalte eine Öffnung des semantischen Raums in Richtung pejorativer Inhalte ermöglicht.

4.3.4.4 POLITISCHE AKTEURE

Während den UNRUHEN wird ferner fortwährend auf verschiedene AKTEURE aus der französischen Regierungs- und Oppositionspolitik und ihr VERHALTEN im Bezug auf das EREIGNIS rekurriert –; dies erwartungsgemäß nicht nur wertneutral anhand ihrer Namen. Besondere Berücksichtigung findet dabei vor allem der damalige französische Innenminister **Nicolas Sarkozy**, der sich mehrfach öffentlich über die UNRUHEN und die JUGENDLICHEN äußerte sowie maßgeblich die staatlichen Interventionen in den Vorstädten anordnete.

ND	SZ	WELT
a1) *Statt auf Dialog* und Konflikt-vorbeugung *setzt* der Minister auf *hartes Vorgehen*, doch das *heizt* die Atmosphäre nur weiter *an* (-) [235, 1/1]	e1) *Scharfmacher* [149, 1/1] f1) *versteht es, Beleidigungen mit leiser Stimme zu artikulieren* [147, 1/1]	o1) *mit seinen Law-and-order-Parolen* [30, 1/1] p1) *Der populistische Innenminister Sarkozy* [34, 1/1] [Reportage]
b1) *mit Law-and-Order-Parolen* (-) [236, 1/1]	g1) *Frankreichs ehrgeiziger Krisenmanager im Dauerstress* [175, 1/1]	q1) *Der ambitionierte Politiker* [141, 1/1]
c1) *seine[...] Verbalattacken* [236, 1/1]	h1) *Mann, der den Aufruhr noch anheizte* [175, 1/1]	
d1) *der sich bei den Präsidentschaftswahlen 2007 [...] Chancen am rechten Rand ausrechnet und deshalb Null Toleranz gegen jegliche Rechtsverletzung propagiert, wirkte [...] wie ein rotes Tuch, weiß der Soziologe Hugues Lagrange* [240, 1/3] Anm.: Indirekte positive Zitateinbettung mit hohem Authen-	i1) *Minister für eine harte Gangart und für harsche Worte* [175, 1/1] j1) *Recht-und-Ordnung-Minister* [209, 1/1] k1) *Minister fürs Grobe* [175, 1/1] l1) *sein* [Villepins] *Polizeiminister* [149, 1/1] m1) *Zweifel sind nicht vorgesehen* [175, 1/1]	

[138] Das Phänomen der Expansion des Sehepunktes konnte noch sehr viel häufiger im untersuchten Textkorpus belegt werden. Es handelt sich m.E. dabei um eine sehr vornehme Art der Reduzierung von Anfechtbarkeit, d.h. Stützung von Geltungsanspruch. Auf Grund des begrenzten Rahmens kann auf dieses sehr interessante sprachliche Perspektivitätsinstrument nicht gesondert eingegangen werden.

[139] Damit gemeint ist in Anlehnung an die Priming-Theory der Wahrnehmungs- und Sozialpsychologen eine Vorperspektivierung möglicher Antworten, d.h. auch die Eingrenzung semantischer Felder.

tizitätswert	n1) versucht eine doppelte Strate- gie, um die Vorstädte zu be- frieden [...] *Einerseits* [...] mit harter Hand [(0/-)] [...] *Ande- rerseits* tritt er gegen die offi- zielle Regierungslinie dafür ein, *Ausländern* das Kommu- nalwahlrecht zu gewähren [146, 1/1] (+)	r1) *Strenge* [ist verständlich] [78, 2/2] s1) Mit harter Hand hat [...] Sar- kozy [...] reagiert [78, 2/2] t1) das harte Durchgreifen Sarko- zys (0/+) [80, 1/1] u1) Politik der Härte (0/+) [131, 1/1]

Das ND, überwiegend die SZ sowie teilweise die WELT[140] konstituieren SARKOZY pejorativ als ,polemisch bis populistischen', , unsensibel-harschen', ,gewalttätigen', und ,rücksichtslos intrigant Karriere erstrebenden' Politiker (a1-m1; o1-q1). Die Feu-ermetaphorik (a1, j1) wendet den allgemeinen Agens der UNRUHEN auf SARKOZY an, macht ihn zum Mitverursacher. Mit <Gewalttätigkeit> und <Rücksichtslosigkeit> prägen ihn vor allem Einzellexeme (e1), Adjektive (p1-q1) Bindestrich-Komposita (k1, o1) oder Syntagmen (i1-l1), die das Konzept quasi als eine (funktionale) Persön-lichkeitseigenschaft verdichten und in diesen Formen kaum anfechtbar machen. – Po-sitiv dagegen konstituieren SARKOZY einzelne Belege in der SZ (in (n1) etwa mittels konzessivem, Differenziertheit suggerierendem, meliorativem Nachtrag) sowie beson-ders Texte in der WELT (r1-u1), die das Konzept des <harschen, gewalttätigen Verhal-tens> attributiv mit ,Sachlichkeit' semantisch wenden (resp. (r1)).

Weit aus größeren semantischen Streit (genauer ist es eine Streit um Semantik und um Referenzobjekte) gibt es vor allem zwischen ND und WELT (SZ steht hierbei in der Mitte) im Hinblick auf (verschiedene) ÄUSZERUNGEN, die Sarkozy Anfang No-vember 2005 von sich gab. Die genauen Wortlaute waren nicht ermittelbar; deutsche Internetquellen (Medien) zitieren SARKOZY jedoch häufig wie folgt: „Ich werde die Vorstädte reinigen vom Abschaum, vom Gesindel, von den Gammlern und dem Krebsgeschwür."[141]

ND	WELT
v1) kriegerische[...] Worte [233, 1/1] w1) Brandbeschleuniger [260, 1/1]; hat [die Wut der Jugendlichen] durch seine plump-verletzenden Äußerungen angeheizt [267, 2/2]; der konservati-ve Innenminister goss mit seinen verbalen Atta-cken noch Öl ins Feuer [234, 2/2] x1) dass Sarkozy [...] vor den Fernsehkameras von 'Pack' und 'Gesindel' gesprochen hatte, das man 'zusammentreiben und unschädlich machen' wer-de. 'Das klingt eher nach ethnischer Säuberung [...]', so Lagrange [Soziologe]	y1) hatte [...] von Jugendlichen von 'Gesindel' ge-sprochen, mit dem aufgeräumt werden müsse [23, 1/1] z1) Sarkozy [...] versprach den Bewohnern, den Ort 'mit dem Hochdruckreiniger' von kriminellen Ele-menten zu säubern - eine Drohung, die ihm von der Opposition als 'billiger Populismus' verübelt wurde. [24, 1/1] aa1) Nun mag es stimmen, daß es unklug und taktlos ist, der Zunge freien Lauf zu lassen, wie es [...] Sarkozy getan hat [69, 2/2] bb1) [De Gaule 1968: 'Reforme qui, chienlit non'] Dagegen nimmt sich die Bemerkung über das 'Gesindel' [...] wie Schmeichelei aus. [52, 2/3]

Während das ND pejorativ auf diese ÄUSZERUNGEN mittels der Konzepte ,reflek-tierte' <Rassistische Kriegserklärung> und <Brandverursacher> rekurriert (v1-x1),

---

[140] Auch hier sind es vor allem die Textsorten Reportagen, Essays, Problem- und Zeitgeschichtliche Darstellungen, die sich konzeptuell tendenziell von den anderen Textsorten unterscheiden.
[141] Z.B. in einem Bericht des ZDFs: http://www.tagesschau.de/ausland/meldung152060.html [26.09.2007].

setzt die WELT dagegen das Konzept <Unsensible Wahrheitsformulierung> dominant. Der Beleg (x1) realisiert die ND-Konzepte etwa durch positive und Authentizität signalisierende Zitateinbettung und perspektiviert die Rede Sarkozys im Konjunktiv I, als sei sie bereits im Begriff, praktisch umgesetzt zu werden. Die Belege (aa1) und (bb1) relativieren die Kritik an den ÄUSZERUNGEN dagegen mittels modalem Infinitiv (mögen) bzw. durch komparative Verknüpfung mit einem Zitat de Gaule's. Der semantische Unterschied zeigt sich am deutlichsten in der Konstitution des ENTFERNENS: Spricht das ND konzeptuell von <dehumanisierender Eliminierung> (*unschädlich machen*), fokussiert die WELT auf den <mechanischen Prozess> (*aufräumen, säubern*). Die Kritiker Sarkozys (v.a. im ND) nutzen zur negativen Attribuierung des Politikers bzw. seiner ÄUSZERUNGEN schließlich bis heute immer wieder das Syntagma *Öl in die Flammen / ins Feuer gießen* wie in (w1), die Kollokation *Null Toleranz* (z.B. [234, 2/2]) sowie in Anlehnung an das französische Reinigungsgerät (auf das Sarkozy offenbar selbst rekurrierte) das Lexem (*mit dem*) *Kärcher* (*reinigen*): Wie dominant die damit verbundene Semantik ist, zeigt sich etwa einen Tag nach dem Wahlsieg Sarkozys 2007, d.h. zwei Jahre nach den UNRUHEN, als das ND aus dem Primärdiskurs exportiert und die UNRUHEN-Semantik im Titel des Erstberichts pejorativ auf das Referenzobjekt überträgt: *Frankreich wählte den „Kärcher"* [300, 1/1][142].

Dominique de Villepin, der damalige Premierminister, erscheint in der Berichterstattung aller drei Zeitungen eher als Randakteur. Er wird meist in Komparativen zu Sarkozy und im semantischen Raum der Präsidentschaftswahlen 2007 mit dem Konzept <Wettbewerbskandidat> konstituiert:

> *will* [Sarkozy] *das Feld nicht mehr allein überlassen* SZ [149, 1/1]; *ist mit 1,92 Meter ungefähr 23 Zentimeter größer und ungleich eleganter* [als Sarkozy] SZ [175, 1/1]; *Rivale* WELT [80, 1/1]

Insgesamt wird de Villepin als der positive Teil der Regierung geprägt, der sich teilweise ‚ernsthaft' und ‚sachlich' mit dem Sachverhalt der UNRUHEN auseinandersetze (z.B. *besucht betroffene Städte und berät mit Vertretern von Bürgervereinen* [...] *über Verbesserung der Situation* (+) ND [284, 3/4]).

Der ehemalige Präsident **Jacque Chirac** wird ebenfalls von allen drei Medien in gleicher Weise geprägt, nämlich vor allem mit Konzepten der <Hilflosigkeit> und des <Versagt-habens>. Die Berichterstattung kritisiert dabei respektive die ‚späte öffentliche Präsenz' angesichts des AUSMASZES der UNRUHEN:

> cc1) *Nun hat sich auch* [...] *Chirac zu Wort gemeldet, nachdem schon seit fünf Nächten Autos brennen, Steine fliegen, Gasthäuser demoliert werden und abends* [...] *sich Jugendliche mit den Ordnungskräften gewalttätige Auseinandersetzungen liefern* ND [150, 1/1]; *seine Worte* [blieben] *blass und weit hinter den Erwartungen zurück* ND [267, 2/2];
>
> dd1) *Wo ist der Präsident?* [= Titel] SZ [172, 5/5]
>
> ee1) [...] *de Gaulle schien damals* [1968] *so hilflos zu sein wie* [...] *Chirac heute angesichts des Flächenbrandes* SZ [172, 5/5];
>
> ff1) *der schweigende Präsident* SZ [187, 1/1]
>
> gg1) *'das Phantom im Elysée-Palast'* WELT [69, 1/2]

---

[142] Die Rekurrierung mittels dieses Wortes zeigt nicht nur die Haltung der Emittenten, sondern auch die redaktionelle Erwartungshaltung an die Rezipienten, diese semantische Übertragung mit zu vollziehen. Vgl. hierzu auch die metadiskursive Aussage in der SZ, das Lexem *Kärcher* sei in den deutschen Sprachgebrauch übergangen [147, 1/1].

Die (enttäuschte) Erwartungshaltung der Medien an Chirac zeigt sich in Modalpartikeln (cc1) und pejorativen Adjektivattributen (cc1, ee1-ff1); die offene Fragestellung in (dd1) sowie die metaphorische Rekurrierung in (gg1) konstituieren das Konzept der <Nicht-Präsenz/Versteckens>. Der Beleg (ee1) exemplifiziert eine komparative Sachverhaltsverknüpfung mit dem Altpräsident Charles de Gaulle vor dem semantischen Hintergrund der 68er Studentenunruhen[143].

A6 Karikatur der SZ [155, 1/2]: „Die vornehme Art zu löschen"

Die SZ-Karikatur A6 (*Die vornehme Art zu löschen*) zeigt schließlich das Verhältnis, in dem Chirac und Sarkozy gesehen werden: Während der Innenminister /*Öl in das Feuer schüttet/* (vgl. o.), hält sich Chirac gleich einem /*König/* (Ludwig XIV.), der sich nicht die Finger verschmutzen möchte, zurück und übersieht doch, dass Sarkozy mit seinem Verhalten zugleich auch nach der Krone trachtet (sein /*Gewandt in Brand setzt/*).

Neben den drei politischen Hauptakteuren finden sich weitere Personen, die in den Medien mit dem EREIGNIS in spezifischer Weise verbunden werden. Hierzu gehört maßgeblich auch der de Villepin beigeordnete „Minister für die Förderung von Chancengleichheit" **Azouz Begag**. Vor allem die SZ, die Begag sogar ganze Artikel widmet (z.B. [157, 4/5]), aber auch das ND sowie die WELT in Sarkozy-kritischen Texten (wie [21, 1/1]) sehen den *aus einer algerischen Arbeiterfamilie stammende*[n] *und in einer Wellblechhüttensiedlung aufgewachsene*[n] *Soziologe*[n] *und Schriftsteller* [ND 235, 1/1] als <Verteidiger der VORORTBEWOHNER> (so schreibt die SZ etwa assertiv setzend in einem Titel *Stimme der Vorstadt* [157, 4/5]). Durch Betonung seiner ‚Migranten-Herkunft', ‚wissenschaftlichen Fundierung' sowie ‚Nicht-Realo-Politik' (*kein typischer Minister in der Pariser Kabinettsriege, und ein Berufspolitiker ist er schon gar nicht*, ebd.) steht er als mit hoher Authentizität und Glaubwürdigkeit ausgestattete <Moralische Instanz> der Politik (*soziale*[s] *Gewissen dieser Regierung* [SZ 149, 1/1]) und inhaltlich den ‚Gegenpart zu Sarkozy' (*hat* [er] *als Erster <u>Flagge gezeigt gegen</u> die martialischen Parolen des Innenministers* SZ [157, 4/5]).

---

[143] Vgl. ähnliche Verknüpfungen bei der Sachverhaltskonstitution des EREIGNISSES (4.2.1).

Gering belegt und wenn, so durchweg von allen (bürgerlichen) Zeitungen pejorativ konstituiert, wird **Jean-Marie Le Pen**. Er gilt als <narzistischer Stimmenfänger und Rechtspopulist> (*Schließlich gilt es, die Gelegenheit zu nutzen, um [...] vor den Parlamentswahlen Kapital aus den Unruhen zu schlagen* WELT [72, 3/3]).
Akteure der sozialistischen, linken Politik (u.a. François Hollande) werden schließlich – wie bereits die Quellenverteilung zeigte – überwiegend im ND positiv und als Regierungskritiker konstituiert. In SZ und WELT werden linke Akteure dagegen eher unspezifisch, teilweise dehumanisierend als <unehrlich und hinterhältig Handelnde> geprägt:

> *Kritik selbst aus den Reihen der Sozialisten verhalten. Sie wissen zu gut, dass die Versäumnisse in den Banlieues auch auf ihr Konto gehen* SZ [175, 1/1] [Nach CRS-Einsatz] *würde ein bißchen quieken und protestieren, aber insgeheim erleichtert sein* WELT [52, 2/3][144]

4.3.5 ORTE des Geschehens

Die Herkunft der JUGENDLICHEN bzw. die HANDLUNGSORTE des EREIGNISSES sind unmittelbar mit der URSACHEN-Rekurrierung verwoben, d.h. Konzepte beider Referenzobjekte korrelieren meist. Die häufigsten wertneutralen Lexeme aller drei Zeitungen sind *Vorstädte* und *Vororte*, auf Syntagmenebene meist mit einer weiteren Ortsangabe (*von Paris*, *von Frankreich*) verbunden. Während jedoch SZ und WELT zudem das Lexem *Banlieue* sehr häufig und überwiegend wertneutral bzw. kontextabhängig auch leicht negativ konnotiert verwenden, lehnt das ND dieses Wort generell ab ('*Banlieues*' [237, 3/3]) –, abgesehen von Artikeln im Feuilleton (z.B. [172, 2/5]) bzw. in einer Reportage [260, 1/1]! Die grundsätzliche Ablehnung wurzelt vermutlich in dem impliziten sprachhistorischen Bewusstsein, dass der Ausdruck

> „im 17. Jahrhundert die ‚Bannmeile' – so lautet die wörtliche Bedeutung von ban-lieue – bezeichnete, als „jene Zone rund um die größeren Städte, die ein mit Verbannung belegter Bürger oder Untertan nicht betreten durfte" (B. SCHMID: 2005; vgl. auch E. BAREIS (im Erscheinen)).

Dass der Ausdruck unmarkiert im Feuilleton auftaucht, ist entweder auf die vom Emittenten präsuppoierte Rezipientenhaltung oder aber auf die größere Form- und bereits anderenorts festgestellte ‚Konzeptfreiheit' in Feuilleton und feuilleton-typischen Textsorten zurückzuführen. Auf Grund der diskursiven Exklusivität des Ausdrucks trifft m.E. eher letzteres zu.
Konzeptuell werden die ORTE von allen Medien als <Fremde Welt> konstituiert, als ‚isoliert', ‚ausgegrenzt' (‚auf entfernten Bahnen'), und als mit ‚verschleiernden Ausdrücken bezeichnet':

> *Trabantenstädte* ND [258, 2/2], WELT [51, 1/1]; *Satellitenstadt* WELT [36, 2/4]; *Da draußen* SZ [225, 1/1]; *Vorstädte, wo Menschen im Schatten leben* SZ [149, 1/1]; [*Metro*

---

[144] Der Modalpartikel (*selbst*) signalisiert zunächst Überraschtheit, der daran schließende Folgesatz relativiert die Überraschung als ‚hinterhältig'. Der Beleg in der WELT vermittelt eine ähnliche Aussage, nutzt jedoch tierische Verb-Attribuierungen zur (teilweise ironisch-zynischen) Sachverhaltskonstitution.

> *nach]* Mali SZ [223, 2/5]; *Ghetto* SZ [159, 1/2], WELT [32, 1/1]; *unwirtlichen Hoch-*
> *haussiedlungen, die <u>schöne Namen</u> haben* [147, 1/1 u.a.]; ORTE *sind nicht weit vom*
> *Zentrum entfernt - und <u>doch trennen sie Welten</u>* [161, 5/6]; *<u>diese[s] andere</u>[...] Frank-*
> *reich* SZ [187, 1/1]

Mit der Isolation einher geht auch eine <Ballung> oder <Konzentration>, korrespon-
dierend mit ,Enge', ,Kargheit' und <materialisierter Leblosigkeit> bis hin zur reinen
Negation des ,lebenden' ORTES:

> *Wohnsilos* SZ [172, 2/5]; *Gürtel um Paris*[145] ND [234, 2/2]; *Uburbia* [178, 1/1]; *Unort*
> [223, 3/5]; *triste*[...] *Hochhaussiedlungen* ND [240, 1/3; *standardisierte*[...] *Wohnma-*
> *schinen* [178, 1/1]; *Das Haus ist ein Hausgerippe* SZ [178, 1/1]; *Verfallene Betongebirge*
> (-) WELT [40, 3/3]; *einförmige Wohnriegel* (-) WELT [40, 3/3]; *organisierte*[...] *Ödnis*
> WELT [40, 3/3]; *marode*[...] ***Pariser Vorstädte***[...] [32, 1/4]

Während im ND im Vergleich zu SZ und WELT eher variantenärmer und vor allem
anhand der Konzepte <in Stein manifestierte Perspektivlosigkeit> auf die ORTE rekurriert wird (z.b. *Die <u>Trabantenstädte</u> sind große <u>Sackgassen</u> am Rande der Gesell-*
schaft [234, 2/2]), finden sich in SZ und WELT auch die Negativkonzepte <Verelen-
dung> (L), <gefährliche Krankheit> (M), <Gesellschaftlicher Mülleimer> (N) sowie
<(islamische) Gewaltgebärmaschinen> (O); sie sind mittels Verben, Komposita, Ad-
jektiven, Komparativen, Genetivattributen und objektivierten Substantivierungen realisiert:

> (L) [*Bilderflut der Häuser inszenieren*] <u>*geistige Verwahrlosung*</u> *unserer Zeit räumlich* SZ [178, 1/1];
> *verwahrloste*[...] *Vorstädte*[...] [42, 1/1]
> (M) *Supermarktgeschwüre* SZ [178, 1/1]; *wie halbverfaulte Zahnstummel* SZ [178, 1/1]; *Betonwelt*
> [...], *die an den Perepherien <u>wuchert</u>* SZ [159, 1/2]; [*breiten sich*] *wie ein <u>Krebsgeschwür</u>* [*aus*]
> WELT [27, 1/1]
> (N) *Ein Stahlbetonskelett, dessen Wohnungen in den Fernsehnachrichten wirken, als seien sie nur*
> *die mit belanglosem Müll vollgestopften Schubladen in einem Regal, das schon vor langer Zeit*
> *im Keller der Gesellschaft vergessen wurde.*" SZ [178, 1/1]; *afrikanische Gastarbeiter, die in*
> *den weniger attraktiven Vierteln und Randzonen der großen Städte deponiert wurden.* WELT
> [24, 1/1] *Abschiebebahnhöhe*[...] *für sozial schwierige Fälle* WELT [32, 1/4]
> (O) <u>*Brutstätten*</u> *der Gewalt* SZ [178, 1/1]; *Rechtsfreie Räume* WELT [27, 1/1]; *weitgehend islami-*
> *sche*[...] *Vorstädte*[...] WELT [33, 1/1]; *fruchtbarer Boden für 'unseren' Euro-Terror und 'unsere'*
> *Euro-Intifada* WELT [33, 1/1]; *Saint Denis hätte die Kulisse für den Film 'Der Haß' sein können*
> WELT [36, 2/4]

Schließlich ist festzuhalten, dass die Rekurrierung allgemein in den Textsorten Zeitgeschichtliche - und Problemdarstellung, Essay, Reportage und Kommentaren weit stärker pejorativ geschehen als in Berichten, Harten Nachrichten und Meldungen. Die Belege in SZ und WELT sind sehr viel ,kreativer', aber auch bildhafter in der Realisierung ihrer Konzepte als das ND, was möglicherweise auf den unterschiedlichen Umfang der Medienberichterstattung sowie den hohen Agenturquellenanteil des ND zurückzuführen ist (vgl. 4.1.4).

---

[145] Dieses Syntagma ist mit adjektivischer Ergänzung als *roter* Gürtel ein spezifisch ND-typisches: es
erinnert an die politische Vorgeschichte der Vororte, als die nämlich vor allem in den 60ern von
kommunistischen und sozialistischen Parteien dominiert wurden. In dem vorliegenden Beleg liegt der
Schwerpunkt jedoch auf dem Konzept der Enge.

4.3.6 BEGEGNUNG der Unruhen

Unter diesem letzten Referenzobjekt soll erörtert werden, wie die Medien die allgemeine Begegnung mit dem EREIGNIS reflektieren, d.h. wie beschreiben und bewerten sie das Ob und/oder Wie der Konsequenzen, die von der französischen Regierung bzw. allgemein (nicht) gezogen werden, um die UNRUHEN zu reduzieren bzw. in Zukunft zu verhindern.

Das ND beschreibt die BEGEGNUNG der UNRUHEN vor allem pejorativ in den Konzepten <Ratlosigkeit> (P) und <Gewaltsame Repression>, lehnt vor allem letzteres mit Nachdruck ab (Q) und fordert implizit (z.b. durch intertextuelle Rekurrierung auf Authentizitätssignale) wie explizit (etwa mittels Direktiva-Verben) <nachhaltige sozialpolitische Interventionsprogramme> (R):

> (P) *noch immer <u>kein Rezept</u> gefunden* [234, 2/2]; [Regierung ist] *ratlos* [236, 1/1]
> (Q) *Setzt die Rechtsregierung [...] Ihrer Meinung nach <u>zu einseitig</u> auf Härte und Durchgreifen?* [250, 1/2]; *Die <u>unter dem Deckmantel der Demokratie legitimierten Zwangsmittel</u> können [...] allenfalls noch eindämmen - sie <u>lösen das Problem</u> damit <u>aber ebenso wenig</u> wie das kluge Gequatsche davor und danach* [261, 1/1]
> (R) *Gewaltausbrüche in Vororte von Paris [...] <u>erfordern eine gesellschaftliche Antwort</u>* [256, 1/1]; *<u>Auch die Polizeigewerkschaft [...] fordert</u> mehr Arbeit vor Ort statt starker Gesten* [237, 3/3]

Dem ND sehr ähnlich rekurriert die SZ auf die BEGEGNUNG, jedoch auch – dem pejorativem Konzept der <Repression> attributiv widersprechend – in dem positiv-semantischen Rahmen der <Verbrechens- und Gewaltprävention bzw. –unterdrückung> (*Villepins Programm <u>für mehr Sicherheit</u>* (+) [169, 5/6]; *Den <u>Kampf gegen solche Banden</u>* [aus den Vorstädten] *erklärte der Minister* (+) [212, 1/1]). Analog hierzu fordert die SZ einerseits in einigen Texten wie das ND eine <Abkehr von repressiven Mitteln> (z.B. [157, 2/5; 211, 1/1]) und spricht sich darüber hinaus auch für eine <Verbesserung der Lehr- und Lernsituation der Jugendlichen> (S) sowie für <sozial- und arbeitsmarktpolitische Maßnahmen> (T) aus; andererseits fordern AutorInnen anderer Texte (eher indirekt, hier mittels Ablehnung des konstituierten Gegenteils) <repressive Verbrechensprävention> (U):

> (S) *Schulmüde Jugendliche sollen, [...] statt wie bisher mit 16 Jahren schon mit 14 Jahren schreinem oder metzgern dürfen.* (0) [mit 14 Lehre] *<u>richtige,</u> sicher nicht die einzig notwendige Reform* [195, 1/1]
> (T) *Die Menschen in den Vorstädten <u>brauchen</u> Arbeitsplätze. Ausgangssperren und Versammlungsverbote* [...] *lösen keine Probleme* [211, 1/1]
> (U) *Unmittelbar politische Ziele hat die Vorstadt-Intifada nicht. Mit <u>Konzessionen</u> [...] <u>ist</u> sie deshalb <u>schwer zu beenden</u>* [155, 1/2]

Die WELT schließlich fokussiert in ihrer Beschreibung der BEGEGNUNG noch stärker und meliorativer als die SZ auf die Konzepte <Gewaltbekämpfung>, <Gewaltprävention> und <Differenzierte sicherheitspolitische und Sozialmaßnahmen> (V). Äquivalent zur Beschreibung fordern die TextautorInnen in über der Hälfte der Fälle weitere, <das Verbrechen bekämpfende Maßnahmen> sowie <Repression> (+!) und lehnen <sozialpolitische Interventionen> teilweise sogar ab (W); in formfreieren Textsorten (z.B. Essay, vereinzelt Kommentar) finden sich dagegen auch Konzepte, die im ND dominieren (z.B. [38, 1/1]):

(V) Frankreich] *sei entschlossen, Stärke zu zeigen* (0/+) [35, 1/1]; *Gegen die* [...] *Gewalt* [...] *hat die* [...] *Regierung mit der Verhängung von Ausgangssperren und der Mobilisierung weiterer Poli-zeieinheiten schweres Geschütz aufgefahren.* [(0/-)] [...] *Auf der anderen Seite kündigte sie* [...] *Hilfsmaßnahmen an* (+)
(W) [den Banden] *komme man nicht mit Jugendzentren oder Sozialarbeitern* [...] *kompromißlose Wiedererrichtung des staatlichen Gewaltmonopols* [37, 1/1]; [Die Regierung] *darf aber auf kei-nen Fall ihr Gewaltmonopol aus der Hand geben, nicht kapitulieren vor einem marodierenden Mob.*

Die Forderungen konstituieren sich in allen drei Medien auf immer zwei sich ergän-zenden Kanälen, nämlich zum einen durch den Sprechakt der Aufforderung selbst so-wie zum anderen durch den Sprechakt unanfechtbar machende Perspektivität: Reali-sierungen der Direktiva finden sich in

- Verben des Aufforderns (*erfordern*),
- Infinitiv-Konstruktionen (*ist* [...] *zu beenden* SZ [155, 1/2]),
- modalen Infinitiven (*muss man gegen die Diskriminierung kämpfen* SZ [147, 1/1]; *darf* [...] *auf keinen Fall* WELT [42, 1/1]),
- modalen Infinitiven im Konjunktiv der indirekten Rede, die wiederum positiv eingebettet ist (*müsse man auch gegen die Diskriminierung vorgehen* SZ [157, 2/5]),
- nachdrücklicher Ablehnung des Gegenteils (*Soziale Probleme lassen sich nicht durch Städtebau lösen, sondern* [...] SZ [194, 1/1]) oder
- in der Konstitution eines Mangels (*Ohne Streben nach sozialer Sicherheit* [...] *kann sich das Land nicht weiterentwickeln* ND [258, 1/2]).

Die Absicherung, d.h. **Invisibilisierung der Forderungen** wird vor allem durch ‚**Ex-pansion des Sehepunktes**' geleistet: Damit ist gemeint die Abstrahierung und per-spektivische Konsensualisierung des Sachverhalts mittels Passivkonstruktionen (Pas-siv, Reflexiv-Konstruktionen (+ *lassen*), *man*-Formen; vgl. o.) oder zum Beispiel die Inanspruchnahme fremder Seriosität (*auch die Polizeigewerkschaft* ND [237, 3/3]).

Im Hinblick auf Textsortenspezifik von Konzepten zeigt sich, dass Reportagen, Es-says, Problem- und Zeitgeschichtliche Darstellungen über alle Medien hinweg in na-hezu allen Fällen das Konzept der <Repression> ablehnen, dagegen <sozialpolitischen Interventionsprogrammen> zustimmen oder fordern. Explizite Forderungen finden sich übrigens nicht nur in Kommentaren (dort vor allem), sondern auch in vielen Be-richten.

4.4 Sekundärdiskurs: der Primärdiskurs in diskursiver Funktion
4.4.1 Diskursfunktionen

Der Primärdiskurs wird in der Medienberichterstattung vielfach mit anderen Sachver-halten verknüpft. Bislang wurden lediglich jene Sachverhaltsverknüpfungen berück-sichtigt, die unmittelbar in Primärdiskurs-Texten und folglich mit dem Sachverhalt der UNRUHEN verankert sind. Dies schließt jedoch das Faktum aus, dass Sekundärdis-kurs-Texte zunächst erst nur am Rande, dann aber mit der Zeit als alleinige Referenten auf das EREIGNIS immer größeren Einfluss auf Sachverhaltskonstitution des Primär-diskurses nehmen können. Ferner bleibt unreflektiert, dass fremde[146] Diskurse mittels

---

[146] Sicherlich lassen sich die Grenzen zwischen verschiedenen Diskursen nicht trennscharf bestimmen;

(Intra- und Interseiten-)Intertextualität, aber auch schon durch Verwendung Primärdis-kurs-spezifischer Lexeme semantisch beeinflusst werden können – eben durch Seman-tik des Primärdiskurses. Die Gesamtdurchsicht der Printmedien und darauf folgende Untersuchung versucht dem Rechnung zu tragen, in dem sie auf der Basis induktiver Analyse methodisch zwischen „Diskursimport" und „Diskursexport" unterscheidet: **Diskursimport** meint aus der Sicht des Sekundärdiskurses die funktionale Einverlei-bung von Primärdiskurs-Semantik zur eigenen Sachverhaltsmodifikation. **Diskursex-port** dagegen bezeichnet den umgekehrten Diskursprozess, bei dem mittels Fremd-bzw. Sekundärdiskurssemantik der Primärdiskurs und dessen Sachverhaltskonstitution verändert werden (sollen). In beiden Fällen kommt es zu einer Transformation von öffentlichen Wissensrahmen und dem viel weniger augenscheinlichen Versuch, Sach-verhaltsverknüpfungen dominant zu setzen (‚**Diskurse in Funktion**')[147]. In beiden Fällen auch vollzieht sich diese Transformation über sprachliche Mittel wie diskurs-spezifische Ausdrucksformen, durch Inter- wie Intraseiten-Intertextualität.

Die folgenden beiden Kapitel exemplifizieren die wichtigsten Sachverhaltsverknüp-fungen von Primär- und Fremddiskursen anhand ausgesuchter Belege.

4.4.2 Referenten und Konzepte im Diskursexport

In insgesamt acht Fällen aus SZ (6) und WELT (2) lassen sich innerhalb der Primär-textkorpora Diskursexporte plausibel machen. In der SZ finden sich äquivalent zum Primärdiskurs sehr verschiedene, teilweise widersprüchliche Sachverhaltskonstitutio-nen; die meisten (so auch in der WELT) nehmen diskursiven Einfluss im Hinblick auf die URSACHEN-Konstitution:

(1) Der Bericht vom 07.11.2005 [157, 5/5] beschäftigt sich primär mit einem Be-richt des 'Nationalen Beobachtungszentrums der sensiblen Stadtviertel' und erläutert die im Titel gesetzte Assertion (Nirgendwo in Europa gibt es mehr Arbeitslose unter 25 Jahren als in Frankreich). Auch wenn der Artikel weder auf EREIGNIS noch auf AKTEURE o.ä. der UNRUHEN-Berichterstattung explizit rekurriert, ist auf Grund der räumlichen Nähe zu vier sich explizit den UNRUHEN widmenden Texten [157, 1-4/5] (Intraseiten-Intertextualität), der ORT-Rekurrierung im Titel (Frankreich), dem ge-meinsamen kommunikativem Raum (Rubrik: Themen des Tages) und der zeitlichen Parallelität zum EREIGNIS die URSACHEN-Konstitution mittels des Konzeptes <Hohe Arbeitslosigkeit> für den Primärdiskurs nahe legend.

(2) Einen Tag später (und immer noch zur Zeit der Hauptberichterstattung) er-scheint ein Artikel, der den allgemeinen Sachverhalt der <Zunahme terroristischer Gewaltakte in Europa> konstituiert und an die Konzepte <Islamismus> (*Der islamisti-*

Tendenzielle Differenzierungen auf Diskursebene in Abhängigkeit von Art und Anzahl der jeweiligen Referenzobjekte lassen sich m.E. aber durchaus für Analyse diskursiver Spannungen sowie zur Re-konstruktion konzeptueller Netze gewinnbringend ermitteln.

[147] Teilweise müssten Sonderfälle unterschieden werden, insbesondere dann, wenn nicht eindeutig geklärt werden kann, ob die importierte Semantik tatsächlich dem Primärdiskurs ‚entstammt' –, oder aber, ob die Semantik (quasi als Außenseiter am Rande des Diskurses) präsuppoiert wird (d.h. der Emittent versucht, ein Konzept als primärdiskursdominant vorzulegen und im Rahmen der damit ver-bundenen Authentizität die neuen Sachverhalte zu prägen); vgl. [204, 1/1].

sche Terror wendet sich zunehmend gegen Europa.) und <In-einem-fremden-Land-Geborene> (*Häufig sind die Täter radikalisierte Einwanderer*) bindet [161, 6/6]. Der Text steht gemeinsam mit einem anderen, sich einem <Mord>-EREIGNIS in den Niederlanden[148] widmenden und ebenso <Islamismus>-Konzept-dominierten Artikel [161, 1/5], auf der gleichen Seite wie der Primärdiskurs-Text [161, 5/6] (*Franzosen nur auf dem Papier*), der selbst das URSACHEN-/JUGENDLICHE-Konzept der <Fremde> (vgl. o.) erkennen lässt. Berücksichtigt man darüber hinaus auch noch den zentral in der Seitenmitte platzierten Bericht mit dem Titel *"In zehn Jahren haben wir Paris hier"* [161, 2/6][149], ergibt sich diskursfunktional sowohl ein Export des <Islamismus>-Konzeptes im Hinblick auf die URSACHEN im Primärdiskurs, als auch ein über Intraseitenintertextualität gestützter Import des Konzeptes <nationale Gefahr durch islamistische Einwanderer> in den (deutschen) Sekundärdiskurs zu Sachverhalten der Integrations- und Sicherheitspolitik (vgl. auch A7 aus [161, 5/6]):

[Unruhen] *haben Debatte über das Zusammenleben ethnischer Minderheiten mit der Bevölkerungsmehrheit ausgelöst. Die Angst wächst, dass der Funke der Gewalt überspringt.* [161, 2/6]

Gesamtbevölkerung und Zahl der Muslime

A7 Import und Export des Konzeptes <Islamismusgefahr>

Einen Eindruck der intraseiten-intertextuellen Beziehungen konzeptueller Import- und Export-Verhältnisse veranschaulicht auch die graphische Aufbereitung der hier besprochenen Seite im Anhang (8.9).

(3) Das URSACHEN-Konzept <Polygamie> mittels (intraseiten-)intertextueller Rekurrierung lehnt der Sekundärdiskurstext [191, 1/5] ab. Er beschäftigt sich anlässlich des UNRUHEN-Diskurses mit der *Kulturgeschichte der Polygamie* und sucht das entsprechende Konzept wertneutral (teilweise sogar meliorativ) zu prägen (Vorteile für Mann und Frau in schwierigen Überlebensverhältnissen). Auf Basis dieses Konzeptes wird die Anwendung dessen auf die URSACHEN der Unruhen explizit verneint:

---

[148] Am 02.11.2004 wurde der niederländische Regisseur Theo van Gogh von lt. Medienberichten dem Islam-angehörigen Marokkaner Mohammed Bouyeri auf offener Straße erschossen (FAZ, 03.11.2004: http://www.faz.net/s/RubDDDABB9457A437BAA85A49C26FB23A0/Doc~E40D2582BE66945E6B 2888D7C77621B49~ATpl~Ecommon~Scontent.html [28.09.2007]).

[149] Der Titel erhebt ein Teilzitat zum Titel und bettet es somit positiv ein; dies bestätigt auch der assertive Untertitel: *Auch in Deutschland wächst die Zahl frustrierter Migrantenkinder ohne Jobs und ohne Hoffnung.*

> *Derzeit wird unter anderem die Polygamie, die Vielweiberei, für die Zerstörungswut jun-*
> *ger Männer [...] verantwortlich gemacht - was eine <u>eher bizarre Variante in der Reihe</u>*
> *<u>vieler fraglos gerechtfertigter Vorwürfe sein dürfte</u>, die <u>diese Ehepraxis</u> immer wieder*
> *auf sich gezogen hat.* (ebd.)

(4) Die SZ- Buchkritik [199, 1/1] gibt unmittelbar das EREIGNIS- und URSA-
CHEN-Konzept <Soziale Erhebung gegen gesellschaftliche Unterdrückung> in den
Primärdiskurs zurück, in dem es intertextuell das besprochene Buch als Konzept-
Quelle dominant setzt bzw. hervorhebt (*Das Buch zum Aufstand der Vorstädte*)[150] und
in einem (von der Quelle) unabhängigen Satz explizit auf die URSACHEN rekurriert:

> *Wenn die Ausgegrenzten nun Autos abfackeln, lässt sich dies als - selbstredend unzu-*
> *länglicher - <u>Versuch</u> verstehen, <u>sich spür-, sicht- und damit letztlich berührbar zu ma-</u>*
> *<u>chen</u>.*

Ohne hier weiter auf Sekundärdiskurs-Texte einzugehen, die in SZ und WELT auf die
Sachverhaltskonstitution von SARKOZY zielen und damit sein HANDELN im Primärdiskurs mitgestalten, seien noch zwei Diskursexport-Beispiele zur URSACHEN-
Rekurrierung in der WELT vorgestellt: Dort wird nämlich das bereits im Primärdiskurs dominierende Hauptkonzept der <Gescheiterten Integration> intertextuell bedient, indem etwa im Kommentar [78, 1/2] das Konzept <Integrationspolitik in Euro-
pa>, ferner in einem Meinungsinterview [40, 2/3] <Integration> an sich bearbeitet
wird und als solches dem Primärdiskurs zur Verfügung steht. Im ersten Fall geschieht
dies mittels Ablehnung des Konzeptes <Multikulturalismus>, im zweiten Fall wird das
Konzept der <Arbeitsbeschaffung> hervorgehoben:

> - *Im Namen von 'Multikulturalismus' ermutigt man sie [Einwanderer] geradezu, ihre*
>   *sprachlichen und kulturellen <u>Eigenarten</u> und <u>Fremdbindungen</u> zu behalten* [78, 1/2]
>   Anm.: Ablehnung mittels Distanzmarker und pejorativer Denotation.
> - *Integration geht <u>nur</u> über Arbeit* [40, 2/3]
>   Anm.: Direkte Assertion mittels Ausschlusspartikel.

An diesem Beispiel wird deutlich, wie Fremddiskurse Konzepte bearbeiten, d.h. wie
Diskursexport vermeidlich unabhängiger (Sekundär-)Diskurse zur Transformation von
Primärdiskursen beitragen.

4.4.3 Referenten und Konzepte im Diskursimport

Sehr viel häufiger und konzeptuell vielseitiger als Export ist Diskursimport in allen
drei Medien belegt. Die Hauptendenzen in der Sachverhaltsverknüpfung durch importierte Semantik lassen sich wie folgt zusammenfassen:
(1) Als es während den französischen Vororterereignissen zu AUTOBRÄNDEN in
Bremen und Berlin kommt, reagieren alle drei Zeitungen darauf in ihrer Berichterstattung mittels Rückgriff auf die UNRUHEN-Semantik, jedoch mit unterschiedlichen
Konzepten. Konstituiert das ND vor dem Hintergrund der <Massiven Zerstörungen in

---

[150] Es handelt sich hier durchaus um einen Grenzfall zum Metadiskurs; doch da der Text nur indirekt
die Konzepte – nicht aber auf Beobachterebene zweiter Ordnung deren Versprachlichung thematisiert,
wurde er als Sekundärdiskurstext kategorisiert.

Frankreich> das Ereignis in den deutschen Orten als ‚klein und nicht vergleichbare Einzelstraftat' (‚*Trittbrettfahrer'* [Polizeizitat] der *Jugendkrawalle* [252, 1/1]) – die SZ dem ähnlich (*Berlin ist nicht Paris, und Kreuzberg nicht das Ghetto der Banlieue* [192, 1/1]) –, geht die WELT über dieses Konzept hinaus und verbindet es mit den präsuppoierten Gedanken der <Warnung vor scheiternder (assimilierender) Integrationspolitik>:

- <u>Nachahmungstäter</u> *der Krawalle in Frankreich* WELT [51, 4/5]
- [<u>*Defizite in der Integrationspolitik*</u>] *seien aber anders als in Frankreich immer offen angesprochen worden* WELT [51, 4/5]
- <u>*Während*</u> *die Krawalle in Frankreich etwas abflauen, sind in mehreren deutschen Bundesländern* <u>*erneut*</u> *Autos und Mülltonnen angezündet worden.* WELT [55, 1/1]
  Anm.: Die Temporale Konnexion in Verbindung mit Hervorhebung sich wiederholender deutscher Ereignisse deutet die ‚Gefahr des Funkenübersprungs' an.

Der genaue Unterschied liegt darin, dass das ND das <Zerstörungskonzept> nutzt, um jegliche Vergleiche zwischen französischen und deutschen Verhältnissen zu verneinen, die WELT es jedoch aufgreift, um auf ‚Gefahren mangelnder Integrationspolitik' zu verweisen.

A8 Bilder zu den BERLINER BRÄNDEN [46, 4/5]

Zur Übertragung der entsprechenden Semantik dürften auch die Bilder beitragen, die unter prototypischen Gesichtspunkten ohne Erläuterung nicht von Bildern aus dem Primärdiskurs zu unterscheiden wären (vgl. hierzu auch unten 4.6). (A8) zeigt ein Beispiel, das von einem Text umrandet ist, der sich mit Integrationsmaßnahmen bzw. seinem Scheitern beschäftigen [46, 4/5].

(2) Generell dient die UNRUHEN-Semantik mit dem Beginn der französischen Ereignisse, aber auch weit über deren Ende hinaus als Hintergrund für die Sachverhaltskonstitution und -bewertung DEUTSCHER INTEGRATIONSPOLITIK. Während das ND dabei das Primärdiskurs-Konzept <Mangelnde sozialpolitische Maßnahmen> importiert und daran anschießend staatliche Zuwendungen zur Verbesserung (akkomodierender) Integration fordert, importiert die WELT vor allem die Konzepte <Islamismus>, <Islamisierung>, <Parallelgesellschaft> bzw. <Kampf der Kulturen> und reagiert damit unter anderem ablehnend auf eine geplante REFORM ZUR LIBERALISIERUNG DES ASYLBLEIBERECHTS sowie fordernd im Hinblick auf <Assimilierung der in Deutschland lebenden MigrantInnen>:

ND	SZ / WELT
PUNKTEPROGRAMM / BRÄNDE IN D <Integrationsförderung> • *Vor dem Hintergrund der Krawalle in Frankreich legten [Türkische Vertreter] ein vier-Punkte-Programm zur besseren Integration von Jugendlichen mit Migrationshintergrund vor* [257, 1/1] **KOALITIONSVERTRAG** <Integrationsförderung> • *Gerade in den letzten Tagen und Wochen spielte das Thema Integration von Migranten eine große Rolle in der Öffentlichkeit. Im [...] Koalitionsvertrag der neuen Bundesregierung bleibt das Thema unterbelichtet.* [270, 1/1]	**EINWANDERER IN EUROPA** <Islamisierung> / <Kampf der Kulturen> • *Die Leitkultur [Islam] ist längst schon da; und vieles spricht dafür, daß sie in Zukunft härter, fordernder und aggressiver hervortreten wird. [...] Deutschlands westliche Nachbarn [haben die Unterschiede] nachdrücklicher zu spüren bekommen als wir.* WELT [70, 1/1] Anm.: die UNRUHEN als Beispiel für ‚Angriff des Islams auf den Westen' **FOLGEN der ASYLRECHTSREFORM** <Parallelgesellschaft führen zu Kriminalität> • *Gettoisierung und Isolation führen unweigerlich zu polizeilichen Brennpunkten* WELT [51, 5/5] Anm.: Dieses URSACHEN-Konzept entspricht exakt dem Primärdiskurs; die Ausdrucksformen (*Ghetto*; Feuermetaphorik) sind ebenfalls entlehnt.

(3) Die SZ widmet sich – genauso heterogen wie schon im Primärdiskurs – durch Übertragung der Konzepte der <Ausgrenzung> bzw. <Perspektivlosigkeit> und <Asoziale Architektur> der Konstitution verschiedener ‚Randstädte', aber auch mittels <Assimilierender Integration> und <Gefahr der sich abschottenden Parallelgesellschaft> (-) auf EINWANDERER in Deutschland:

| TÜRKEN IN D
 <Akkomodierende Integration>
 Jetzt, da in Frankreich Vorstädte brennen [...] nicht allein die Selbstabschottung [ist es], die zu Parallelgesellschaften führt. Natürlich muss der Staat auf die Grundrechte und sein demokratisches Ethos pochen. Aber nur wenn er in der Lage ist, den Kindern der Einwanderer auch Anerkennung und Bildung zu vermitteln, ist er glaubwürdig [168, 1/3]

 ARCHITEKTUR
 <Menschenunwürdiges Wohnen führt zu Unruhen>
 Matzigs Artikel unterstreicht [...] die der Architektur aufgetragene soziale Verantwortung bei der Schaffung urbanen Wohnraums. Hier nun soll an ein Beispiel gelungener humaner Stadtplanung in einem typischen 'Ausländerviertel' Münchens erinnert werden: an das Westend [196, 1/2] | BAYRISCHE VIERTEL
 <Abschottende Parallelgesellschaft>
 Es gebe eine bedenkliche Entwicklung hin zu einer Parallelgesellschaft von Deutschen und Ausländern [sagte Beckstein im Hinblick auf die Ausschreitungen in Frankreich] [164, 2/5]

 RANDSTÄDTE
 <Gefahr der versagenden Assimilation von Einwanderern>
 er macht sich nichts vor: 'Ich hoffe, dass man hier die Warnsignale aus Frankreich richtig interpretiert' [...] Auch Augsburg hat mit der Integration von Aussiedlern zu kämpfen (Positive Zitateinbettung) [164, 3/5] |

(4) Die WELT importiert ferner in Verbindung mit dem Konzept der <Versagenden Integration> auch häufig das Konzept der <Schlechten Schulleistungen von Migranten als Ursache für gewalttätiges Handeln> zur Konstitution der redaktionellen pejorative Schlussfolgerungen aus der PISA-STUDIE. Deren mittels modalen Infinitivs realisierte zentrale These lautet: ‚Einwanderer sind stärker zu Schul- und Bildungsbereitschaft aufzufordern, will man nicht ähnliches wie in Frankreich erleben' (*Die Kultusministerkonferenz [...] wird sich nach den neuen Pisa- Erkenntnissen wohl stärker mit der Integration von Migrantenkindern befassen müssen.* [28, 1/1]). Die Verknüpfung mit den Unruhen erfolgt mittels Intraseiten-Intertextualität (räumlicher Nähe): Denn der Artikel sitzt unterhalb eines Kommentars zu den UNRUHEN [27, 1/1], in dem die URSACHEN mit <schlechter Schulbildung> in Verbindung gebracht werden. Unter der Annahme, dass zunächst [27, 1/1] und (in Blick- und Leserichtung von oben nach unten) darauf erst [28, 1/1] gelesen wird, kann der Rezipient den Hinweis auf schul-schwache *Migrantenkinder* im semantischen Raum der Unruhen (d.h. als Bedrohung) wahrnehmen und auf kognitiv-perspektivierender Ebene einordnen.

(5) Ein weiterer interessanter Diskursimport des ND: Ein interviewender ND-Journalist konstituiert die UNRUHEN mittels des EREIGNIS-Konzeptes <Soziale Er-hebung> als plastisches Beispiel typischer *soziale*[r] *Bewegungen* in Frankreich sowie als <Vorbild> für Deutschland (*zumindest was die Ebene der sozialen Bewegungen angeht*) [273, 1/1].

(6) Zentral erscheint in allen drei Medien auch der Diskursimport zur Konstitution und Bewertung des FRANZÖSISCHEN WAHLKAMPFES 2007, seiner KANDIDA-TINNEN und des WAHLERGEBNISSES. So dient im ND etwa das URSACHEN-Konzept des <sozialen Widerstands> auch als Ursachenkonzept zur Erklärung für die hohe Wahlbeteiligung der Vorstädte (ND [297, 1/1]). Auch die SZ erklärt die WAHL der JUGENDLICHEN im semantischen Rahmen der UNRUHEN als <Wahl gegen Sarkozy>: *In Clichy-sous-Bois* [...] *lag* [...] *Royal denn auch mit 41 Prozent klar in Front. Es war in erster Linie ein Votum gegen Sarko, den Gefürchteten* [226, 1/1]. Im *Psychogramm der Kandidatinnen* in der WELT wird SARKOZY schließlich ebenfalls pejorativ und in Erinnerung an seine ÄUSZERUNGEN geprägt [18, 1/1].

Weiterhin diskursive Funktion für Sekundärdiskurse nehmen Primärdiskurs-Konzepte bei der Erklärung für die polizeilichen VORSORGEMASZNAHMEN zum Neujahr 2006 (<Gewaltprävention>, WELT [94, 1/1]), bei der Umfangseinschätzung der STUDENTENUNRUHEN im April 2007 (<eruptive Gewalt> / <globale Krise> WELT [2, 1/1] u.a.) oder nicht zuletzt bei der Berichterstattung zu POLYGAMIE IN DEUTSCHLAND (<Unruhen-Gefahr durch Kampf der Kulturen> SZ [191, 3/5]).

4.5 Metadiskurs: Die Arbeit am Diskurs auf erweiterter Beobachtungsebene

Strikt von Sachverhaltsverknüpfungen, das heißt von konzeptueller Diskursarbeit zu trennen ist jene Diskurstransformation, die auf Beobachterebene zweiter Ordnung ver-sucht, die **Strukturverhältnisse** des Diskurses zu verändern – und damit Einfluss auf die kognitive Perspektivität, i.e. Ordnung der Diskurssemantik zu nehmen sucht. Trotz der unterschiedlichen diskursiven Mittel bleibt das Ergebnis freilich das gleiche (Dis-kursimport und -export). Folgende Besonderheiten fallen dabei auf:

4.5.1 Semantische Kämpfe im Metadiskurs spezifischer Textsorten

Zu den wichtigsten Textsorten zur metadiskursiven Bearbeitung des Diskurses gehö-ren Presse- und Internetspiegel, Forumsbeiträge (WELT), Leserbriefe sowie vereinzelt Kritik, Kommentar, Weiche Nachricht und Harte Nachricht.

Presse- und Internetspiegel, aber auch Leserbriefe aller drei Zeitungen rekurrieren auf Sachverhalte, indem sie die in der Regel immer gekürzten Quellentexte perspekti-visch einbetten, entweder positiv zustimmend, oder pejorativ ablehnend (teilweise iro-nisierend). Die **perspektivische Einbettung** erfolgt – ähnlich wie auch schon bei Ein-zelzitaten[151] – mittels Verben des Einschätzens und Wiedergebens (fragen, sagen,

---

[151] Zur Erinnerung: Der Unterschied hierbei ist, dass Einbettung im Primärdiskurs primär der Sachver-

glauben, meinen, vorwerfen, ernst nehmen, vernehmen lassen usw.; vor allem bei negativer Einbettung[152]), Substantivierungen (*Verklärung, Verhöhnung* WELT [66, 1/1], *Töne* (-) SZ [174, 1/1]), Adjektiven (*erfrischend demokratisches und meinungsbildendes Fernsehen* ND [294, 1/1]; *diesem platten wie vorhersehbaren Diskurs* WELT [66, 1/1]) sowie Modalwörtern und Partikeln (*endlich eine wirkliche Diskussion* SZ [197, 1/1]; *fragt nun* ND [274, 1/1]). Eine weitere Möglichkeit (auch aller anderen hier relevanten Textsorten), den referierten Diskurs anzugreifen und anschließend eigene Konzepte dominant zu setzen, ist die Infragestellung dessen handwerklicher Sauberkeit, d.h. folglich **Relativierung seiner Seriosität und Authentizität** (z.b. *unzureichender Recherche und Lesetätigkeit des Autors* SZ [190, 1/3]). Während die **Kriminalisierung einer Quelle** (d.h. hier konkret das Gleichsetzen von Quellenträger, nämlich französischer Rapper und dem URSACHEN-Konzept der <Kriminalität>, vgl. WELT [49, 1/1]) eher als Unterkategorie der Authentizitätsrelativierung anzusehen ist, bedienen sich einige AutorInnen auch der einfachen **Zusetzung von Semantik**, i.e. interpretatorische Einbettung der Quelle ohne erkennbare Textbasis (wie etwa in einem Leserbrief der WELT [84, 1/1] der Fall[153]).

Zuletzt sei eine sehr interessante, SZ-spezifische Variante der metadiskursiven Sachverhaltskonstitution erläutert: Unter dem kategorischen Titel *Lexikon* ,rekurriert' die Zeitung in prosaischem Stil auf einen Ausdruck und dessen Bedeutung (z.B. *Große Brüder* [157, 3/5]; *Quartiersmanagement* [161, 4/6]). Unter dem Aspekt der Intertextualität ist diese Rekurrierung jedoch besser als äußerst dominante und zugleich äußerst anfechtungsresistente Sachverhaltskonstitution zu sehen. Sie definiert im Schutze kulturell geschliffener Form-Konzept-Relationen (nämlich im als ,wertneutral' geprägten pragma-semiotischen Raum der Lexika-Rezeption) einen **Ausdruck *X* als einem Konzept <Y> verbunden** und kann dabei sämtliche konkurrierende Wissensrahmen ignorieren. Im ersten Fall (*Große Brüder*) wird damit das (durchaus umstrittene[154]) positive Konzept <Erwachsene, integrierte Einwanderer-Franzosen mit Einfluss auf die JUGENDLICHEN>, im zweiten Fall (*Quartiersmanagement*) das UNRUHEN-BEGEGNUNG-Konzept <Bessere Sozialinfrastruktur> exportiert.

Folgende weitere Konzepte setzen die untersuchten Zeitungen mittels Metadiskurs dominant bzw. lehnen sie ab: Das ND konstituiert mittels positiver Einbettung in zwei Fällen das EREIGNIS-Konzept <Sozialer Widerstand>, in einem dritten Beleg, einer Kritik, wird zudem am Beispiel des besprochenen Diskurses eine Diskursethik der Medien aufgebaut[155]:

---

haltskonstitution dient, wohingegen sie im Metadiskurs zunächst auf Stützung bzw. Angriff des Diskurses selbst (d.h. der Art, <u>wie</u> über Sachverhalte gesprochen wird) zielt.

[152] Hierzu wäre auch wieder die Reduzierung von Anfechtbarkeit anzuführen, wie sie in dem Beleg 66, 1/1 der WELT mittels Passivierung zum Tragen kommt: *Gewaltexzesse randalierender Jugendliche* [werden] *hochstilisiert zum sozialen Protest*. Die durchweg pejorativen Universierungen haben dieselbe Wirkung.

153 Die Autorin schreibt objektivierend: *die in dem Artikel beschriebenen Gefahrenpotentiale der Parallelgesellschaften in Frankreich*; doch der Quellentext vom 05.12.05 handelt nur am Rande von Frankreich, spricht in keiner Weise ausschließlich von ,Gefahrenpotentialen', sondern auch von *Chancen* von *Parallelgesellschaften*. Von *Parallelgesellschaften in Frankreich* findet sich keine Silbe.

[154] vgl. oben 4.3.4.1, Beleg (qqq).

[155] Dies ist insofern bemerkenswert, als damit explizit eine bestimmte Diskursperspektive, nämlich die

> *Ein befreiendes 'j'accuse' (ich klage an) <u>ist zu vernehmen</u>. Die <u>dazu notwendige offene,</u> <u>Kritik zulassende und fördernde Atmosphäre haben die Filmemacher geschaffen</u>.* [...] *Ei-ne <u>solch ehrliche und repressionsfrei gestaltete Reportage</u> würde man sich hier zu Lande auch bisweilen <u>wünschen</u>: dass Journalisten <u>ihrer edelsten Aufgabe</u> nachgehen und <u>den schwächsten Gliedern der Gesellschaft als Sprachrohr</u> dienen* ND [294, 1/1].

Während die Mehrheit der SZ-Leserbriefe vor allem mittels Infragestellung von Glaubwürdigkeit und journalistischem Handwerk die URSACHEN-Konzepte <Aus-grenzung> und <Segregation> dominant setzen, <Kriminalität> und <Kampf der Kul-turen> jedoch ablehnen, findet sich bei den WELT-Leserbriefen genau das Gegenteil:

SZ	WELT
• Es gehört inzwischen <u>zum guten Ton vieler Journa-</u> <u>listen</u>, nicht nur von der politischen Klasse, sondern auch von den Intellektuellen <u>schnellzüngige, hasti-</u> <u>ge Erklärungen abzufordern</u>. So formuliert Port-schlegel [...] Das, was in Frankreichs (Vor-)Städten so schicksalshaft-eruptiv aufzutreten <u>scheint</u>, ist von [...] <u>Bourdieu</u> [...] prognostisch erhellt worden. [190, 1/3] Anm.: der Verweis auf Bourdieu (und seiner Studie über das Leben in den Vororten[156]) kann als impli-ziter Verweis auf soziale Konzepte verstanden wer-den	• <u>Tenor:</u> [...] Die eigentlichen Hauptschuldigen für die Krawalle sind <u>nicht etwa die 'armen, sozial benach-</u> <u>teiligten Jugendlichen'</u>, sondern der Law-and-order-Mann Nicolas Sarkozy. (-) [67, 1/1] • spielen die in dem Artikel <u>nicht diskutierte kulturelle</u> <u>Distanz</u> [und] der früher nicht vorhandene finanziel-le Transfer von der Mehrheits- zur Parallelgesell-schaft eine Rolle [84, 1/1]

Presse- und Internetspiegel von SZ und WELT tendieren konzeptuell in die gleiche Richtung, nämlich mittels den URSACHEN-Konzepten <Einwanderungsschwemme> und <Kriminalität> sowie dem EREIGNIS-Konzept <Bürgerkrieg>; zugleich sprechen sie sich gegen diskursive Sachverhaltskonstitutionen nach den Konzepten <Soziale Benachteiligung> und <Sozialpolitische Begegnung> aus:

> • Der Quellentext konstituiert pejorativ die JUGENDLICHEN als *Banden*, das EREIG-NIS als *Chaos*, die ORTE als *rechtlose Zonen* und fragt abschließend: *Müssen wir im-mer erst extreme Situationen abwarten, bis wir nach Lösungen suchen?* SZ [153, 1/1]. Anm.: Positive Einbettung des Textes durch unmarkierte (!) Übernahme eines Textzi-tats zum Titel: *Guerilla in Paris*

> • Einbettung: *Ausführlich wird derzeit über die Gründe für die gewalttätigen Krawalle in den französischen Vorstädten <u>gegrübelt</u>. <u>Dabei ist die Frage nach den Ursachen</u> <u>längst erschöpfend beantwortet</u> [...] Naturgemäß kann man die jungen Leute auf diese <u>herzerwärmende Eröffnung</u>* [sozialer Hintergrund] *hin nicht mehr einbuchten.* [Zitat aus der Westsidestory]: <u>*Ab zum Psychologen. Der bekommt zu hören* [...]</u>. (-) WELT [52, 1/3]

---

der JUGENDLICHEN, an die Sachverhaltskonstitution des EREIGNISSES mittels <Sozialem Wider-stand> gebunden wird; ebenso im Beleg des ND [258, 1/2]: <u>*Anstelle der Abfolge von Bildern brennen-der Autos muss der Vorstadt das Wort erteilt werden, müssen seine gewählten Vertreter und alle Ak-teure vor Ort zu Wort kommen. Und man muss ihnen endlich und wirklich zuhören!*</u>

[156] Bourdieu, P. (1997). Das Elend der Welt. Gekürzte Studienausgabe. Mit einem Vorwort von Franz Schultheis. Konstanz: UVK Verlagsgesellschaft mbH.

Erwähnenswert sind schließlich zwei Belege der WELT, die zum einen sich metadis-kursiv im Streitdiskurs um die Aussagen des Philosophen Alain Finkielkraut[157] positi-onieren und damit zugleich das URSACHEN-Konzept <Islamismus>/<Kampf der Kulturen> gegen seine Kritiker durchzusetzen suchen (Essay [82, 1/1]), zum anderen mittels Angriff auf Glaubwürdigkeit und Pressehandwerk der Diskursquelle das Kon-zept <Soziale Erhebung gegen gesellschaftliche Benachteiligung> ablehnen (Kom-mentar [66, 1/1]):

> * *Auf den Web-Seiten gewisser Vereinigungen wird angekündigt, Klage gegen Fin-kielkraut zu erheben. Das ist der Auftakt für eine Hetze gegen ihn [...]Am Abend wird in France Inter die Jagd eröffnet [...] Was hat Finkielkraut wirklich gesagt? [...] einer, der die 'ethnisch-religiöse' Dimension der Aufstände erwähnt [...], die rote Linie über-schreitet [82, 1/1]*
> * *Verklärung von Gesetzesbrechern [...] von mißlungener Integration war da die Rede [...]Gewaltexzesse randalierender Jugendliche [werden] hochstilisiert zum sozialen Protest, der zwar verdammenswert, aber [...] verständlich, vielleicht sogar berechtigt sei. [66, 1/1]*

4.5.2 Semantische Kämpfe in metadiskursiven Anteilen des Primärdiskurses

Neben ganzen Metadiskurs-Texten lassen sich innerhalb des Primärdiskurses vielfach einzelne Wechsel auf die diskursive Ebene zweiter Ordnung feststellen. Die Funktion dieser metadiskursiven Anteile innerhalb des Primärdiskurses und ihre konzeptuellen Folgen entsprechen dabei bis auf Ausnahmen jenen ganzer Textsorten:

Das ND lehnt die redaktionelle Sachverhaltskonstitution vieler Medien von ER-EIGNIS und URSACHEN nach den Konzepten <Organisierte Kriminalität>, <Versag-te akkomidierende Integration> sowie <Bürger> als ,unseriös' und ,intrinsisch moti-viert' ab:

> * *keinesfalls sie [kriminelle Banden] [...]wie in den ersten Tagen [...] in den Medien spe-kuliert wurde [265, 1/1]*
> * *Zweifler und Pessimisten werden nun wieder das Ende der multikulturellen Gesell-schaft ausrufen [241, 3/3]*
> * *[Unruhen] die von einigen in- und vor allem ausländischen Medien als 'bürgerkriegs-ähnliche Zustände' charakterisiert werden [237, 3/3]; USA-Medien, die genüsslich von 'bürgerkriegsähnlichen Zuständen in Frankreich' berichten und sich damit für Frank-reichs Haltung zum Irak-Krieg revanchieren [240, 1/3].*

Dagegen werden die EREIGNIS- und BEGEGNUNGS-Konzepte <Soziale Erhebung> und <Sozialpolitische Maßnahmen> dominant gesetzt, in dem ganze, teilweise Seiten umfassende, farblich hervorgehobene Zitatblöcke verschiedener Pressequellen (Le Monde, Europe1, Le Parisien, Libération) veröffentlicht werden. So etwa einen Block aus übersetzten Zitaten von JUGENDLICHEN [237, 3/3] oder einer kompletten Seite mit Zitaten französischer Vorort-Bürgermeister und Akteuren aus deren sozialinfra-strukturellen Umfeld [256, 1/1]. Das Konzept <Soziale Erhebung> wird im ND schließlich auch häufig im metadiskursiven Rückgriff auf einen Polizeibericht zu den

---

[157] Vgl. auch oben 4.3.1.2, Konzeptkategorie II, Konzept (J)

UNRUHEN bekräftigt ([UNRUHEN] *waren nach Einschätzung der Polizei eine 'soziale Revolte' und _keineswegs_ das Werk organisierter Banden* [272, 1/1]).

Entgegen dem ND wird in der WELT (und teilweise in der SZ) mittels des Konzeptes <Zerstörung> und <Kampf der Kulturen> besonders häufig auf die Sachverhaltskonstitution durch Bilder (als Einzelmedien) verwiesen. Dies geschieht nur in einem Fall durch explizite Setzung in finaler Konnexion (*Man kann trotzdem kaum übersehen, _dass_ die jüngsten Gewaltszenen den Bildern der Intifada _gleichen_*, SZ [159, 1/2][158]), ansonsten den Rekurrierungsprozess ausklammernd mittels Genetivkonstruktionen (*Bilder _der Zerstörung_* [36, 1/4], *Bilder _von blinder Zerstörung_ und _eskalierender Gewalt_* [27, 1/1]). Ebenfalls typisch für sowie analog zur größten Bildberichterstattung in der WELT, werden Bilder als Medien höheren Geltungsanspruches, da ,tabuloser' bei der Sachverhaltskonstitution hervorgehoben: *Blind wäre es, die Hautfarbe [...] zu ignorieren, die [...] wie um ein Tabu zu bewahren, in den Medien _nicht erwähnt_, sondern _nur in Bildern sichtbar wurde_* [44, 1/1]. Das ND widerspricht dem, erstens implizit durch geringe Bildberichterstattung (vgl. 4.1.2) und zweitens explizit durch Kritik an fremdländischer (insb. USA-) Berichterstattung (z.B. [240, 1/3]). Auf die beruft sich wiederum die WELT, indem sie das Ausland als *Echo* einsetzt (z.B. [76, 1/1]) oder etwa auf den *Börsenindex* als Grundlage für die FOLGEN-Rekurrierung verweist (z.B. [52, 2/4]).

Bemüht sich das ND häufiger, JUGENDLICHE und VORORTBEWOHNER zu Wort kommen zu lassen (oder fordert dies immerzu, vgl. o.), positioniert die WELT etwa den <Islamismus>/<Kampf der Kulturen>-Konzept dominierten Originaltext (ein Interview einer israelischen Zeitung) zu Alain Finkielkraut (*Das Interview, das wir hier [...] _dokumentieren_*), um entsprechenden Metadiskurs-Kritikern (etwa im ND) zu widersprechen.

Die SZ nutzt den Wechsel auf Metadiskursebene mehrfach, um der pejorativen Prägung Sarkozys ÄUSZERUNGEN zu begegnen, meist durch adjektivische oder adverbiale Andeutung unseriöser, tendenziöser Berichterstattung (*wenn man _ehrlich_ ist* [209, 1/1]; *_Es ist klar, dass_ [...] gemeint hatte [...] Nur _wer seine Worte übel auslegen wollte_* [157, 2/5]). Zugleich wird in einem anderen Text metadiskursiv kritisiert, was m.E. im ND implizit zu einer (im Vergleich zu den anderen Medien) reduzierten Verwendung des Lexems *Einwanderer, Banlieues* (o.ä.) und in der SZ im gros zur Ablehnung des Konzeptes <Kulturspezifische Unruhen>/<Kampf der Kulturen> führt: nämlich das metadiskursive Konzept des <Sprachlichen Rassismus>:

> *In Deutschland, aber auch in vielen anderen Ländern _glaubt man geradezu obsessiv daran_ [...]Der _unschuldige Rassismus der falschen Begriffe_ ist so selbstverständlich, dass ihn keiner bemerkt. Man spricht von Einwanderern und verschweigt, dass es Franzosen sind, man nimmt den Islam ins Visier und verkennt, dass viele der Brandstifter auf Religion pfeifen* [183, 1/1].

Abgesehen von der Nutzung metadiskursiver Anteile zur pragmatischen Kennzeichnung von Texten als ,glaubhaft' und ,authentisch' (*_Aus Paris berichtet_ Jirka Grahl* ND [260, 1/1], *Momentaufnahme* WELT [38, 1/1]), sei schließlich auf ein – womög-

---

[158] Auffällig stark abgesichert wird diese Aussage mittels Passivierung (man-Form), Modalem Infinitiv (können) sowie Modaladverb (*kaum*).

lich für französische Sachverhalte spezifisches – Metadiskursmoment hingewiesen: die Einordnung des Diskursträgers ‚Französischer RAP'. Hierbei fällt auf, dass sich die Zeitungen heftig widersprechen: Während im *Feuilleton* das ND in einem Bericht, die SZ und die WELT in einer Kritik die Aussagen französischer Rapper als authentische und ‚zitierfähige' Diskursteilnehmer konstituieren, versucht die SZ in einer Harten Nachricht sowie die WELT in einer Weichen Nachricht bzw. einem Bericht den RAP unter das URSACHEN-Konzept <Sich selbst genügende Gewalt/Zerstörung> zu subsumieren:

• *Die Stimme des Volkes [...] [Rapper] haben mit jeder neuen CD aus der Betonwelt <u>berichtet</u>. [...] Über den wummernden Basslinien <u>öffnet sich ein Universum aus post-kolonialen Familiendesastern, Wut, Rassismus, Drogen und Gewalt</u>. [...] Darüber hinaus geht es um Zuflucht im Islam, um den Stolz auf die Herkunft, um die Hoffnung, aus dem Ghetto zu entkommen und, vor allem, um eine 'raison de vivre', um einen Grund zum Leben* SZ [159, 1/2] • *[Abgeordnete] <u>zitierten</u> verschiedene HipHop-Bands <u>vor Gericht</u>, in deren <u>angeblich</u> gewaltverherrlichenden Texten sie die Ursache für die Aufstände <u>erkannt zu haben glaubten</u> [...] Auf den Gedanken, dass die Unruhen [...] etwas mit ihrer fehlgeschlagenen Integrationspolitik zu tun haben könnte, kamen sie nicht. [...] Rap <u>ist ganz bestimmt nicht</u> das Problem dieser Unruhen gewesen.* ND [289, 1/1] • *Die Platte war zwar schon gepreßt, bevor Sozialbauten und Autos brannten. Ihre <u>nationale Botschaft</u> allerdings: Kommt her, und schaut auf eure scheußlichen Migranten-Reservate* WELT [100, 1/1] (Kritik)	• <u>*Hassgesänge der Rapper*</u> SZ [197, 1/1] • *Sie <u>dürfen unbehelligt weiter den Beamtenmord bedichten</u>. Und das Treiben in den Banlieues und die Gelüste brandschatzender Immigrantenkinder in Musik und unbescheidene Reichtümer verwandelt. Jeder Anhänger der unbedingten Kunstfreiheit meint: Recht so.* WELT [93, 1/1] • *Rapper, die in ihren Texten <u>zu Gewalt aufrufen</u>* WELT [81, 1/1]

4.6 (Text-)Bild-Diskurse im Primär- und Sekundärdiskurs

In den folgenden drei Kapiteln werden die Analyseergebnisse der Bildberichterstattung vorgestellt und im Besonderen auf die Ebenen des Handlungstyps (4.6.1), das Verhältnis von Kontext und Bild-Typikalität (4.6.2) sowie auf exemplarische Sprachhandlungen auf Bild- und Bild-Textebene eingegangen (4.6.3). Die Belege aller Bilder finden sich im Anhang (8.10) unter den entsprechenden Belegnummern.

4.6.1 Vom Genre- zum Ereignisbild (Bildhandlungstypen)

Die Untersuchung des Bildhandlungstyps ergab nur geringen Aufschluss über die potentielle Konstitutionskraft von Bildern. Dies liegt m.E. vor allem daran, dass das referierte und objektivierte EREIGNIS nicht punktuell auf einen Tag, eine Stunde oder ein (fiktives) Moment fällt (wie etwa das <Terror>-EREIGNIS des 11. September in den

USA), sondern sich temporal auf mehrere Wochen sowie lokal differierend erstreckt. Eine Unterscheidung von Genre- und Ereignisbildern wird ferner prinzipiell dadurch erschwert, dass das EREIGNIS am Beginn der Berichterstattung vor einem bestimmten Ereignismuster (nämlich das der <gewaltsamen Unruhe(n)>) konstituiert wird, die Bildberichterstattung dem auch folgt. Erst nach einigen Tagen (ab dem 05.11.2005) wird das EREIGNIS konstitutiv verdichtet als 'außergewöhnlich', den 'üblichen französischen Rahmen sprengend' (vgl. AUSMASZ der Unruhen). Der Bildhandlungstyp sowie die damit assoziierten Konzepte bleiben aber überwiegend konstant. Dessen ungeachtet lässt sich – vor allem auf der Basis der Bild-Typikalität (vgl. unten) – dennoch eine tendenzielle Änderung des Handlungstyps erschließen: So gewinnen bestimmte, mit der Zeit wiederkehrende Bildmotive an Prototypikalität, d.h. während der fast dreiwöchigen Ereignisdauer dürfte etwa das am häufigsten belegte Bildsujet /brennender und abgebrannter Fahrzeuge/ (Typ A) von einer (meist pejorativ-konnotiert) genrebildhaften zu einer (denotativ-pejorativ) ereignisbildhaften Konstitution wechseln. Auf eine solche Tendenz weisen sowohl explizite Metadiskursanteile (z.B. *Programme zeigen nur noch die ausgebrannten Autowracks am Morgen danach* WELT vom 15.11.2005 [68, 1/1]) als auch sachverhaltsverknüpfende Bild-Text-Aussagen in Sekundärdiskursen hin (vgl. WELT [101, 1/1]). Auch die Tatsache, dass Bilder dieser Art mit der Zeit immer häufiger ohne genaue Textprädizierung auftauchen (d.h. ohne genauere Kontext-Angaben zu Einzelereignis, Ort, Zeit, Akteuren wie z.B. in ND [242, 2/2] oder SZ [150, 1/1]), kann als Hinweis für den Handlungstyp 'Genrebild mit zunehmenden Ereignisbild-Potentialen' angesehen werden. In der Jahresberichterstattung (2006) zum Ereignis der UNRUHEN ist schließlich keines der Bilder zu finden, die 2005 die Hauptberichterstattung prägten, was wiederum auf eine eher geringe 'Halbwertszeit' dieser Ereignisbild-Potentiale schließen lässt. Kurz: Bilder des Typs (A) werden während den UNRUHEN sowie zumindest innerhalb des untersuchten Berichtzeitraums bis zum 31. Januar 2006 eher direkt mit dem EREIGNIS und der (medienspezifischen) Sachverhaltskonstitution in Verbindung gebracht als andere. Um diese Thesen zum Bildhandlungstyp weiter zu plausibilisieren, sei im Folgenden auf die medienspezifische Bild-Typikalität eingegangen:

4.6.2 Medienspezifische Bild-Typikalität: Bild-Kotext im Text-Kontext

Ungeachtet zahlreicher Bilder zur POLITIK (Pressekonferenzen, Chirac, Sarkozy usw.), zu Medien-AutorInnen (etwa in Meinungsinterviews oder Kommentaren) lassen sich im Grunde drei Hauptbildtypen differenzieren, die teilweise mit, teilweise aber auch ohne Kontext auf Grund ihrer prototypischen Bild-Kotexte[159] auf die Sachverhaltskonstitution der UNRUHEN und ihre Bewertung Einfluss nehmen können:

---

[159] Damit ist gemeint, dass sich bestimmte Form-Zusammenhänge im Bild auf Grund wiederkehrender und durchaus alltäglicher Prototypik (i.S. der Prototypensemantik) differenzieren lassen.

(A) Der häufigste Bildtyp findet sich überwiegend in Berichten, Harten Nachrichten, Meldungen und Kommentaren von WELT, SZ und (seltener im) ND. Abgebildet und prototypisch erkennbar sind meist /*Flammen-lodernde oder ausgebrannte Fahrzeuge und/oder Gebäude*/, teilweise im Forder- oder Hintergrund begleitet von /*Uniformierten*/ mit /*Helmen, (Schlag-)Stöcken und/oder Schläuchen*/:

A9 Uniformierte mit Schlauch; ND [236, 1/1]

A10 Uniformierte vor Brand; Perspektive der Polizei; SZ [169, 3/6]

A11 Perspektive der Polizei; WELT [72, 1/3]

A12 Frontalperspektive; SZ [40, 1/3]

Nicht nur die Bildmotive selbst konstituieren den Sachverhalt primär pejorativ denotierend als ‚gefahrenvoll', ‚zerstörerisch' und ‚unnormal' (/*Flammen*/ ➔ <Zerstörung>; /*Uniformierte*/ ➔ <Gefahren(-reduktion)>). Auch Kontexthinweise signalisieren dem Rezipienten, wie die Bild-Kotexte (also die bildinternen Gestaltzusammenhänge) zu interpretieren sind (*Feuerwehrleute im* [...]*einsatz* (A9); *Wache* [...] *Polizisten* (A10) usw.). Außerdem prädiziert der Kontext (Texttitel, Untertitel, Body, Bildtitel) die Bilder nahezu ausschließlich im semantischen Raum von <Zerstörung>, <Ge-

walt> und teilweise dem EREIGNIS-Konzept <Bürgerkriegszustand>[160] - mit Ausdrucksformen, wie sie bereits in den Kapiteln 4.3ff. beschrieben wurden.

Die Belege (A10) und (A11) exemplifizieren ferner die Perspektivität der Bilder im Hinblick auf allgemeine Authentizität und die POLIZEI: letztere erhält durch die Rückenperspektivität eine passive Haltung gegenüber dem Geschehen und der <Gefahr> vor ihr. JUGENDLICHE werden dagegen frontalperspektivisch als ‚angreifende' Akteure konstituiert, so etwa in (A12) (im ND vereinzelt umgekehrt, vgl. [242, 2/2] mit dem Konzept <Ratlosigkeit>).

(B) Ein Variante zu (A) zeigt /kleinere, meist mit Kapuzenmützen vermummte Gestalten/ vor /flammendem/ Hintergrund (/Gebäude und/oder Fahrzeuge/) und /auf Autodächern oder in Rauchschwaden stehend/, vereinzelt auch in /aktiver, den Betrachter objektivierender (Wurf-) Haltung/ (A12 und A13). Die JUGENDLICHEN erhalten dabei eine dezidiert negative, teilweise ‚dämonische' Konnotierung, da sie formal mit dem Schein der Feuer (d.h. in der Nähe des <Zerstörerischen>) einhergehen und zudem nicht selten mit als beschwörend zu nennender Gestik schattenhaft abgelichtet werden (wie in A13).

A13 Kapuzenträger vor brennenden Autos; WELT [91, 1/1]

(C) Der dritte Bildtyp findet sich ausschließlich im Feuilleton bzw. in Problem- und Zeitgeschichtlichen Darstellungen von SZ und WELT und rekurriert pejorativ denotierend auf die ORTE des EREIGNISSES. Hierzu zählen vor allem Abbildungen von /Hochhäusern/, /Beton/, /Belüftungsanlagen/, vereinzelt in Verbindung mit /kleinen Kindern/. Sie konstituieren durch die Dominanz düsterer Belichtung, hohen Schattenanteils und der Fokussierung auf einheitliche Gegenstände (ohne Pflanzen o.ä.) den Sachverhalt nach den Konzepten <Monotonie, Leere, Ödnis>, <Tristesse>, <Leblo-

---

[160] Mit dem Bild (A9) korrelieren etwa pejorative Lexeme wie im Titel *Unruhen* sowie im Body *Brandstifter*; der Bildtitel stattet das Genrebild zudem mit Ereignisbild-Potentialen aus (*Paris im Herbst 2005: Feuerwehr im Dauereinsatz*).

sigkeit>, <Ballung> und <Perspektivlosigkeit> (A14; vgl. auch SZ [61, 1/1]). Die Semantik der Bilder wird meist durch entsprechende Ausdrucksformen im Kontext unterstützt, d.h. gerade nicht mittels Deixis oder anderer Ereignisortspezifikationen semantisch eingegrenzt (so etwa zu (A14) im Bildtitel (*Menschen-Baustelle*) oder zu einer WELT-Abbildung der Vorstadt-Hochhaussiedlungen im Titel (*Hoffnungslosigkeit der organisierten Ödnis* [40, 3/3])); vgl. auch die sprachlichen Ausdrucksformen zum ORT im Kapitel 4.3.5). Die kommunikative Rolle, die Bilder schließlich in der Berichterstattung einnehmen, ist Gegenstand des nächsten Kapitels:

A14 Hochhäuser / <Leblosigkeit>; SZ [178, 1/1]
Untertitel: *Erst bauen Menschen Häuser, dann bauen Häuser Menschen. Blick auf eine typische französische Menschen-Baustelle [...]*

4.6.3 Ausgewählte Beispiele zu Bild-Funtionsoberklassen und Bild-Text-Äußerungen

(1) Repräsentativa /Assertiva.

Alle Bilder (respektive Fotografien) zu den UNRUHEN in den Französischen Vororten erheben einen hohen Geltungsanspruch für das, was sie zeigen. Nur in einem einzigen Fall wird mittels Metadiskurs das Dargestellte (genauer die Seriosität) der Medienbilder angezweifelt (WELT [68, 1/1]; vgl. 4.6.1). Die meisten Bilder jedoch stehen unter der Funktionsoberklasse der Repräsentativa in einem funktionalen Abbild- oder Illustrationsverhältnis zum jeweiligen Bild-Kontext. Das heißt, sie exemplifizieren das im Text Besprochene, entweder singulär-denotierend (bei expliziter Einbettung, d.h. im Hinblick auf Wer, Was, Wo, Wann des im Bild dargestellten Sachverhalts) oder generell-denotierend (das im Bild Dargestellte gilt als allgemeines Beispiel für den konkreten Einzelfall im Text, A15). Die Übergänge von einem zum anderen Bild-Text-Verhältnis sind häufig fließend.

Gewalt und Chaos rund um Paris

Brennende Autos, verwüstete Gebäude, erbitterte Schlachten zwischen Ordnungshütern und aufgebrachten Jugendlichen – der Paris umschließende Ring von Vororten erlebte seine siebente Nacht des Chaos, nachdem zwei junge Leute auf der Flucht vor der Polizei umgekommen sind. Allein in dem nördlich von Paris gelegenen Departement Seine-Saint-Denis kam es in 20 der 40 Kommunen zu schweren Ausschreitungen.

Foto: AFP

A15 Generell-denotierendes Bild; ND [234, 1/2]

„Immigranten leben in einem Zwitterraum"

Der Ökonom Anthony Giddens gibt dem Reformstau die Schuld an den Krawallen in Frankreich

Reformdenker

Lord Anthony Giddens ist […]

A16 Text-prädizierendes Bild: *Polizisten bereiten sich in Lyon auf ihren nächstilichen Einsatz gegen die Jugendlichen Randalierer vor*

Ein Lösungsversuch, das Verhältnis von Bild-Kotext und Text-Kontext genauer zu beschreiben, könnte die Unter scheidung von **Bild-prädizierenden Texten** bzw. **Text-prädizierenden Bildern** sein. Bestehen explizite (z.B. Deixis: *hier* in Untertitel oder Body) oder implizite Verweise (z.B. Rekurrierung auf JUGENDLICHE mittels des Lexems *Randalierer* im Titel bei A12), trifft in der Regel ersteres zu. Bilder haben dagegen meist dann eine text-prädizierende Wirkung, wenn sie überhaupt keinen direkten Bezugspunkt zum (Primär-)Kontext aufweisen, d.h. genauer, wenn sie nachträglich redaktionell hinzugefügt scheinen. Derart ist zum Beispiel beim WELT-Text [65, 1/3] der Fall (A16): Rekurriert das Meinungsinterview ausschließlich auf politische und religiöse URSACHEN-Konzepte (*Reformstau*, [Arbeitslosigkeit gibt] *Hintergrund, vor dem der Islam und die kulturellen Unterschiede ihre Wirkung entfalten*), ist am linken Rand des Textes ein Bild des Typs (A) zu erkennen; der Bilduntertitel zeichnet den Sachverhalt lediglich in ORT (*Lyon*) und Akteure (*Polizisten*) aus. Da weder die Polizei noch die *Randalierer* in *Lyon* für den Text eine direkte Rolle spielen, kann das Bild auf den (unreflektierten) Betrachter nur als semantischer Hintergrund verstanden werden, nämlich unter der Konzeptdominanz von <Zerstörung>, <Bürgerkrieg> und <Gefahr>, was wiederum der impliziten Aufforderung im Text (*Reformstau*) einen gewissen Nachdruck verleiht[161].

A17 *Wir müssen draußen bleiben*; Untertitel SZ [61, 1/1]

---

[161] Weitere Beispiele: ND [240, 1/3; 248, 1/1]; SZ [261, 2/6] u.a.

(2) Expressiva.

Einige Bilder (vor allem des Bildtyps (B)) und häufiger in Berichten des ND als in WELT und SZ drücken Gefühle der Trauer und Melancholie aus und realisieren die Konzepte <Perspektivlosigkeit>, <Ausgrenzung>, <Fremdisolation>. Beispiele finden sich in Bildern mit Textprädikation (A17)[162] sowie in Bildern von VORORTBE-WOHNERN (Farbige), deren Gestik und Mimik zu erkennen und damit die emotionale Stimmung verhältnismäßig gut zu eruieren ist (z.B. A19)[163].

Diese Bilder fordern in der Regel kontextuell gestützt zu dem BEGEGNUNGs-Konzept <Sozialpolitische Maßnahmen> bzw. in der WELT teilweise auch zu <Verbesserung akkomodierender Integration> auf (URSACHEN-Konzeptkategorie I; vgl. 4.3.2.2).

A19 *Vorstadt-Tristesse* [...] *Verzweiflung* [Untertitel]; WELT [38, 1/1]

Fraglich bleibt, ob Bilder des Typs (A), d.h. insbesondere zum Konzept <Zerstörung durch Feuer und Gewalt> nicht auch Gefühle, nämlich die der Angst zum Ausdruck bringen können. Ihre Verwendung als auffordernde Sprechakte zur Verbrechens- und Sicherheitsprävention (z.B: [169, 1-6/6]) gäben Hinweise hierzu.

(3) Direktiva.

Bilder des Typs (A) stehen in allen drei Medien häufig in einem Kontext, in dem implizit oder explizit <politische Präventionsmaßnahmen> gefordert werden. Bilder des Typs (B) sind nahezu ausschließlich an Forderungen nach <sozialpolitischer Intervention> (vgl. A16) bzw. nach einem <Ende tristloser Architektur> (*Das Problem hat einen Namen: Massenwohnungsbau*, vgl. A14) verbunden. Ausschließlich im ND sind einige Bilder belegt, die den Platz von Bildern des Typs (A) eingenommen haben: /*Beschriftete Plakate*/ und /*Menschenauflauf*/ konstituieren <friedliche Demonstrationen> und *fordern* im semantischen Raum des ND versus des BEGEGNUNGs-Konzeptes <Staatliche Repression> das Ende der UNRUHEN (A20; vgl. auch ND [265, 1/1]). Ein weiteres, diesem hier völlig entgegen gesetztes Beispiel fordernder

---

[162] Als <Trauer>-Hinweisreiz dürfte auch der explizit schwarze Rahmen des Bildes aufzufassen sein.
[163] Die graue Autokarosserie als Sitzunterlage dürfte auch nicht unbedingt zur Aufhellung der Gefühle beitragen.

Sprechakte zeigt die Forderung nach *Schusswaffengebrauch* der POLIZEI, dem die WELT mittels des folgenden, <Gefahr> ‚beweisenden' Bildes Ausdruck verleiht (A21):

A20 Politische Forderung; ND [248, 1/1]

A21 *Ruf nach Schusswaffen* [=Titel]; WELT [39, 1/1]; Untertitel: *Die leere Hülse einer Schrotpatrone hält ein französischer Polizist als Beweis für scharfen Beschuß in die Kamera.*

Nahezu alle Bilder im Sekundärdiskurs konstituieren im Kontext auffordernde Sprechakte. Bereits das Beispiel (A8) deutete an, dass gerade der Bildtyp (A) in Texten der WELT und der SZ die während der Hauptberichterstattung verbreitete Bildsemantik der <drohenden Zerstörung> für Sachverhaltsverknüpfungen als Grundlage dienen kann. Der Beleg (A22) etwa zeigt die /rauchenden Trümmer/ eines Gebäudes sowie /dunkelhaarige, leicht dunkelhäutige Jugendliche/ (in Deutschland eher Prototyp für <Einwanderer> als in Frankreich). Sowohl der Titel (*Beunruhigender Misserfolg*) als auch die Bildbeschreibung (*Gescheiterte Integration*) mahnen implizit zu ‚Gegenmaßnahmen' bzw. Prävention potentieller UNRUHEN. Das Bild wird zwar lokal spezifiziert (*hier eine niedergebrannte Fabrik in der Stadt Aubervilles*), dennoch liefert es für den Artikel den semantischen Raum von <Angst vor vergleichbarer Gewalt und Zerstörung>.

A22 Bilder in diskursiver Funktion; SZ [179,2/4]

(4) Kommissiva.

Beispiele für sich selbst verpflichtende Bilder gibt es nur wenige. Es handelt sich dabei vor allem um Karikaturen aus dem *Feuilleton*- und Kommentar-Bereich. So trivial es klingt, sie verpflichten sich im weitesten Sinne dazu, ‚ironisch' zu sein. Damit ist gemeint, dass der Rezipient eine Erwartungshaltung gegenüber dieser Bildsorte einnimmt und daher auch darauf vorbereitet wird, eine Transformation des Abgebildeten auf metaphorische Ebene durchzuführen. In den untersuchten Zeitungen waren alle Karikaturen Hand- bzw. Strichzeichnungen, doch nur in ND und SZ sind sie im Hinblick auf den UNRUHEN-Diskurs belegt. Die Karikatur des ND [244, 1/1] kritisiert interessanter Weise im Sekundärdiskurs funktional die (politische) Konstitution der UNRUHEN als zu heilende <Krankheit> (vgl. 4.3.3.1; EREIGNIS-Konstitution der SZ), vor der sich Deutschland mittels *Pflicht-Impfung* für Einwanderer (*/Frau mit Kopftuch/*) schützen müsse (*Gegen die französische Krawall-Grippe*). Die SZ karikiert zum einen SARKOZY (vgl. A6) sowie kritisch die deutsche Sozialpolitik als der Frankreichs ähnlich und damit potentiell UNRUHEN-fördernd (vgl. SZ [162, 1/1]).

(5) Deklarativa

Ebenso selten wie Kommissiva sind den Sachverhalt deklarierende Bilder belegt. Genau genommen handelt es sich um drei Karten-Grafiken mit /Punkten/ bzw. /Sternen/, die stark an mediale Kriegsberichterstattung über Bombeneinschläge bzw. militärische Konfrontationen erinnern, wie etwa (A23). Eingebettet in das zum Titel erhobene Zitat, das selbst einen deklarierenden Sprechakt vollzieht, wird der Sachverhalt der UNRUHEN als <(Bürger-)Krieg> geprägt. Dies korrespondiert mit der sprachlichen EREIGNIS-Konzeptualisierung, auf die bereits im Kapitel 4.3.1 (vgl.o.) umfassend eingegangen wurde. Der Kontext (außer Titel und Untertitel) rekurriert allerdings auf einen völlig anderen Sachverhalt, nämlich auf einen Besuch von VORORTBEWOH-

NERN bei Premierminister de Villepin. Ob in derart widersprechenden Bild-Text-Konstellationen nicht zwei völlig unterschiedliche Sprechakte angesetzt werden sollten, müssten weitere – vor allem Rezipienten-orientierte Überlegungen zu entscheiden helfen. Ähnliche Beispiele wie (A23), jedoch den Bildsprechakt geringfügig relativierend, zeigen Belege der WELT [134, 1/1; 40, 1/3]. [164]

A23 *„Wir sind im Krieg"* [Titel]; Kartengrafik der SZ [157, 2/5]

4.7 Form-Konzept-Relationen: Zur Ordnung des Diskurses

Verschafft man sich am Ende der Einzelanalysen zu Ausdrucks- wie Inhaltsformen einen Überblick, so fällt unweigerlich die Korrelation bestimmter Wissensrahmen und Form- bzw. Kommunikationsmuster ins Auge:

- Tendenziell treten **Sozial- und gesellschaftskritische Konzepte** („kritisch" im Kantschen Sinne) im Primär-, Sekundär- und Bilddiskurs aller drei untersuchten Printmedien wesentlich häufiger in den Textsorten Essay, Reportage, Zeitgeschichtliche Darstellung, Problemdarstellung und Kritik – sowie in den für alle Medien vergleichbaren Rubriken *Feuilleton* und *Literarische Welt* auf. Sozial- und Gesellschaftskritische Konzepte sind hierbei insbesondere EREIGNIS- und AKTEUR-Konzepte wie <Soziale Erhebung von Gruppen gegen gesellschaftliche Benachteiligung> sowie URSACHEN-Konzepte der Kategorie (I), d.h. aus der Perspektive der JUGENDLICHEN auf POLIZEI, STAAT (Politik) und GESELLSCHAFT. Damit einher gehen auffordernde Sprechakte, die vor allem BEGEGNUNGs-Konzepte wie <Sozialpolitische Intervention> durchzusetzen suchen. In den oben genannten Textsorten wird häufiger auf die Gefühle von Akteuren rekurriert und es finden sich im Vergleich zu anderen Rubriken häufiger wertneutrale Ausdrucksformen im Hinblick auf die AKTEURE.
- **<Gefahrenpotential> konstituierende Konzepte** – respektive <Zerstörung>, <Krieg>, <Chaos> und URSACHEN-Konzepte der Kategorie (II) – dominieren vor allem in WELT und SZ in (Agentur-)Meldungen (dies trifft in Teilen auch

---

[164] Anstatt der Sterne wie in Beleg (A23) sind in der WELT rote Punkte dargestellt.

auf das ND zu), Berichten, Harten Nachrichten und Kommentaren, sowie auf der Titelseite und den Rubriken *Politik, Ausland, Europa*. In der Perspektive von außen auf JUGENDLICHE, VORORTBEWOHNER und ORTE rekurrieren die Medien hier stärker auf EREIGNIS-FOLGEN (Schäden) und extrinsische Motivation der JUGENDLICHEN.

• Schließlich ist festzuhalten, dass gerade jene Konzepte, die im ND dominieren und der Grundtendenz der WELT widersprechen –, dennoch gerade in deren Essays, Reportagen und Darstellungen zum Ausdruck kommen.

Diese prinzipielle Tendenz, nach der einzelne Konzepte eher mit spezifischen Ausdrucksformen in Erscheinung treten, ist meines Erachtens als **Hinweis auf kulturell-geschliffene Form-Konzept-Relationen,** genauer: als **Ausdruck derzeit gültiger Diskursordnungen und hegemonial wirksamer kognitiver Perspektivität** zu verstehen. Dies bedeutet, dass im Hinblick auf die französischen EREIGNISSE etwa <Widerstand>s-Konzepte im vorliegenden Diskurs tendenziell weniger Geltungsanspruch erheben können, als es etwa <Zerstörung>s-Konzepte vermögen. Ist es diskursiv und epistemisch legitim, letztere in Berichten und Meldungen auf den vorderen – und das heißt für den Rezipienten auch wichtigeren – Seiten als wahr, nämlich qua kulturell etablierter Kommunikationsform (Textsorten) eher ‚wertneutral‘, ‚sachlich‘, ‚seriös‘ und ‚objektiv‘ zu realisieren, scheinen <Widerstand>s-Konzepte auf die hinteren Seiten und auf die Berichterstattung ‚ergänzende‘ Textsorten verbannt, i.e. auf den ebenso qua Kommunikationsform als eher ‚fiktiven‘, ‚irrealen‘, in jedem Fall aber weniger diskursiv reglementierten ‚Spielplatz der Sachverhaltskonstitution‘[165]. Dies erklärte auch, warum Stigmawörter[166] wie *Banlieue(s)* in der Berichterstattung des ND etwa gerade nicht im *Ausland-* oder *Politik*-Teil, jedoch durchaus im *Feuilleton*-Teil belegt sind. Nach dem gleichen Prinzip finden sich metadiskursive Anteile (d.h. Reflexion von ‚Diskursregeln‘) überwiegend in strukturell offeneren Textsorten. Auch die Tatsache, dass <Widerstand>s-Konzepte allgemein fast ausschließlich auf der Ebene der Syntagmen, <Zerstörung>s-Konzepte hingegen sehr zahlreich in Einzellexemen, Komposita sowie auch Kollokationen realisiert wurden, könnte in der ‚diskursiven Freiheit‘ der Syntagmen bzw. in der Verdichtung und – folglich der dabei zunehmenden Reglementierung von Lexemen usw. begründet sein.

Aus diesen Überlegungen lässt sich folgender Schluss ziehen: Unter der Prämisse hegemonialer Gesellschaftsverhältnisse und der Einheit von Theorie (Wissensrahmen) und Praxis (Handlungsoptionen in der Gesellschaft) sind Kommunikanten in von Medien geprägten Gesellschaften eher kulturell (kognitiv-perspektivisch) darauf eingestellt,

1) bestimmte Wissensrahmen nur in hegemonial dafür vorgesehenen medialen Handlungsräumen auf Sachverhalte in der Welt anzuwenden (d.h. hier z.B. die positive Konstitution des EREIGNISSES als <Soziale Erhebung gegen gesell-

---

[165] Eine ähnliche Divergenz ist bereits bekannt: nämlich der zwischen ‚objektiven‘ Berichten auf der einen, ‚subjektiven‘ Kommentaren auf der anderen Seite (vgl. H. RAMGE & B. SCHUSTER: 1999, 1703).

[166] Vgl. F. Hermanns (1982, 92).

schaftliche Benachteiligung> in mehr als ‚fiktiv' gekennzeichneten semantischen Räumen), sowie

2) spezifische Handlungen auch nur in bestimmten Sprach- und Handlungskontexten als möglich (da eher wissens- und wahrheitskongruent) oder nichtmöglich (da illegitim oder fiktiv) einzustufen (d.h. hier z.b. die individuelle Handlungsoption, mittels Steinen und Brandsätzen eigene Interessen zu verfolgen, als primär realisierbar oder nicht realisierbar, möglich – oder gar nicht einzuschätzen).

Ohne näher auf die gesellschaftspolitische Tragweite dieser These einzugehen, sei hier aus linguistischer Perspektive vielmehr noch auf einen anderen sprachlichen Handlungskontext verwiesen, die Sprachhandlungsmustern wie die der Rubrik *Feuilleton* oder der Textsorte *Essay* und *Kritik* nicht nur sehr nahe kommen: In Medien des so genannten künstlerischen Ausdrucks, d.h. im Diskurs als „Kunst" klassifizierter Kohäsions- und Kohärenzverhältnisse, findet sich m.E. der Prototyp für diskursiv reglementierte Sprachhandlungsmuster. Im ‚Schutze der Fiktion' kann Kunst Sachverhalte nahezu unbegrenzt variabel konstituieren, das heißt nur im künstlerischen Ausdruck (hierzu gehören auch Karikaturen[167]) vermögen jene Konzepte artikuliert zu werden, die in der ‚Sprache der Wahrheit', des Gültigen und Möglichen gesellschaftlich und epistemisch untersagt bleiben.

---

[167] Die im vorliegenden Diskurs ermittelten Karikaturen geben eine Ahnung der diskursspezifischen Reglementierung von Kritik (an Sozialpolitik usw.); hier hat auch die Freudsche Witz-Konzeption durchaus noch Aufschlusskraft: nämlich Ironie als der kanalisierte (nach Freud: sublimierte) Ausdruck unterdrückter Bedürfnisse – oder in modernisiertem Sinne: unterdrückter Wissensrahmen.

5 Zusammenfassung und Diskussion der Untersuchungsergebnisse

Im Hinblick auf die Ausgangsfragestellungen lassen sich auf der Basis der hier vorgestellten Untersuchung folgende zentrale Thesen zusammenfassen:

1. Der Gesamtdiskurs zu den UNRUHEN in den französischen Vorstädten 2005 lässt sich in Prädiskurs, Primärdiskurs, Sekundärdiskurs und Metadiskurs differenzieren. Die Berichterstattung der Zeitungen Neues Deutschland, SÜDDEUTSCHE ZEITUNG und DIE WELT ist sowohl intra- als auch intermedial sehr heterogen und widersprüchlich. Dennoch sind tendenzielle Konzept- und Ausdrucksdominanzen der Medien präzisierbar.

2. Der Prädiskurs (von SZ und WELT) zu einem Ereignis aus den 90er Jahren schafft nicht nur eine semantische Basis für vereinzelte Sachverhaltskonstitutionen im Primärdiskurs, sondern in ihm zeigen sich bereits die konzeptuellen Tendenzen, wie sie 15 Jahre später über mehrere Monate die Berichterstattung dominieren. Das EREIGNIS wird in beiden Medien gleichermaßen pejorativ mit dem Hauptkonzept <Bürgerkriegsähnliches Gefecht> sowie überwiegend dem Lexem *Unruhen* konstituiert. Während die SZ jedoch auf ANLASS und URSACHEN eher wertneutral rekurriert, perspektiviert die WELT die JUGENDLICHEN pejorativ als ‚selbst verantwortlich' für den ‚Unfall' und als Agens im kausalsemantischen Rahmen <krimineller Organisation> und <Beschäftigungslosigkeit> (ebenso im Primärdiskurs). Die FOLGEN wiederum sind in beiden Medien mit dem Konzept <Zerstörung und Verwüstung> geprägt. Die ORTE beider Zeitungen zeugen anhand verschiedener Komposita von dem Konzept <isolierte und sich selbst isolierende, die Menschen zwängende, schemenhafte Wohnviertel>.

3. Die Berichterstattung des Primärdiskurses der einzelnen Medien unterscheidet sich bereits in Anzahl und Art der Texte, Texttitel, Textsorten, Rubriken sowie in der Wahl der Quellen: das ND verfügt über den größten Agenturquellenanteil und gibt im Vergleich zu den beiden anderen Medien wesentlich häufiger politisch links gerichteten AutorInnen und Zeitungen sowie AKTEUREN aus den Vorstädten das Wort. Die WELT hingegen bezieht sich häufiger positiv auf politisch konservative Quellen wie CDU-/CSU-Politiker oder die französischen Zeitungen *Le Figaro*, *La Tribune* und *Les Echos*.

4. Bei der Sachverhaltskonstitution des Primärdiskurses lassen sich diverse Konflikte um den ‚richtigen' Ausdruck und damit zugleich um Handlungsleitende Konzepte feststellen.
    a. Das ND sucht den Sachverhalt in den VORSTÄDTEN vor allem mittels des Globalkonzeptes <(teilweise legitime) Erhebung von sozial stigmatisierten Gruppen gegen (systematische) gesellschaftliche Benachteiligung> zu prägen. Damit einher geht die sprachliche Perspektivierung der JUGENDLICHEN als eher <reflektiert, extrinsisch motiviert Handelnde> gegenüber <repressiver> Staatsführung (POLITIKER u.a.) und <brutaler, rassistischer und willkürbehafteter> POLIZEI. Die WELT konstituiert die JUGENDLICHEN dagegen vor allem in Berichten, Harten Nachrichten und Meldungen eher als <gewalttätig-kriminelle, besinnungslose und intrinsisch motivierte> Akteure, als <Fremde> bzw. <Nicht-Franzosen>, denen kurzfristig mit <Repression> und langfristig durch verbesserte <Eingliede-

rung> (‚Assimilation') in die <nationale Leitkultur> Einhalt geboten werde müsse. In der WELT ergibt sich das Bild des EREIGNISSES als <Bürgerkriegsähnlicher Zustand>, in dem ‚organisierte' und <technisch aufgerüstete Gruppen> von <Einwanderern> den Staat und seine (‚rechtmäßige') Vertretung ‚angreifen' bzw. ‚umzustürzen suchen'.

Die SZ rekurriert teils in Konzepten der WELT (vor allem im Hinblick auf das EREIGNIS als von <Zerstörung> geprägtes), teils in eher auf <Soziales> gerichtete semantische Felder wie im ND (respektive im Hinblick auf URSACHEN und BEGEGNUNG der UNRUHEN)[168]. Allen nahezu gemeinsam ist die Konstitution der ORTE als <soziale, menschenverachtende und leblose Ruinen>.

b. Die Konzeptvarianz differiert über alle Medien hinweg hinsichtlich Rubriken und Textsorten. Während WELT-typische Konzepte (bzw. Konzepte der Kategorie (I)) eher in Berichten, Meldungen, Harten Nachrichten, Meinungsinterviews und (WELT-/SZ-)Kommentaren sowie in Rubriken der ersten 6-8 Seiten (Titelseite, *Ausland, Politik, Europa* u.ä.) erscheinen, sind ND-typische Konzepte (der Kategorie (II)) in SZ und WELT tendenziell häufiger in themen-, struktur- und im Geltungsanspruch offeneren Textsorten wie Essay, Reportage, Problemdarstellung und Zeitgeschichtliche Darstellung sowie in der Rubrik *Feuilleton* (bzw. *Feuilletonnahen Rubriken*) zu finden.

c. Die Konzepte werden ausdrucksseitig sehr variantenreich (mehr in WELT/SZ als im ND) realisiert. Bei allen Medien dominiert eine Feuer-, Naturgewalten-, in SZ und WELT auch eine Bomben- bzw. Explosions-Metaphorik. EREIGNIS-Schlüssellexem bildet der pejorativ denotierende Ausdruck *Unruhen* (auch auf der Ebene der Syntagmen), begleitet von medien- und textsortenspezifischen Ausdrucksformen: Im ND sowie in strukturoffeneren Textsorten (vgl. o.) rekurrieren positiv konnotierende Ausdrücke häufiger auf EREIGNIS, JUGENDLICHE und ihr HANDELN als in SZ und WELT bzw. berichtenden Textsorten.

5. Die Sachverhalte werden auf allen untersuchten Ausdrucksebenen sowie in Intra- und Interseiten-Intertextualität (vor allem auch in der Bildberichterstattung) vielfach mit ‚diskursfremden' Sachverhalten verknüpft.

a. Auf Lexem-, Syntagmenebene und teilweise auch auf Bildebene des Primärdiskurses wird das EREIGNIS häufig vergleichend mit den 68er-Ereignissen oder Unruhen in amerikanischen Ghettos in Verbindung gebracht, in WELT und SZ auch mit religiös motivierten Terrorakten (*Intifada*).

b. Während WELT und SZ im Sekundärdiskurs mittels Diskursimports vor allem die <Gefahr sich wiederholender UNRUHEN> für Deutschland und damit verbunden das auf Gewalt- und Verbrechensprävention gerichtete BEGEGNUNGs-Konzept <Assimilierende Integration> dominant setzt, lehnt das ND jegliche Sachverhaltsverknüpfung dieser Art ab (explizit wie implizit durch Nicht-Rekurrierung). Diskursexport in SZ und WELT schafft ferner über Intra- und Inter-

---

[168] Die These D. HÜSERS (2004, 305) „Jugendkriminalität und Bandenkrawalle" seien „zwar ein Bestandteil der Banlieue-Realität [...], nicht die ganze Realität, häufig aber die ganze Wahrnehmung einer breiten Öffentlichkeit", kann zumindest Emittentenseitig hier bestätigt werden.

seiten-Intertextualität die Möglichkeit, rezipientenseitig die UNRUHEN als Exempel für eine <wachsende Terror- und Verbrechensgefahr> wahrzunehmen.

6. Der Metadiskurs nimmt im Gesamtdiskurs eine übergeordnete Stellung respektive beim Angriff auf Sachverhaltskonstitutionen und ihre sprachliche Repräsentation ein. Diese Neuordnung von Diskurssemantik vollzieht sich im Kampf um weitere Diskursträger (z.b. RAP-Texte), mittels Einbettung des Primärdiskurses, Relativierung der Seriosität und Authentizität (von Diskursaktueren), Kriminalisierung von Quellen, Beifügen von Semantik ohne Textgrundlage, direkter Ausdrucks-Bedeutungs-Setzung (definitorisch) oder expliziter Forderung nach einer allgemeinen Diskursethik (ND)[169].

7. Die Analyse der Bildberichterstattung unter pragma-semiotischen Aspekten zeigt erstens, dass es kein primäres Ereignisbild zu geben scheint, aber durchaus Genrebilder mit Ereignisbild-Potentialen, worauf Sachverhaltsverknüpfungen im Sekundärdiskurs schließen lassen. Zweitens sind unter dem Aspekt der Typikalität im Text-Kontext drei Hauptbildtypen unterscheidbar, die medien- und textsortenspezifisch in Erscheinung treten: (A) Brennende Objekte und Uniformierte, (B) Brennende Objekte und Jugendliche, (C) Bilder von Hochhaussiedlungen und Kindern. (A) und (B) stehen vor allem in WELT und SZ mit <Zerstörung>s-Konzepten in Verbindung, (C) vor allem im ND mit auf <Soziales bzw. Perspektivlosigkeit> zielenden Konzept-Kontexten. <Terror>-Sachverhalte deklarierende Bild-Text-Äußerungen in Verbindung mit der Aufforderung zu ,sicherheits- und integrationspolitischer Prävention' finden sich drittens und schließlich ausnahmslos in WELT und SZ, während im ND und generell im *Feuilleton* aller drei Zeitungen auch Expressiva verbunden mit der Aufforderung zu ,Anteilnahme' und ,sozialen Begegnungskonzepten' belegt sind.

8. Diachrone Veränderungen in der Sachverhaltskonstitution lassen sich endlich nur sehr begrenzt belegen: Die Hauptberichterstattung in Text und Bild des Primärdiskurses fokussiert auf den Zeitraum zwischen dem 03. und 18.11.2005, Sekundärdiskurse reichen jedoch bis heute. In der Jahresberichterstattung (2006) finden sich mehr auf <Soziales> gerichtete Konzepte als zuvor. Umfassende URSACHEN-Rekurrierung folgt in Problemdarstellungen und Zeitgeschichtliche Darstellungen erst gegen Ende der Berichterstattung, Reportagen erscheinen dagegen sehr früh. Anhand diachroner Vergleiche der Text- und Bildbelege lässt sich ermitteln, dass der Höhepunkt der Berichterstattung zwischen dem 05. und 11.11.2005 zu datieren ist.

9. Die Ergebnisse hinsichtlich Existenz und möglicher Funktion von Form-Konzept-Relationen, wie sie im letzten Kapitel noch einmal zusammengefasst wurden, weisen darauf hin, dass positive Konzepte des <kollektiven sozialen Widerstands> in Verbindung mit <konstruktiven Folgen> entgegen üblicher Annahmen nicht nur

---

[169] Aus diesem Ergebnis heraus widerspreche ich der These von P. CHAMPAGNE (1997, 63), „journalistische Nachforschungen" gerieten „in die Nähe von gerichtlichen Untersuchungen: Wie in einem Gerichtsprozess besteht die Objektivität darin, allen Seiten Gehör zu schenken." Die diskursethischen Forderungen des ND weisen maßgeblich darauf hin, dass dem so nicht ist. Bestenfalls rezipientenseitig könnte ,Multiperspektivität' unbedacht vorausgesetzt werden.

medien- oder kommunikantenspezifisch sind (z.B. ‚typisch links'). Vielmehr zeigt sich, dass diese Konzepte über die politische Gesinnung des Einzelnen hinaus auch auf der Ebene allgemeiner kognitiver Perspektivität reglementiert vorgeordnet werden. Das heißt, einzelne Referenzobjekte oder Sachverhalte (wie z.B. WER-FEN VON STEINEN, IN BRAND SETZEN VON AUTOS usw.) können unter dem Konzept des <widerständigen, gewaltsamen Aufbegehrens> nur dort zum Ausdruck kommen, wo die endlich daraus resultierende Sachverhaltskonstitution nicht den Stand einer ‚objektiven', an sich gültigen Gegenständlichkeit einnehmen kann oder als Grundlage gesellschaftspolitischer Reaktionen berücksichtigt werden müsste. Nur auf dem kommunikativ und diskursiv weniger reglementierten ‚Spielplatz der Sachverhaltskonstitution' können derartige <Widerstand>s-Konzepte geäußert (und gedacht?) werden. Das „Prinzip der Ausdrückbarkeit" (J.R. SEARLE: 1994, 32/34f.) wäre vor diesem Hintergrund neu zu überdenken. Die Existenz von kognitiven Form-Konzept-Relationen schließlich wäre an einem umfassenderen, nach Möglichkeit bilingualen Textkorpus zu bestätigen sowie zu Gunsten eines linguistischen Zugangs zur Ermittlung der vielgedeuteten ‚Subversion der Kunst' bzw. ‚Semiotik des Widerstands' fruchtbar zu machen.

10. Die in dieser Arbeit vorgestellten Ergebnisse können auf Grund der Gesamtdurchsicht der Medien sowie der politischen Varianz der Zeitungen durchaus auch auf alle weiteren öffentlichen Printmedien übertragen bzw. generalisiert werden. Punktuelle Analysen ergaben außerdem, dass die Medien-Konzepte insbesondere im Hinblick auf EREIGNIS, URSACHEN und BEGEGNUNG mit der Sachverhaltskonstitution in wissenschaftlichen Auseinandersetzungen der jeweiligen politischen Couleur korrespondieren. [170]

6 Abschließende Bemerkungen

Zum Schluss sei auf einige verbleibende Probleme im Hinblick auf die Methodik hingewiesen: Konnte einerseits mit Hilfe quantitativer Erhebung die Gefahr, einem Bias der Urteilsheuristik zu unterlegen, reduziert werden, wurden andererseits Perspektivierungen z.b. von Quellenzitaten durch Übersetzung aus dem Französischen nicht umfassend berücksichtigt. Dies könnte die Folge fehlender oder falscher Deutung respektive indirekter Sprechakte nach sich gezogen haben.

Die Überarbeitung und Aktualisierung der Lüger'schen (und Burger'schen) Medien-Textsorten, insbesondere mit Berücksichtigung von intertextuell relevanten Texttypen (z.B. Kolumnenlead) bleibt ein Desiderat. Fraglich bleibt allerdings, ob es überhaupt sinnvoll (geschweige denn möglich) ist, allgemeine Kriterien für Medientextsorten verbindlich zu eruieren. Denn auch die hier vorliegende Untersuchung hatte die Schwierigkeit, dass sich Textsorten nicht nur intermedial unterschieden, sondern mit

---

[170] Vgl. etwa aus Konrad-Adenauer-Stiftung C. Müller (2007). Vorstädte in Flammen. Zur Krise des französischen Integrationsmodells. Internet-document [Available URL:] http://www.kas.de/db_files/dokumente/die_politische_meinung/7_dokument_dok_pdf_7895_1.pdf [03.10.2007] sowie ein Beitrag aus der links-orientierten Zeitschrift grundrisse, A. Benino & M. Henninger (2006). Multitudo formidolosa. Zu den Aufständen in den banlieues. Internet-document [Available URL:] http://www.linksnet.de/artikel.php?id=2348 [03.10.2007].

der Zeit auch intramedial veränderten (vermutlich auf Grund redaktioneller Änderungen). Einige Texttraditionen (z.B. Essays des Spiegels) lassen sich zudem kaum in die bisherigen Raster einordnen. Hier bedürfte es meines Erachtens nicht nur weiterer empirischer Arbeiten, sondern auch der Überlegung, ob eine gröbere Textklassifikation allein nach der dominierenden Textfunktion (wie sie z.B. Lüger induktiv vorschlägt) für vergleichende Analysen nicht ausreichte.

Einer weiteren Prüfung bedarf auch das Felder'sche Bildklassifikationsverfahren. Die Untersuchung des „Bildhandlungstyps" etwa ergab nur geringen Aufschluss über die potentielle Konstitutionskraft von Bildern. Wie oben ausführlich beschrieben liegt der Grund vor allem darin, dass das referierte und objektivierte EREIGNIS (UNRUHEN) kein fokussierbares und komprimierbares Referenzobjekt darstellt, sondern sich stärker als abstraktes Moment, nämlich temporal auf mehrere Wochen sowie lokal differierend erstreckt. Die Unterscheidung „funktionaler Oberklassen" erwies sich in der Praxis ebenfalls als schwierig, da die Bilder bis auf Ausnahmen nahezu immer multifunktional zu interpretieren waren (z.B. als Assertiva und Direktiva; vgl. 4.6.3) und sich für einige Oberklassen kaum Belege fanden. Die deduktive Herleitung des Felder'schen Bild-Beschreibungsmodells bedarf daher einer Korrektur mittels weiterer empirischer Bild-Untersuchungen.

Sowohl für Bilder als auch für Texte in Medien gilt allerdings grundlegend, dass wir über ihre tatsächliche Rezeption theoriegeleitet nur vage Vermutungen anstellen können. Interessant wäre daher eine experimentelle Untersuchung im Hinblick auf potentielle Rezeptionsstile von Medienrezipienten: Wie orientiert sich ein ‚typischer' WELT-Rezipient, wenn er ‚seine' Zeitung in die Hand nimmt? Ließen sich methodisch etwa anhand seiner Augenbewegungen und via ‚lautem Denken' bestimmte Muster der rezipientenseitigen Textorganisation und damit auch der Sachverhaltsverknüpfung ermitteln? Unterscheiden sich diese Muster von nicht routinierten WELT- oder routinierten ND-Rezipienten? Verändern sich Rezeptionsmuster bei besonderen Ereignissen in der Berichterstattung und welche Folgen hätten solche Veränderungen auf die Rezeption anderer Medien? – Diese Fragen gelte es in pragmatischer, semiotischer und kognitionswissenschaftlicher Perspektive anzugehen.

Für zukünftige Analysen hilfreich wäre schließlich eine Skala zur empirischen Ermittlung der unterschiedlichen Grade von Aussagen-Geltungsanspruch und - Anfechtbarkeit, bei der auch die hier mehrfach belegte ‚Expansion des Sehepunktes' zu berücksichtigen wäre. Eine Evaluierung einer solchen Skala mittels experimenteller Anordnungen könnte dabei Aufschluss darüber geben, ob und wie verschiedene Formen des Geltungsanspruchs bzw. der Reduktion von Anfechtbarkeit einer Aussage im Diskurs mehr oder weniger Dominanz verleihen. Die Ergebnisse könnten Diskursanalysen wie der hier Vorliegenden vor allem im Hinblick auf die kognitiven Prozesse der Rezipienten ein breiteres Fundament verleihen.

7 Bibliographische Angaben

- ADAMZIK, K. (2004). Textlinguistik. Eine einführende Darstellung. Tübingen: Niemeyer Verlag.
- AHBE, T. (1998). „Wir leiden, wir leiden". Lebendige Sozialreportagen. In Freitag. Die Ost-West-Wochenzeitung (Nr. 52).). [WWW-document]. Available URL: http://www.freitag.de /1998/52/014. htm [01.05.2007].
- ANGENENDT, S. (2005). Französische Flammenschrift. Was Deutschland aus den Ereignissen im Nachbarland lernen muss. In Internationale Politik. [WWW-document]. Available URL: http://www.internationalepolitik.de/archiv/ jahrgang2005/dezember2005/franzosische-flammenschrift--was-deutschland-ausden-ereignissen-im-nachbarland-lernen-muss.html [02.05.2007].
- ASSMANN, J. & ASSMANN, A. (1994). Das Gestern im Heute. Medien und soziales Gedächtnis. In: Die Wirklichkeit der Medien. Eine Einführung in die Kommunikationswissenschaft (S.114-140). Hrsg. v. K. Merten. Opladen: Westdeutscher Verlag.
- ATEŞ, Ş. (2006). Das Islambild in den Medien nach dem 11. September 2001. In Massenmedien, Migration und Integration, S. 151-170. Hrsg. von C. Butterwegge und G. Hentges. Wiesbaden: VS- Verlag für Sozialwissenschaften.
- BAREIS, E. (im Erscheinen). Warum zünden „sie" „ihre eigenen" Schulen an? Zur Konstruktion der gefährlichen Vorortklasse. In Saubere Schulen. Vom Ausbrechen und Ausschließen Jugendlicher. Jahrbuch für Rechts- und Kriminalsoziologie (Nr. 5). Hrsg. v. S. K. Amos & H. Cremer-Schäfer. Baden-Baden: Nomos.
- BAUER, R. (2006). Die Tonangeber. In Freitag, Nr. 24, 16.06.2006. [WWW-document]. Available URL: http://www.freitag.de/2006/24/06240501.php [21.05.2007].
- BENINO, A. & HENNINGER M. (2006). Multitudo formidolosa. Zu den Aufständen in den Banlieues. In grundrisse. Zeitschrift für linke Theorie und Debatte (Bd 17). Wien: K.A.
- BOURDIEU, P. (1997). Das Elend der Welt. Gekürzte Studienausgabe. Mit einem Vorwort von Franz Schultheis. Konstanz: UVK Verlagsgesellschaft mbH.
- BOURDIEU, P. (1997a). Meditationen. Zur Kritik der scholastischen Vernunft. Frankfurt am Main: Suhrkamp Verlag.
- BOURDIEU, P. (2005). Die verborgenen Mechanismen der Macht. Schriften zu Politik und Kultur 1. Hamburg: VSA Verlag.
- BRANAHL, U. (1999). Medienrecht in Deutschland. In Handbücher zur Sprach- und Kommunikationswissenschaft. Medienwissenschaft. (S.2750-2761). Hrsg. v. J.F. Leonhard, H.W. Ludwig, D. Schwarze und E. Straßner. Berlin: Walter De Gruyter Verlag.
- BRINKER, K. (^{6}2005). Linguistische Textanalyse. Eine Einführung in Grundbegriffe und Methoden. 6., überarbeitete und erweiterte Auflage. Berlin: Erich Schmidt Verlag.
- BUCHER, H.J. (1999): Sprachwissenschaftliche Methoden der Medienforschung. In Handbücher zur Sprach- und Kommunikationswissenschaft. Medienwissen-

schaft. (S.213-231). Hrsg. v. J.F. Leonhard, H.W. Ludwig, D. Schwarze und E. Straßner. Berlin: Walter de Gruyter Verlag.

- BÜHLER, K. (1999). Sprachtheorie. Mit einem Geleitwort von Fridrich Kainz. Ungekürzter Neudruck der Ausgabe von 1934. Stuttgart: Lucius & Lucius Verlagsgesellschaft.
- BURGER, H. (2000). Textsorten in den Massenmedien. In Handbücher zur Sprach- und Kommunikationswissenschaft. Text- und Gesprächslinguistik (S.614-628). Hrsg. von K. Brinker, G. Antos, W. Heinemann und S. Sager. Berlin/ New York: Walter de Gruyter Verlag.
- BURGER, H. (^{3}2005). Mediensprache. Eine Einführung in Sprache und Kommunikationsformen der Massenmedien. 3., völlig neu bearbeitete Auflage. Berlin: Walter de Gruyter Verlag.
- BUSSE, D. & TEUBERT, W. (1994). Ist Diskurs ein sprachwissenschaftliches Objekt? Zur Methodenfrage der historischen Semantik. In Begriffsgeschichte und Diskursgeschichte (S.10-28). Hrsg. von D. Busse, F. Hermanns und W. Teubert. Darmstadt: Westdeutscher Verlag.
- CHAMPAGNE, P. (1997). Die Sicht der Medien. In Das Elend der Welt. Gekürzte Studienausgabe. Mit einem Vorwort von Franz Schultheis, S. 60-68. Konstanz: UVK Verlagsgesellschaft mbH.
- CHARLTON, M. & BARTH, M. (1999). Grundlagen der empirischen Rezeptionsforschung in den medienwissenschaften. In Handbücher zur Sprach- und Kommunikationswissenschaft. Medienwissenschaft. (S.82-110). Hrsg. v. J.F. Leonhard, H.W. Ludwig, D. Schwarze und E. Straßner. Berlin: Walter De Gruyter Verlag.
- CHRISTMANN, U. & GROEBEN, N. (1996). Die Rezeption schriftlicher Texte. In Handbücher zur Sprach- und Kommunikationswissenschaft. Schrift und Schriftlichkeit. Ein interdisziplinäres Handbuch internationaler Forschung (S.1536-1545). Hrsg. v. H. Günther und O. Ludwig. Berlin/ New York: Walter de Gruyter Verlag.
- DEMIROVIĆ, A. (2002). Rekrutierung von Intellektuellen im Fordismus. Vergleichende Anmerkungen zu Horkheimers und Adornos Analyse der Kulturindustrie und Gramscis Analyse der Zivilgesellschaft. In Zwischen Herrschaft und Befreiung. Kulturelle, politische und wissenschaftliche Strategien, S. 55-70. Hrsg. von O. Brüchert und C. Resch. Münster: Westfälisches Dampfboot.
- FABRICIUS-HANSEN, C. (2000). Formen der Konnexion. In Handbücher zur Sprach- und Kommunikationswissenschaft. Text- und Gesprächslinguistik (S.331-343). Hrsg. von K. Brinker, G. Antos, W. Heinemann und S. Sager. Berlin/ New York: Walter de Gruyter Verlag.
- FARROKHZAD, S. (2006). Exotin, Unterdrückte und Fundamentalistin – Konstruktion der „fremden Frau" in deutschen Medien. In Massenmedien, Migration und Integration, S. 53-86. Hrsg. von C. Butterwegge und G. Hentges. Wiesbaden: VS- Verlag für Sozialwissenschaften.
- FELDER, E. (1995). Kognitive Muster der politischen Sprache. Eine linguistische Untersuchung zur Korrelation zwischen sprachlich gefasste Wirklichkeit und Denkmustern am Beispiel der Reden von Theodor Heuss und Konrad Adenauer (Diss.). Frankfurt / Main: Europäischer Verlag der Wissenschaften.

- FELDER, E. (2000). Handlungsleitende Konzepte in der Nationalversammlungs-debatte über die Unterzeichnung des Versailler Vertrages im Jahre 1919. In Sprache des deutschen Parlamentarismus. Studien zu 150 Jahren parlamentarischer Kommunikation, S. 111-131. Hrsg. von A. Burkhardt und K. Pape. Wiesbaden: Westdeutscher Verlag.
- FELDER, E. (2003). Juristische Textarbeit im Spiegel der Öffentlichkeit (Habil.). Berlin / New York: Walter de Gruyter Verlag.
- FELDER, E. (2006). Semantische Kämpfe in Wissensdomänen. Eine Einführung in Benennungs-, Bedeutungs- und Sachverhaltsfixierungs-Konkurrenzen. In Semantische Kämpfe. Macht und Sprache in den Wissenschaften (S. 13-46). Hrsg. von E. Felder. Berlin / New York: Walter de Gruyter Verlag, (Linguistik - Impulse und Tendenzen 19).
- FELDER, E. (2007). Von der Sprachkrise zur Bilderkrise. Überlegungen zum Text-Bild-Verhältnis im Paradigma der pragma-semiotischen Textarbeit. In: Politik, [Neue] Medien und die Sprache des Rechts (S. 191-219). Hrsg. von F. Müller. Berlin: Duncker und Humblot, (Schriften zur Rechtstheorie).
- FELDER, E. (2007a). Text-Bild-Hermeneutik. Die Zeitgebundenheit des Bild-Verstehens am Beispiel der Medienberichterstattung. In Linguistische Hermeneutik. Theorie und Praxis des Verstehens und Interpretierens (S. 357-385). Hrsg. von F. Hermanns und W. Holly. Tübingen: Niemeyer, (Reihe Germanistische Linguistik 272).
- FELLMANN, F. (^{2}2004). Von den Bildern der Wirklichkeit zur Wirklichkeit der Bilder. In Bild – Bildwahrnehmung – Bildverarbeitung. Interdisziplinäre Beiträge zur Bildwissenschaft (S.187-196). Hrsg. von K. Sachs-Hombach und K. Rehkämper. Wiesbaden: Deutscher Universitätsverlag.
- FLEISCHER, M. (2005). Der Beobachter dritter Ordnung. Über einen vernünftigen Konstruktivismus. Bamberg: Athena- Verlag.
- FOUCAULT, M. (1973). Archäologie des Wissens. Frankfurt am Main: Suhrkamp Verlag.
- FOUCAULT, M. (1974a). Die Ordnung der Dinge: eine Archäologie der Humanwissenschaften. Frankfurt am Main: Suhrkamp Verlag.
- FOUCAULT, M. (1974b). Die Ordnung der Diskurse. Frankfurt am Main: Suhrkamp Verlag.
- FRÜH, W. (^{4}1998). Inhaltsanalyse: Theorie und Praxis. Konstanz: UVK Medien.
- GLASERFELD, E.V. (^{9}1997). Einführung in den radikalen Konstruktivismus. In Die erfundene Wirklichkeit. Wie wissen wir, was wir zu wissen glauben?, S. 16-38. Hrsg. von P. Watzlawick. München / Zürich: Piper Verlag.
- GÖTZE, K. G. (2005). Vorstadtglück, lichterloh. Pariser Revolten. In Freitag. Die Ost-West-Wochenzeitung (Nr. 47). [WWW-document]. Available URL: http://www.freitag.de/2005/ 47/05470901.php [02.05.2007].
- GRAMSCI, A. (1990-2005). Die Gefängnishefte, 9 Bde und Register. Übersetzt und Hrsg. von Wolfgang Fritz Haug, Peter Jehle, Ruedi Graf u.a. Berlin: Argument- Verlag.

- HAHN, D. (2005). Feuernächte in Clichy. Aus Clichy-sous-Bois. In Tageszeitung (03.11.2005). [WWW-document]. Available URL: http://www.taz.de/dx/ 2005/11/03/ a0236.1/text.ges,1 [02.05.2007].
- HEINEMANN, W. & VIEHWEGER, D. (1991). Textlinguistik. Eine Einführung. Tübingen: Niemeyer Verlag.
- HEINEMANN, W. (2000). Textsorte – Textmuster – Texttyp. In Handbücher zur Sprach- und Kommunikationswissenschaft. Text- und Gesprächslinguistik (S.507-523). Hrsg. von K. Brinker, G. Antos, W. Heinemann und S. Sager. Berlin/ New York: Walter de Gruyter Verlag.
- HERMANNS, F. (1982). Brisante Wörter. Zur lexikographischen Behandlung parteisprachlicher Wörter und Wendungen in Wörterbüchern der deutschen Gegenwartssprache. In Studien zur neuhochdeutschen Lexikographie II. (S. 87-108). Hrsg. Von H.E. Wiegand. Hildesheim / New York: Walter de Gruyter Verlag.
- HERMANNS, F. (1994). Linguistische Anthropologie. In Begriffsgeschiche und Diskursgeschichte (S.30-60). Hrsg. von D. Busse, F. Hermanns und W. Teubert. Darmstadt: Westdeutscher Verlag.
- HÜSER, D. (2004). RAPublikanische Synthese. Eine französische Zeitgeschichte populärer Musik und politischer Kunst. Köln / Weimar / Wien: Böhlau Verlag.
- JUNG, M. (1994). Zählen oder deuten? In Begriffsgeschiche und Diskursgeschichte (S.60-83). Hrsg. von D. Busse, F. Hermanns und W. Teubert. Darmstadt: Westdeutscher Verlag.
- KANT, I. (1974). Kritik der reinen Vernunft. Werkausgabe in 12 Bänden, Bd III-V. Wiesbaden: Suhrkamp Verlag.
- KELTER, J. (2006). Nichts ist, wie es war. In Freitag. Die Ost-West-Wochenzeitung (Nr. 7). [WWW-document]. Available URL http://www.freitag.de/2006/07/06070802.php [01.05.2007]
- KIMMICH, E. (2006). Citiyen oder Fremder? Ausgrenzung und kulturelle Autonomie in der französischen *banlieue* (S. 594-538). In Archiv für Sozialgeschichte (Bd 46). Hrsg. von der Friedrich- Ebert- Stiftung. Braunschweig / Bonn: Verlag J.H.W. Dietz Nachf.
- KIMMICH, E. (2006a). Schreibhalde Banlieue. Streifzug durch eine re-kreative Nische: Rap und Immigrationsliteratur. In Black Paris – Kunst und Geschichte einer schwarzen Diaspora (S. 314-324). Hrsg. von T. Wendl und I. Albers. Wuppertal: Hammer Verlag.
- KLÄGER, S. (2006). Kryptisch, drastisch, kreativ – Sprache der Banlieue. In Black Paris – Kunst und Geschichte einer schwarzen Diaspora (S. 331-337). Hrsg. von T. Wendl und I. Albers. Wuppertal: Hammer Verlag.
- KLINGLER, W. & Roters, G. (1999). Die Grundlagen de Wirkungsforschung in der Medienwissenschaft. Handbücher zur Sprach- und Kommunikationswissenschaft. Medienwissenschaft. (S.111-117). Hrsg. v. J.F. Leonhard, H.W. Ludwig, D. Schwarze und E. Straßner. Berlin: Walter De Gruyter Verlag.
- KONERDING. (2004). Perspektivität und Sprache. Zur Struktur von Objektivierungsformen in Bildern, im Denken und in der Sprache. Berlin / New York: Walter de Gruyter Verlag.

- LINKE, A. & NUSSBAUMER, M. (2000). Konzepte des Impliziten: Präpositionen und Implikaturen. In Handbücher zur Sprach- und Kommunikationswissenschaft. Text- und Gesprächslinguistik (S.435-448). Hrsg. von K. Brinker, G. Antos, W. Heinemann und S. Sager. Berlin/ New York: Walter de Gruyter Verlag.
- LINKE, A., NUSSBAUMER, R. & PORTMANN, P.R. (^{5}2004). Studienbuch Linguistik. Ergänzt um das Kapitel „Phonetik/Phonologie" von Urs Willi. Tübingen: Max Niemeyer Verlag.
- LOCH, D. (2006). Was ist los in Frankreich. Die französischen Vorstädte – ein Jahr danach. [WWW-document]. Available URL: http://www.migration-boell.de/web/integration/ 47_896.asp [02.05.2007].
- LOSURDO, D. (1990). Sozialer Widerspruch. In Europäische Enzyklopädie zu Philosophie und Wissenschaften (S. 866-872). Hrsg. von H.J. Sandkühler. Hamburg: Felix Meiner Verlag.
- LUHMANN, N. (^{3}2004). Die Realität der Massenmedien. Wiesbaden: VS- Verlag.
- LÜGER, H. (^{2}1995). Mediensprache. Tübingen: Niemeyer Verlag.
- MARKARD, M. (2005). Wissenschaft, Kritik und gesellschaftliche Herrschaftsverhältnisse. In Kritische Wissenschaften im Neoliberalismus, S. 19-31. Hrsg. von C. Kaindl. Marbueg: BdWi- Verlag.
- MATHESIUS, V. (1929): Zur Satzperspektive im modernen Englisch. In Archiv für das Studium der neueren Sprachen und Literaturen, 155, S.202-210. Hrsg. von A. Brandl und O. Schultz-Gora. Braunschweig: Georg-Westermann-Verlag.
- MERTEN, K. (1994). Evolution der Medien. In Die Wirklichkeit der Medien. Eine Einführung in die Kommunikationswissenschaft, S. 141-158. Hrsg. von K. Merten, K., S.J. Schmidt, S.J. und S. Weischenberg. Opladen: Westdt. Verlag.
- MERTEN, K. (1994a). Wirkungen von Kommunikation. In Die Wirklichkeit der Medien. Eine Einführung in die Kommunikationswissenschaft, S. 291-226. Hrsg. von K. Merten, K., S.J. Schmidt, S.J. und S. Weischenberg. Opladen: Westdt. Verlag.
- MERTEN, K. & Westerbarkey, J. (1994). Public Opinion und Public Relations. In Die Wirklichkeit der Medien. Eine Einführung in die Kommunikationswissenschaft, S. 188-210. Hrsg. von K. Merten, K., S.J. Schmidt, S.J. und S. Weischenberg. Opladen: Westdt. Verlag.
- MERTEN, K. (1999): Grundlagen der Kommunikationswissenschaft. Münster: Lit-Verlag.
- MUCKENHAUPT, M. (1999): Die Grundlagen der kommunikationsanalytischen Medienwissenschaft. In Handbücher zur Sprach- und Kommunikationswissenschaft. Medienwissenschaft. (S.28-57). Hrsg. v. J.F. Leonhard, H.W. Ludwig, D. Schwarze und E. Straßner. Berlin: Walter De Gruyter Verlag.
- MÜLLER, H. (2006). Apardheit nach innen und außen. Interview mit Etienne Balibar zu der Revolte in den ‚banlieues'. In SoZ. Sozialistische Zeitung (Nr.1). [WWW-document]. Available URL: http://members.aol.com/sozabc/ 060111.htm [02.05.2007].

- NIETZSCHE, F. (1930). Jenseits von Gut und Böse. Leipzig: Alfred Kröner Verlag.
- NEUBERT, H. (2000). Antonio Gramsci: Hegemonie – Zivilgesellschaft – Partei. Eine Einführung. Hamburg: VSA- Verlag.
- NOTARP, U. (2006): Geschichten und Diskurse. Eine neue Position im konstruktivistischen philosophischen Diskurs? (Rezension über: S. J. Schmidt: Geschichten & Diskurse. Abschied vom Konstruktivismus. Reinbek: Rowohlt 2003.) [AVAILABLE URL:] http://iasl.unimuenchen.de/rezensio/liste/ Notarp349955660X_1252.html [12.09.2006].
- NÖTH, W. (2000). Der Zusammenhang von Text und Bild. In Handbücher zur Sprach- und Kommunikationswissenschaft. Text- und Gesprächslinguistik (S.489-496). Hrsg. von K. Brinker, G. Antos, W. Heinemann und S. Sager. Berlin/ New York: Walter de Gruyter Verlag.
- PERRIN, D. (2006). Medienlinguistik (inklusive CD-Rom). Konstanz: UVK Verlagsgesellschaft.
- PIEPER, ANNEMARIE (2004). Wie etwas anfängt. Transzendentallogische versus geneaogische Begründung. In Kant und Nietzsche im Widerstreit. (S. 3-16) Hrsg. von Beatrice Himmelmann. Berlin / New York: Walter de Gruyter.
- PIRIOT, E & MAJCHRZAK, K. (2006). Eine Art Selbstvestümmelung. In Freitag. Die Ost-West-Wochenzeitung (Nr. 16). [WWW-document]. Available URL: http://www.freitag.de/ 2006/16/06160701.php [02.05.2007].
- PIRIOT, E & MAJCHRZAK, K. (2007). Unruhen in Frankreich: der Universalismus ist das Problem. In Jungle World (28.06.2006). [WWW-document]. Available URL: http://www.jungle-world.com/seiten/2006/26/8034.php [02.05.2007].
- PLÜMACHER, M. (2004). Sinn der Bilder. In Bild – Bildwahrnehmung – Bildverarbeitung. Interdisziplinäre Beiträge zur Bildwissenschaft (S.49-59). Hrsg. von K. Sachs-Hombach und K. Rehkämper. Wiesbaden: Deutscher Universitätsverlag.
- POSNER, R. & SCHMAUKS, D. (^{2}2004). Die Reflektiertheit der Dinge und ihre Darstellung in Bildern. In Bild – Bildwahrnehmung – Bildverarbeitung. Interdisziplinäre Beiträge zur Bildwissenschaft (S.15-33). Hrsg. von K. Sachs-Hombach und K. Rehkämper. Wiesbaden: Deutscher Universitätsverlag.
- PRIESTER, K. (1981). Studien zur Staatstheorie des italienischen Marxismus: Gramsci und Della Volpe. Frankfurt am Main / New York: Campus Verlag.
- PROTT, J. (1994). Ökonomie und Organisation der Medien. In Die Wirklichkeit der Medien. Eine Einführung in die Kommunikationswissenschaft, S. 481-503. Hrsg. von K. Merten, K., S.J. Schmidt, S.J. und S. Weischenberg. Opladen: Westdt. Verlag.
- RAMGE, H. & SCHUSTER, B. (1999). Kommunikative Funktionen des Zeitungskommentars. In Handbücher zur Sprach- und Kommunikationswissenschaft. Medienwissenschaft (S.1702-1712). Hrsg. v. J.F. Leonhard, H.W. Ludwig, D. Schwarze & E. Straßner. Berlin: Walter de Gruyter, Verlag.
- RICKHEIT, G. & SCHADE, U. (2000). Kohärenz und Kohäsion. In Handbücher zur Sprach- und Kommunikationswissenschaft. Text- und Gesprächslinguistik

(S.275-283). Hrsg. von K. Brinker, G. Antos, W. Heinemann und S. Sager. Berlin/ New York: Walter de Gruyter Verlag.

- RÖPER, H. (1994). Das Mediensystem der Bundesrepublik Deutschland. In Die Wirklichkeit der Medien. Eine Einführung in die Kommunikationswissenschaft, S. 506-542. Hrsg. von K. Merten, K., S.J. Schmidt, S.J. und S. Weischenberg. Opladen: Westdt. Verlag.
- RUSCH, G. (1994). Kommunikation und Verstehen. In Die Wirklichkeit der Medien. Eine Einführung in die Kommunikationswissenschaft, S. 60-77. Hrsg. von K. Merten, K., S.J. Schmidt, S.J. und S. Weischenberg. Opladen: Westdt. Verlag.
- SACHS-HOMBACH, K. (2006). Das Bild als kommunikatives Medium. Elemente einer allgemeinen Bildwissenschaft. Köln: Halem Verlag.
- SCHAUB, C. (2006). Die Banlieue und das Feuer. Urbaner Raum und ästhetische Selbstbehauptung in den Rap-Lyrics von La Rumeur. In UTOPIE kreativ, Nr. 189/190. [WWW-document]. Available URL: http://www.linksnet.de/ artikel.php?id=2528 [02.05.2007].
- SACH-HOMBACH, K. & REHKÄMPER, K. (^{2}2004). Thesen zu einer Theorie bildhafter Darstellung. In Bild – Bildwahrnehmung – Bildverarbeitung. Interdisziplinäre Beiträge zur Bildwissenschaft (S.119-125). Hrsg. von K. Sachs-Hombach und K. Rehkämper. Wiesbaden: Deutscher Universitätsverlag.
- SCHERNER, M. (2000). Kognitionswissenschaftliche Methoden in der Textanalyse. In Handbücher zur Sprach- und Kommunikationswissenschaft. Text- und Gesprächslinguistik (S.186-195). Hrsg. von K. Brinker, G. Antos, W. Heinemann und S. Sager. Berlin/ New York: Walter de Gruyter Verlag.
- SCHLOBINSKI, P. (1996). Empirische Sprachwissenschaft. Opladen: Westdeutscher Verlag GmbH.
- SCHMAUKS, D. (^{2}2004). Die Rolle von Bildern in der internationalen Kommunikation. In Bild – Bildwahrnehmung – Bildverarbeitung. Interdisziplinäre Beiträge zur Bildwissenschaft (S.81-89). Hrsg. von K. Sachs-Hombach und K. Rehkämper. Wiesbaden: Deutscher Universitätsverlag.
- SCHMID, B. (2005). Im Treibhaus der Krise. In SoZ – Sozialistische Zeitung. [WWW-document]. Available URL: http://www.linksnet.de/artikel.php?id =2170 [01.05.2007].
- SCHMIDT, S.J. (1992). Medien, Kultur: Medienkultur. Ein konstruktivistisches Gesprächsangebot. In Kognition und Gesellschaft. Der Diskurs des Radikalen Konstruktivismus 2, S. 425-450. Hrsg. von S.J. Schmidt. Frankfurt am Main: Suhrkamp.
- SCHMIDT, S.J. (1992a): Der Kopf, die Welt, die Kunst. Konstruktivismus als Theorie und Praxis. Wien / Köln / Weimar: Böhlau Verlag.
- SCHMIDT, S.J. (1994). Die Wirklichkeit des Beobachters. In Die Wirklichkeit der Medien. Eine Einführung in die Kommunikationswissenschaft, S. 3-14. Hrsg. von K. Merten, K., S.J. Schmidt, S.J. und S. Weischenberg. Opladen: Westdt. Verlag.
- SCHMIDT, S.J. & WEISCHENBERG, S. (1994). Mediengattungen, Berichterstattungsmuster, Darstellungsformen. In Die Wirklichkeit der Medien. Eine Ein-

führung in die Kommunikationswissenschaft, S. 212-235. Hrsg. von K. Merten, K., S.J. Schmidt, S.J. und S. Weischenberg. Opladen: Westdt. Verlag.

- SCHMIDT, S.J. (2003): Geschichten und Diskurse. Abschied vom Konstruktivismus. Hamburg: Rowohlt Taschebuch Verlag.
- SCHMIDT, S.J. (2005): Lernen, Wissen, Kompetenz, Kultur. Vorschläge zur Bestimmung von vier Unbekannten. Heidelberg: Carl-Auer-Verlag.
- SCHMITT, L. (2005). Wie ausgeschlossen muss man sein, um zu protestieren. Sozialer Protest und seine Vorraussetzungen. In Die Proteste in Frankreich. Interdisziplinäre Perspektiven der Konfliktforschung. (Reihe CSS working papers No 1, S. 17-20). Hrsg. von U. Wagner, M. Bös und J.M. Becker. [WWW-document]. Available URL: http://web.uni-marburg.de/konfliktforschung/pdf/ ccs-wp-01.pdf [02.05.2007].
- SCHMITZ, U. (2000). Statistische Methoden in der Textlinguistik. In Handbücher zur Sprach- und Kommunikationswissenschaft. Text- und Gesprächslinguistik (S.196-201). Hrsg. von K. Brinker, G. Antos, W. Heinemann und S. Sager. Berlin/ New York: Walter de Gruyter Verlag.
- SCHOLZ, O. (^{2}2004). Was heißt es ein Bild zu verstehen? In Bild – Bildwahrnehmung – Bildverarbeitung. Interdisziplinäre Beiträge zur Bildwissenschaft (S.105-119). Hrsg. von K. Sachs-Hombach und K. Rehkämper. Wiesbaden: Deutscher Universitätsverlag.
- SCHRÖDER, T. (1999). Kommunikative Funktionen von Zeitungsinterviews. In Handbücher zur Sprach- und Kommunikationswissenschaft. Medienwissenschaft (S.1720-1724). Hrsg. v. J.F. Leonhard, H.W. Ludwig, D. Schwarze & E. Straßner. Berlin: Walter de Gruyter Verlag.
- SCHULE, V. (1999). Agenturen und Pressestellen als Informationsquellen der Zeitung. In Handbücher zur Sprach- und Kommunikationswissenschaft. Medienwissenschaft (S. 1681-1684). Hrsg. v. J.F. Leonhard, H.W. Ludwig, D. Schwarze & E. Straßner. Berlin: Walter de Gruyter Verlag.
- SCHÜLE, K. (2007). Die Medien, die Motive und die Moral der Geschichte. In France Mail Forum. Hrsg. von K. Schüle. [WWW-document]. Available URL: www.france-mail-forum.de/dos/dos5/dos5schuel.htm [02.05.2007].
- SIEBERT, H. (2004). Sozialkonstruktivismus: Gesellschaft als Konstruktion. In sowi-onlinejournal. Hrsg. von A. Fischer. [WWW-document]. Available URL: http://www.sowi-online.de/journal/2004-2/sozialkonstruktivismus_siebert.htm [06.05.2007].
- SEARLE, J.R. (^{6}1994). Sprechakte. Ein sprachphilosophischer Essay. Übersetzt von R. und R. Wiggershaus. Frankfurt am Main: Suhrkamp Verlag.
- SIEFKEN, H. (1995). Lyrik – Eine Form des Widerstands? In Resistance to National Socialism: Kunst und Widerstand, S. 89-112. Hrsg. von H. Siefgen und H. Vieregg. München: iudicium verlag GmbH.
- STRACK, F. & DEUTSCH, R (2002): Urteilsheuristiken. In D. Frey und M. Irle (Hrsg.). Theorien der Sozialpsychologie (S. 352-385). Huber.
- STRABNER, E. (1999): Kommunikative Aufgaben und Leistungen der Zeitung. In Handbücher zur Sprach- und Kommunikationswissenschaft. Medienwissen-

schaft (S.837-851). Hrsg. v. J.F. Leonhard, H.W. Ludwig, D. Schwarze & E. Straßner. Berlin: Walter de Gruyter Verlag.

- UNGER, F. (²2005). Kritik des Konstruktivismus. Heidelberg: Carl-Auer-Systeme Verlag.
- VEIT, W. (2006). Was bleibt vom französischen Modell? In Internationale Politikanalyse. Europäische Politik. Hrsg. von der Friedrich-Ebert-Stiftung. [WWW-document]. Available URL: http://library.fes.de/pdf-files/id/03547.pdf [02.05.2007].
- WAGNER, U. & STELLMACHER, J. (2005). Makroprobleme und konkretes Verhalten oder: Wie kommt die Krise des Sozialstates in den Molotowcocktail? In Die Proteste in Frankreich. Interdisziplinäre Perspektiven der Konfliktforschung. (Reihe CSS working papers No 1, S. 17-20). Hrsg. von U. Wagner, M. Bös und J.M. Becker. [WWW-document]. Available URL: http://web.uni-marburg.de/konfliktforschung/pdf/ccs-wp-01.pdf [02.05.2007].
- WACQUANT, L. (2004). Roter Gürtel, Schwarzer Gürtel: Rassentrennung, Klassenungleichheit und der Staat der französischen städtischen Peripherie und im amerikanischen Ghetto. In An den Rändern der Städte, S. 148-202. Hrsg. von M. Kronauer und W. Siebel. Frankfurt am Main: Suhrkamp Verlag.
- WASSERMANN, R. (1986). Zum Recht auf Widerstand nach dem Grundgesetz. In Konsens und Konflikt. 35 Jahre Grundgesetz, S. 348-364. Hrsg. von A. Randelzhofer und W. Süß. Berlin / New York: Walter de Gruyter.
- WEBER, S. (2005). Non-dualistische Medientheorie. Eine philosophische Grundlegung (Habil.). Konstanz: UVK- Verlagsgesellschaft.
- WEISCHENBERG, S. (1994). Journalismus als soziales System. In Die Wirklichkeit der Medien. Eine Einführung in die Kommunikationswissenschaft, S. 427-451. Hrsg. von K. Merten, K., S.J. Schmidt, S.J. und S. Weischenberg. Opladen: Westdt. Verlag.
- WERNICKE, J. & BULTMANN, T. (2007). Netzwerk der Macht – Bertelsmann. Der medial-politische Komplex aus Gütersloh. Bonn: BdWi- Verlag.
- WIESING, L. (²2004). Sind Bilder Zeichen? In Bild – Bildwahrnehmung – Bildverarbeitung. Interdisziplinäre Beiträge zur Bildwissenschaft (S.95-105). Hrsg. von K. Sachs-Hombach und K. Rehkämper. Wiesbaden: Deutscher Universitätsverlag.
- WITTGENSTEIN, L. (2003a): Tractatus logico-philosophicus. Logisch-philoso-phische Abhandlung. Frankfurt / Main: Suhrkamp.
- WITTGENSTEIN, L. (2003b): Philosophische Untersuchungen. Frankfurt / Main: Suhrkamp.
- WODAK, R. (1994). Formen rassistischen Diskurses. In Texte und Diskurse. Methoden und Forschungsergebnisse der funktionalen Pragmatik (S. 265-283). Hrsg. von G. Brunner und Gabriele Graefen. Opladen: Westdeutscher Verlag.
- ZECHLIN, L. (1990). Widerstand/Widerstandsrecht. In Europäische Enzyklopädie zu Philosophie und Wissenschaften (S. 872-876). Hrsg. von H.J. Sandkühler. Hamburg: Felix Meiner Verlag.
- ZIFONUN, G. (2000). Textkonstitutive Funktionen von Tempus, Modus und Ge-nus Verbi. In Handbücher zur Sprach- und Kommunikationswissenschaft. Text-

und Gesprächslinguistik (S.315-330). Hrsg. von K. Brinker, G. Antos, W. Heinemann und S. Sager. Berlin/ New York: Walter de Gruyter Verlag.

- ZIMBARDO, P.G. & GERRIG, R.J. (^{7}2003). Psychologie. Bearbeitet und herausgegeben von Siegfried Hoppe-Graff und Irma Engel. Berlin / Heidelberg / New York u.a.: Springer-Verlag.
- ZITZMANN, M. (2005). Kinder der Banlieue – Opfer der Moderne, Täter aus Wut. Gründe und Hintergründe der Gewaltausbrüche in Frankreichs Vorstädten. In Neue Zürcher Zeitung (14.11.2005).). [WWW-document]. Available URL: http://www.nzz.ch/2005/11/14/fe/ articleDBMLX.html [02.05.2007].

Bibliographie der aus Zeitungsmedien zitierten Abbildungen (soweit verfügbar)

- A6: Karikatur der Süddeutschen Zeitung vom 05./06.11.2005. Horsch.
- A7: Grafik der Süddeutschen Zeitung vom 08.11.2008. Autor unbekannt.
- A8: Bilder der WELT vom 09.11.2005. Autor unbekannt.
- A9: Fotografie des Neuen Deutschland vom 05.11.2005. dpa.
- A10: Fotografie der Süddeutschen Zeitung vom 09.11.2005. AFP / gettyimages. Lionel Bonaventure.
- A11: Fotografie der WELT vom 17.11.2005. AFP / gettyimages. Georges Gorbet.
- A12: Fotografie der Süddeutschen Zeitung vom 08.11.2005. dpa. Thierry Bordas.
- A13: Fotografie der WELT vom 27.12.2005. dpa.
- A14: Fotografie der Süddeutschen Zeitung vom 12.11.2005. Agentur Focus. Mario Spada.
- A15: Fotografie des Neuen Deutschland vom 04.11.2005. AFP / gettyimages. Thomas Coex.
- A16: Fotografie der WELT vom 15.11.2005. AFP / gettyimages. Jean-Philippe Ksiazek.
- A17: Fotografie der WELT vom 12.11.2005. Agentur Focus. Sven Paustian.
- A19: Fotografie der WELT vom 07.11.2005. Bilderberg. Laurent Giraudou.
- A20: Fotografie des Neuen Deutschland vom 09.11.2005. AFP / gettyimages. Jack Guez.
- A21: Fotografie der WELT vom 08.11.2005. Reuters. Franck Prevel.
- A22: Fotografie der Süddeutschen Zeitung vom 14.11.2005. Corbis. Jean-Michael Turpin.
- A23: Grafik der Süddeutschen Zeitung vom 07.11.2008. Autor Unbekannt.

8 Anhang

8.1 Chronik zu den Ereignissen in Frankreich und in den Pariser Vorstädten im Diskurs-relevanten Zeitraum

Zur Rekonstruktion der Ereignisse wurden soziologische Analysen, Augenzeugenberichte sowie übereinstimmende Angaben des Mediendiskurses berücksichtigt[171]. Auf alle Ereignisse dieser Chronik greifen die Medien in unterschiedlicher Weise und in unterschiedlichem Umfang zurück. Wenngleich nicht auf alle dieser für den Diskurs relevanten Sachverhaltskonstitutionen und – verknüpfungen im Rahmen dieser Arbeit explizit eingegangen werden kann (siehe bei Bedarf in die entsprechenden Lexemlisten), seien die zu Grunde liegenden Ereignisse dennoch vollständig vermerkt.

Vor dem Bau der Hochhaussiedlungen lebten die Menschen noch **nach dem Krieg** in Bidonvilles „wie heute in Rio oder Mexiko-City" (vgl. K.H. Götze: 2005).

1950er/60er

ZUP – Ersetzung der Bidonvilles durch feste Wohnblöcke (vgl. o. E. Bareis)

1979

„In der Cité Olivier-de-Serres in Vaulx-en-Velin bei Lyon werden Polizisten mit Steinwürfen und manchmal sogar mit Schüssen empfangen. Erste „Rodeos": Jugendliche stehlen im Stadtzentrum ein (Luxus-)Auto, fahren es, bis das Benzin ausgeht, stecken es in ihrer Cité in Brand." (vgl. M. Zitzmann: 2005)

1981

„Der ‚heiße Sommer von 1981'". Innerhalb drei Monate werden „in Vénissieux, Villeurbanne, Vaulx-en- Velin und anderswo 250 Autos angezündet". Dutzende Verhaftungen. Schaffung von „Zones d'éducation prioritaire (ZEP)." (vgl. M. Zitzmann: 2005; E. Bareis: im Erscheinen)
„Ausgangspunkt" der 2005- Ereignisse (vgl. E. Piriot & K. Majchrzak: 2007).

15.10.1983

Beginn der „Marche des beurs", ein „Fußmarsch von Marseille nach Paris", um gegen „Chancenungleichheit und Rassismus zu protestieren". (vgl. M. Zitzmann: 2005)

06.10.1990

Nach einem Unfall, der lt. Aussage des farbigen Fahrers, durch einen Polizeiwagen verursacht worden sei, kommt es in Vaulx-en-Velin zu dreitägigen Aus-

---

[171] Kaum eine deutsche Quelle stellt so etwas wie eine Chronik der Ereignisse zusammen und versucht die Ereignisse in eine Reihe zu stellen. Daher wurde nahezu alle Forschungsliteratur zu den Ereignissen nach Daten durchgesehen, um das Referenzobjekt EREIGNIS nicht nur von den im Diskurs *explizierten*, sondern auch in seinen *nicht genannten oder implizit wirksamen* Sachverhaltskonstitutionen erfassen zu können.

einandersetzungen zwischen Jugendlichen und Polizei. (vgl. M. Zitzmann: 2005; vgl. auch P. Champagne: 1997, 61)

12.11.1990

„[...] mischen sich in Paris junge Banlieusards unter demonstrierende Schüler und Studenten, schlagen Vitrinen ein und plündern Geschäfte." (vgl. M. Zitzmann: 2005)

2002

Ablösung der „‚Nachbarschaftspolizei' durch die BAC, die Brigade Anti Criminalité [...], die in den Cités stationiert wurde und deren Aufgabe es ist, repressiv in die Milieus von Cliquen und Banden und in die informellen Ökonomien einzugreifen" (vgl. E. Bareis: im Erscheinen).

23. Februar 2005

Gesetz mit einem Passus wird verabschiedet, das „besonders eine positive Darstellung der französischen Präsenz in Übersee in den Schulprogrammen" forderte (zit. n. J. Kelter: 2006). Heftige Diskussionen folgen sowie der Versuch der Streichung des betroffenen Artikels 4 durch die Sozialisten und Kommunisten. (vgl. J. Kelter: 2006).

27. Oktober 2005

Department 93, Clichy-sous-Bois: Drei junge Franzosen (15, 17, 21), deren Familien aus Mail, Maghreb und aus der Türkei kommen, betreten eine Transformatorenanlage; zwei sterben, einer überlebt schwer verletzt. (vlg. B. Schmid: 2005) „Um 18.12 Uhr geht beim Energieversorger EDF der Alarm los." (D. Hahn: 2006) Der „15-jährige Bouna und der 17-jährige Ziad" sterben.

Zu Clichy-sous-Bois: „Die Hälfte der 28.000 Einwohner ist jünger als 25 Jahre. Ihre Vorfahren stammen mehrheitlich aus Afrika, dem Maghreb und der Türkei. Ihre Arbeitslosigkeit liegt weit über dem nationalen Durchschnitt, ihre Einkommen weit darunter. Der amtierende Bürgermeister ist ein Sozialist. Die zweite funktionierende Institution der Stadt sind die Gebetssäle. Rund 80 Prozent der Anwohner kommen aus muslimischen Familien."

29.10.2005

„Am Samstag beteiligten sich ca. 500 Bewohner und Bewohnerinnen an einem Trauermarsch, der an der Traffohütte vorbei führte, wo der Bürgermeister von Clichy-sous-Bois ein Gebinde niederlegte. Das Motto des Trauermarschs trugen Jugendliche auf T-Shirts: „Zyed et Bouna – Mort pour rien." (Sie sind für nichts gestorben)." (vgl. E. Bareis: im Erscheinen)

Ausbreitung der Unruhen innerhalb von 2 Tagen über die Nachbarschaft hinaus. „Erst dann" werden die Geschehnisse „für die Medien und die Intellektuellen zu ‚Ereignissen' (évenements), die es wahrzunehmen und die es zu klären gilt." (vgl. ebd.).

Statistische Daten[172] (nach W. Veit: 2006) für das Intervall 27.10.2005 – 17.11.2005:

- Beschädigung von 233 öffentlichen Gebäude; in „Mehrzahl Schulen, Kindergärten, Bibliotheken, Kulturzentren, Feuerwehrstationen und sonstige Amtsgebäude."
- Beschädigung von 74 privaten Gebäuden
- 10000 Autos zerstört
- „Gesamtschaden" von „etwa 200 Millionen Euro"
- Zeitweise 11500 Polizisten im Einsatz, von denen 217 verwundet wurden
- 4770 Festnahmen
- 4402 In-Gewahrsamnamen
- 763 Inhaftierungen

03.11.2005

„Rund um die Hauptstadt kommt es zu Straßenschlachten zwischen Jugendlichen und der Polizei, darunter in Aulnay-sous-Bois, Sévran, Goussainville, Argenteuil, Villiers-le-Bel und Mantes-la-Jolie. In der Nacht zu gestern brannten mindestens 60 Autos aus, die Polizei nahm 30 Personen fest" (D. Hahn: 2005)

08.11.2005

Verhängung des Ausnahmezustands: „bis heute ist er nicht überall aufgehoben, obwohl die Proteste abgeflaut sind. Er bedeutet nicht nur nächtliche Ausgehsperre, er ermöglicht auch jederzeit unangemeldete Hausdurchsuchungen und summarische Bestrafungen. Die Regierung hatte auch verfügt, dass ‚Ausländer' allein aufgrund ihrer Herkunft, obwohl französische Staatsbürger, jederzeit in Gewahrsam genommen und ausgewiesen werden können." (vgl. Interview mit Etienne Balibar, in SoZ: 01/2006)
Die Verhängung des Ausnahmezustands riefe „koloniale Erinnerungen aus der Zeit des Algerienkrieges" wach (vgl. D. Loch: 2006).

Nach den Unruhen

Nach D. Loch (2006): „Erhöhung der Polizeipräsenz und vorübergehende Verhängung des Ausnahmezustands; Freigabe der gekürzten Mittel zur stadtteilnahen Arbeit der Vereine; Maßnahmen zur Förderung von betriebsnaher Ausbildung und Arbeit; erste Überlegungen zu Maßnahmen positiver Diskriminierung"

04.01.2006

Aufhebung des Ausnahmezustands (vgl. WELT: 95, 1/1)

10.02.2006

Ratifizierung des Contrat Première Embauche (CPE) („*Vertrag zur Ersteinstellung*") durch die französische Nationalversammlung

---

[172] Zur Datenproblematik: Es wird selten bis nie die Quelle der Daten angegeben, auch nicht bei Veit (2006).

07.04.2006
Rücknahme des CPE durch die französische Regierung

22. 04.2007 – 06.05.2007
Französische Präsidentschaftswahlen mit Ségolène Royal und Nicolas Sarkozy
in der Stichwahl

**8.2 Soziologische Aussagen über die *französische* Unruhen-
Medienberichterstattung**

- Medien und Presse „rück(t)en die Vorstandjugend in die Nähe einer in der
  französischen Kolonialgeschichte verankerten Wertsetzung, die zwischen
  ‚kultivierten' (weißen) Franzosen und ‚unzivilisierten' Nichtfranzosen
  unterscheidet. [...] Es genügt(e) darauf hinzuweisen, dass der *banlieuesard*
  außerhalb von bürgerlichem Gesetz und staatlicher Ordnung aufwächst, um
  einen assoziativen Bogen zu Wildheit, Rohheit und Gewaltbereitschaft schlagen
  zu können, so dass der *banlieuesard* oder *zonard* zum postmodernen ‚Wilden'
  (*sauvageon* oder *barbare*) werden konnte." (E. Kimmich: 2006, 510f.)
- „Die mediale Aufarbeitung der Immigration hat daher weitaus größere Wirkung
  auf das multikulturelle Zusammenleben von Franzosen und Einwanderern als
  die Ergebnisse der auf politische Entscheidungen nur wenig Einfluss
  nehmenden wissenschaftlichen, vor allem soziologischen und psychosozialen
  Studien, die seit Jahrzehnten die Problematik erkennen und vor den
  Konsequenzen warnen." (E. Kimmich: 2006, 515)
- „Die Unruhen haben nicht wegen des Fernsehens dieses Ausmaß angenommen.
  Es war ja auch nicht das erste Mal, dass man Autos brennen sah. Dagegen
  können die Medien auf lokaler Ebene eine Wirkung haben. Zum Beispiel, wenn
  Karten der Vorstädte mit der Anzahl der verbrannten Autos veröffentlicht
  werden. Das kann eine Wirkung haben, weil man weiß, dass es einen
  Wettbewerb der Gewalt zwischen den Jugendlichen der verschiedenen
  Hochhaussiedlungen gibt." (Laurent Mucchielli, zit. n. E. Piriot & K.
  Majwald: 2006) und Jugendkriminalität" in der Öffentlichkeit: „[...] was das
  Zustandekommen von Zahlenmaterial und Deliktkategorien anbelangen, gehen
  die Meinungen weit auseinander, liefern ein Spektrum von Abwiegeln bis
  Aufbauschen." (D. Hüser: 2004, 302)
- „Mit Schablonen vom steinewerfenden Polizistenschreck, schwarzen
  Drogenhändler oder integristischen *Beur* produzieren die Flaggschiffe der
  jeweils zuschauerstärksten privaten bzw. öffentlichen Sendeanstalt wirksame
  gesellschaftliche Repräsentationen, ohne dem Zuschauer gleichzeitig die
  Schlüssel an die Hand zu geben, das Geschehene zu dekodieren und
  kontextualisieren." (D. Hüser: 2004, 306)
- „Dreigestirn Banlieue, Imigration und Gewalt" (ebd., 308)
- „Gesellschaftliche Miseren haben nur dann eine sichtbare Existenz, wenn die
  Medien darüber berichten, d.h. wenn sie von den Medien als solche anerkannt
  werden. Trotzdem lassen sie sich nicht auf die von den Medien konstruierten

‚Miseren' reduzieren, und schon gar nicht auf das Bild, das diese von ihnen liefern, wenn sie sie überhaupt wahrnehmen" (P. Champagne: 1997, 60)

- „Gesellschaftliche Miseren sind nicht alle in gleicher Weise ‚mediengerecht', und jene, die es sind, erleiden eine ganze Reihe von Verzerrungen, sobald die Medien sie aufgreifen. Das journalistische Feld beschränkt sich nicht aufs Registrieren, sondern unterzieht soziale Probleme einer regelrechten Konstruktionsarbeit, die weitgehend von den spezifischen Interessen dieses Tätigkeitsbereiches abhängt." (P. Champagne: 1997, 60)

8.3 Soziologische Aussagen über die *deutsche* Unruhen-Medienberichterstattung

- „Bei den Interpretationsschemen, die den meisten rechten Kommentaren zugrunde liegen (Vergleich zwischen dem Aufstand und dem Terrorismus im mittleren Osten; Aussagen über den wesenhaft aggressiven, kriminellen und respektlosen Charakter der MigrantInnen), stößt man selten auf anderes als die Gemeinplätze einer bereits allzu vertrauten, konservativ-autoritären und rassistischen Rhetorik." (A. Benino & M. Henninger: 2006).
- „Die gesellschaftliche Sicht auf die Banlieues lässt den Blick wie durch ein Brennglas auf die sozialen Verwerfungserscheinungen fallen. [...] Das verbreitete Bild ruft [...] in größeren Teilen der übrigen Gesellschaft Furcht und Schrecken hervor." (B. Schmid: 2005) Schmid spricht von „suggestiven Bilden der Medien" (ebd.)
- „Die französische Banlieue brannte. Fast drei Wochen. Besonders hell brannte sie auf den ersten Seiten der Presse und im Fernsehen, wo sie nie vorkommt, wenn sie nicht brennt." (K.H. Götze: 2005).
- „Man zeichnet von ihnen [Jugendlichen] ein Bild, wonach sie gewalttätig sind, Frauen schlagen, potentielle Terroristen sind." (L. Muccielli (CESDIP Paris), zit. n. E. Piriot & K. Majchrzak: 2007).
- „Bilder, die allesamt unverständliche Formen des ‚Vandalismus' markieren sollten." (E. Bareis: im Erscheinen)
- „Bis auf ein paar Wirrköpfe [...] haben die meisten Berichterstatter die explosiven Ausschreitungen nicht auf einem ethnischen oder religiösen, sondern auf einem sozialen Hintergrund gesehen." (K. Schüle: 2007).
- „Die Berichterstattung [...] stellt diesen Prozess – ganz neoliberale Ideologie – als einen natürlichen ablaufenden, wenn nicht selbst verschuldeten Prozess dar." (K. Schüle: 2007)
- „In der medialen Öffentlichkeit [...] werden direkt oder indirekt alle [Banlieue-Bewohner] als Schläger, Abschaum oder Kriminelle hingestellt. Und folglich wären auch die Motive der Handelnden schlicht kriminell." (K. Schüle: 2007)
- „Das Argument des Nihilismus ist ubiquitär. Es findet sich in den Kommentaren der Philosophen, in den Diagnosen der Soziologen, in den Medien. Und es ist nicht an das konkrete Ereignis der Aufstände vom Herbst 2005 gebunden, sondern steht als abstraktes zur Verfügung, das immer in Anwendung gebracht werden kann, wenn etwa soziale Begebenheiten sich soweit außerhalb des nach wie vor gültigen modernen Rahmens von Repräsentation und Recht bewegen,

dass sie als „unerklärlich" erscheinen bzw. definiert werden müssen. Erhebungen sind keine Wahlen und sie sind auch keine Anschläge, denen ein Communique und Forderungskatalog folgt und keine Großdemonstrationen, denen ein Aufruf voran geht. Aufstände repräsentieren nichts, sondern stehen nur für sich selbst. Die Sprache der Erhebung in den Banlieues ist der Gegenpart zur Sprache der Medien und der Wissenschaft über die Banlieues." (ebd.)

- Es sei nicht wichtig, ob die Aussagen der interviewten Jugendlichen stimmten; allein „von Bedeutung von Bedeutung ist der Wille der Medien, so lange nach einer authentischen Stimme zu suchen, die genau das sagt, was man denkt, was eine authentische Stimme von Jugendlichen aus den Banlieues sagen müsste." (vgl. E. Bareis: im Erscheinen).

- „Wenn es überhaupt einen dominierenden Antagonismus gibt, der die cité des Roten Gürtels durchzieht und das kollektive Bewusstsein seiner Bewohner prägt, dann ist es im Gegensatz zur weitverbreiteten Darstellung in den Medien nicht der zwischen Immigranten (besonders ‚Arabern') und den einheimischen französischen Familien, sondern die Kluft, die die Jugendlichen, einheimische und ausländische, von allen anderen sozialen Kategorien trennt." (L. Wacquant: 2004, 191)

8.4 Titel und Untertitel nach Medium, Diskurstyp, Datum und Textsorte

Texttitel	Textuntertitel	Med.	Datum	Diskurs-typ[173]	Analysierte Textsorte	BeNu
Pressestimmen		ND	05.11.2005	MD	Pressespiegel	237, 2/3
Frankreich: Anarchie oder was?		ND	09.12.2005	MD	Internetspiegel	274, 1/1
Ohne Illussionen		ND	12.01.2006	MD	Kritik	294, 1/1
Die Politik hat versagt	TV vorab: "Wut in den Städten", arte	ND	12.01.2007	MD	Kritik	292, 1/1
Polizei agiert als Brandstifter	Welle der Gewalt in Pariser Vorort Clichy	ND	01.11.2005	PD	Bericht	230, 1/1
Krawalle greifen auf weitere Pariser Vororte über		ND	02.11.2005	PD	Meldung	231, 1/1
Krawalle werden zum Flächenbrand		ND	03.11.2005	PD	Meldung	233, 1/1
Gewalt und Chaos rund um Paris		ND	04.11.2005	PD	Meldung	234, 1/2
Flächenbrand		ND	04.11.2005	PD	Kommentar	234, 2/2
Flammen vor den Toren von Paris	Feuer der Vororte greift auf Frankreichs Regierung über / Kritik an Innenminister Sarkozy	ND	04.11.2005	PD	Bericht	235, 1/1
Die Unruhen in den Pariser Vororten haben jetzt auch andere Landesstriche		ND	05.11.2005	PD	Kolumnentitel	237, 1/3
Frankreichs Regierung ratlos	Kommunistische Partei fordert den Rück-	ND	05.11.2005	PD	Bericht	237, 3/3

---

[173] Prädiskurs = PRD; Primärdiskurs = PD; Metadiskurs = MD; Sekundärdiskurs = SD

	tritt von Innenminister Sarkozy					
Unruhen in Frankreich weiten sich aus	Straßenschlachten jetzt auch in Provinzen / Premier empfängt junge Leute aus Vorstädten	ND	05.11.2005	PD	Harte Nachricht	236, 1/1
Ein kleiner Funke hat genügt	Das in den Vorstädten von Paris geparkte Elend macht sich Luft	ND	07.11.2005	PD	Bericht/ Reportage	240, 1/3
Selbsthilfe in Vorstädten		ND	07.11.2005	PD	Meldung	240, 3/3
Entladener Frust		ND	07.11.2005	PD	Leserbrief	241, 2/2
Chaos-Wochenende in Frankreich	Gewaltausbrüche in immer mehr Regionen des Landes / Sicherheitsrat tagte	ND	07.11.2005	PD	Harte Nachricht	239, 2/2
Chirac findet nur karge Worte für das Chaos in seinem Lande	Nahezu ganz Frankreich mittlerweile von schweren Unruhen erfasst	ND	08.11.2005	PD	Bericht	245, 1/1
Auf Strafe warten, die kommt		ND	08.11.2005	PD	Essay	246, 1/1
Wo liegt Paris?		ND	08.11.2005	PD	Anreißer	242, 1/2
Gewaltwelle erfasst 270 Kommunen	Erster Toter infolge der Unruhen in Frankreich / Rechtspolitiker fordern rigorose Gesetze	ND	08.11.2005	PD	Bericht	242, 2/2
Ausnahmezustand in Frankreich verhängt	Ausgangssperren in Teilen des Landes / Regierung will "standhaft und gerecht" agieren	ND	09.11.2005	PD	Bericht	248, 1/1
"Wir brauchen den Dialog"	Die FKP-Vorsitzende Marie-George Buffet zu den Unruhen in Paris	ND	09.11.2005	PD	Meinungsinterview	250, 1/2
Villepin setzt auf Härte	Linke kritisiert Ausrufung des Ausnahmezustandes	ND	09.11.2005	PD	Bericht	250, 2/2
Immer noch Gewalt trotz Notstand	Kopien der Pariser Unruhen in Belgien	ND	10.11.2005	PD	Harte Nachricht	251, 1/1
Französische Feuer		ND	11.11.2005	PD	Anreißer	253, 1/1
Fragen, Erklärungen, Vorschläge	Gewaltausbrüche in Vororten von Paris und anderen französischen Städten erfordern eine gesellschaftliche Ant-	ND	11.11.2005	PD	Meinungsspiegel	256, 1/1
Unruhen flauen in Frankreich ab	Innenminister weist verurteilte Ausländer aus	ND	11.11.2005	PD	Bericht	255, 1/1
Die Vorstadt, das ist Frankreich		ND	12.11.2005	PD	Glosse	258, 1/2
Versammlungsverbot in Paris	Gravierende Vorkehrungen für das Wochenende in Frankreich	ND	12.11.2005	PD	Harte Nachricht	258, 2/2

139

Paris blieb ruhig		ND	14.11.2005	PD	Meldung	259, 1/1
Relative Ruhe in La Courneuve		ND	14.11.2005	PD	Reportage	260, 1/1
Fehlende Chancen		ND	14.11.2005	PD	Leserbrief	261, 1/1
In Frankreich soll Notstand weiter gelten		ND	15.11.2005	PD	Meldung	262, 1/1
Widerstand gegen den Notstand		ND	16.11.2005	PD	Meldung	264, 1/2
"Gesindel" empört sich		ND	16.11.2005	PD	Anreißer	264, 2/2
Bürger engagieren sich für "Befriedung" der Vorstädte	Frankreichs Rechtsregierung setzt weiter uneinsichtig auf	ND	16.11.2005	PD	Bericht	265, 1/1
Ausnahmezustand in Frankreich verlängert	Innenminister Sarkozy will hart durchgreifen	ND	17.11.2005	PD	Harte Nachricht	266, 1/1
Machtgerangel auch bei den Rechten	Punktegewinn für populistischen Sarkozy	ND	17.11.2005	PD	Bericht	267, 2/2
Frankreich kehrt zum politischen Alltag zurück - schließlich sind irgendwann wieder Wahlen		ND	18.11.2005	PD	Meldung	267, 1/2
Paris will Diskriminierung gezielt bekämpfen		ND	02.12.2005	PD	Meldung	271, 1/1
Polizei: Unruhen waren eine "soziale Revolte"	Bericht kritisiert Regierungspolitik scharf	ND	08.12.2005	PD	Harte Nachricht	272, 1/1
Ernsthaft, nicht irrational		ND	06.06.2006	PD	Bericht	289, 1/1
"In Clichy bleiben nur die Ärmsten"	ND-Gespräch mit Vizebürgemeister Klein	ND	27.10.2006	PD	Meinungsinterview	284, 4/4
Nichts begriffen, nichts hinzugelernt	Ein Funke genügt, neuen Brand zu entzünden	ND	27.10.2006	PD	Bericht	284, 3/4
Frankreich ein Jahr später		ND	27.10.2006	PD	Anreißer	283, 1/1
		ND	27.10.2006	PD	Kolumnenlead	284, 2/4
Am 27. Oktober 2005 begannen Frankreichs Vorstädte zu brennen. Wie steht es ein Jahr später?		ND	27.10.2006	PD	Kolumnentitel	284, 1/4
Paris: Massive Polizeipräsenz ein Jahr nach Unruhen		ND	28.10.2006	PD	Meldung	287, 1/1
Ganz unten		ND	05.11.2005	SD	Kommentar	238, 1/1
Parallelen		ND	07.11.2005	SD	Kommentar	239, 1/2
Guter Rat ist teuer	Sorgen in Deutschland	ND	07.11.2005	SD	Harte Nachricht	240, 2/3
Brandstiftungen in Bremen		ND	07.11.2005	SD	Meldung	241, 1/2
Moabit liegt nicht in Paris	Nach Brachanschlägen warnen Politiker vor	ND	08.11.2005	SD	Bericht	247, 1/1
Nährboden für Proteste auch hier	Forderungen nach besserer Integration	ND	08.11.2005	SD	Bericht	243, 1/1

140

	ausländischer Ju-gendlicher	ND	08.11.2005	SD	Kommentar	244, 1/1
Kanzler soll nach Kreuzberg kommen	Brief der Türkischen Gemeinde an Schröder / Union fordert mehr Druck	ND	09.11.2005	SD	Bericht	249, 1/1
Erneut Autos angezündet		ND	10.11.2005	SD	Meldung	252, 1/1
Angst vorm Pariser Beispiel	EU braucht dringend Asyl- und Einwanderungspolitik	ND	11.11.2005	SD	Harte Nachricht	254, 1/2
Keine Verhältnisse wie in Frankreich	Programm fordert bessere Integration Jugendlicher mit Migrationshintergrund	ND	11.11.2005	SD	Bericht	257, 1/1
Missglückte Integration	Dänemarks Regierung verschärft Ausländergesetz-	ND	11.11.2005	SD	Bericht	254, 2/2
Autos und Bagger in Flammen		ND	15.11.2005	SD	Meldung	263, 1/1
Frankreich lehrt...		ND	21.11.2005	SD	Kommentar	268, 1/1
Prüfaufträge statt Integration	Große Koalition vereinbart Ausländerpolitik unter Sicherheitsprimat	ND	24.11.2005	SD	Bericht	270, 1/1
Alternative Charta für ein anderes Europa	ND-Gespräch mit Elisabeth Gauthier zum EU-Verfassungsprozess	ND	09.12.2005	SD	Meinungsinterview	273, 1/1
Oben und unten		ND	17.12.2005	SD	Kritik	290, 1/1
25 000 Polizisten in Frankreich zu Silvester im Einsatz		ND	31.12.2005	SD	Meldung	275, 1/1
Paris im Kampf gegen Jugendarbeitslosigkeit	Premier kündigt staatliche Maß-	ND	17.01.2006	SD	Harte Nachricht	276, 1/1
Eher Schiedsrichter als König	Jacques Chirac - eine Biographie von Heiko Engelkes	ND	26.01.2006	SD	Kritik	277, 1/1
Ni putes...		ND	09.03.2006	SD	Kritik	295, 1/1
...dann lieber Beamter!		ND	20.03.2006	SD	Kommentar/ Problemdarstellung	293, 1/1
Zeichen auf Sturm		ND	03.04.2006	SD	Kommentar	279, 1/1
Sieg über die Arroganz der Rechten	Frankreichs Jugendliche, Ge-werkschaften und Linke feiern die Rück-	ND	12.04.2006	SD	Bericht	278, 1/1
Hinter dem Plakatlächeln		ND	27.10.2006	SD	Bericht	285, 1/1
Unruhen in Frankreich	Frau in Marseille lebensgefährlich ver-	ND	30.10.2006	SD	Bericht	288, 1/1
Migration ist keine Urlaubsreise		ND	14.11.2006	SD	Meinungsinterview	291, 1/1
Begag rechnet mit Sarkozy ab	Buch des ehemaligen französischen Integrationsministers ist Bestseller	ND	17.04.2007	SD	Bericht	296, 1/1
Kampf um die "Mitte" in Frankreich	Sarkozy und Royal wollen bis zur Stich-	ND	24.04.2007	SD	Bericht	297, 1/1

141

	wahl vor allem das liberale Lager für sich gewinnen					
Royal zeichnet Konturen für eine sechste Republik	Sozialistin fordert konservativen "Polizeikandidaten"	ND	05.05.2007	SD	Bericht	299, 1/1
Frankreich wählte den "Kärcher"	Nircolas Sarkozy wird Nachfolger Chiracs	ND	07.05.2007	SD	Bericht	300, 1/1
Kleiner Mann, was nun?		ND	08.05.2007	SD	Kommentar	301, 1/1
Mangelndes Vertrauen		ND	27.10.2006	Fremddi skurs		286, 1/1
Soziale Unruhen in Lyon erschüttern Frankreich	Straßenschlachten zwischen Jugendlichen und der Polizei / 20 Geschäfte geplündert	SZ	09.10.1990	PRD	Bericht	144, 1/1
Wieder Ausschreitungen in		SZ	10.10.1990	PRD	Meldung	145, 1/1
Guerilla in Paris		SZ	04.11.2005	MD	Pressespiegel	153, 1/1
Brennende Stadtviertel		SZ	05.11.2005	MD	Pressespiegel	155, 2/2
Große Brüder		SZ	07.11.2005	MD	Harte Nachricht	157, 3/5
Nährboden des Hasses		SZ	08.11.2005	MD	Pressespiegel	162, 3/3
Quartiersmanagement		SZ	08.11.2005	MD	Harte Nachricht	161, 4/6
Rapides Auseinanderdriften einer Gesellschaft	Die Vorstadt-Intifada / SZ vom 5./6. November	SZ	10.11.2005	MD	Leserbrief	174, 2/2
Längst bekannte Entwicklung	Jugendkrawalle in Frankreih: Die Vorstadt-Intifada / SZ vom 5./6.November	SZ	10.11.2005	MD	Leserbrief	174, 1/2
Was ist los mit Frankreichs Jugend?		SZ	15.11.2005	MD	Forumsbeiträge	185, 1/1
Frühe engagierte Reflexion	Verdammte Gewalt / SZ vom 7. November	SZ	17.11.2005	MD	Leserbrief	190, 1/3
Hass oder soziale Benachteiligung	Philosoph Finkielkrauts umstrittene Analyse der Unruhen in Frank-	SZ	28.11.2005	MD	Kommentar	197, 1/1
Wuf auf Uniformen	Krawalle in Pariser Vorort zeigen Misstrauen gegen den	SZ	31.10.2005	PD	Bericht	146, 1/1
Null Tolleranz	Sarkozys harte Linie nach Krawallen in Frankreich ist selbst im Regierungslager umstritten	SZ	02.11.2005	PD	Bericht	147, 1/1
Offensive der Frustrierten	Bei den Protestierenden entlädt sich lang aufgestauter Zorn - ein Ende der Krawalle ist nicht in	SZ	03.11.2005	PD	Bericht	150, 1/1
Zwei Mal Frankreich	In den Vorstädten eskaliert die Gewalt, und in den feinen Vierteln erschreken die Bürger	SZ	03.11.2005	PD	Kommentar	149, 1/1
Aufstand der Einwan-		SZ	03.11.2005	PD	Anreißer	148, 1/1

142

derer						
Ein brennendes Gefühl von Macht	Nacht für Nacht entlädt sich die Wut junger Einwanderersöhne, die fremd sind im Land ihrer Geburt - und Politiker weisen einander die Schuld zu	SZ	04.11.2005	PD	Reportage	151, 1/1
Die Vorstadt-Intifada		SZ	05.11.2005	PD	Kommentar	155, 1/2
Krawalle erschüttern ganz Frankreich	Bürgermeister werfen Regierung Villepin schwere Versäumnisse vor / Innenminister glaubt an organisierte Gewalt	SZ	05.11.2005	PD	Bericht	154, 1/1
Ratloses Frankreich		SZ	07.11.2005	PD	Kommentar	158, 1/2
Verdammte Gewalt	In der Bastion des Absurden: Die französische Vorstadtrevolte offenbart die Grenzen der	SZ	07.11.2005	PD	Harte Nachricht	159, 1/2
"Wir sind im Krieg"	In den Städten wird der Ruf nach einem Einsatz der Armee laut - die Regierung will Härte zeigen	SZ	07.11.2005	PD	Bericht	157, 2/5
Mobilität ist alles	Die Taktik der Jugendlichen	SZ	07.11.2005	PD	Bericht	157, 1/5
Chirac kündigt harten Kurs an	Regierung will Sicherheitskräfte aufstocken / Von Toulouse bis Straßburg zünden Jugendliche	SZ	07.11.2005	PD	Bericht	156, 1/1
Stimme der Vorstadt	Minister Begag kritisiert Sarkozy	SZ	07.11.2005	PD	Bericht	157, 4/5
Die Stimme des Volkes	"Sarkozy will die Wohngebiete mit dem Dampfstrahler säubern. Er hat keinen Respekt." - Der Rapper Rost über die Randale in Frankreich	SZ	07.11.2005	PD	Meinungsinterview	159, 2/2
Franzosen nur auf dem Papier	Die ungeliebten Einwanderer	SZ	08.11.2005	PD	Bericht	161, 5/6
Republikanische Selbsttäuschung	Die selbstverordnete Bindheit der französischen politischen Klasse gegenüber den Problemen der unterpriviligierten	SZ	08.11.2005	PD	Kommentar	163, 1/1
Ausgangssperren sollen Krawalle stoppen	Krisensitzung mit Chirac / Gezielte Schüse auf Polizisten / Union und SPD planen Förderung der Integra-	SZ	08.11.2005	PD	Bericht	160, 2/2
Flächenbrand		SZ	08.11.2005	PD	Anreißer	160, 1/2
Villepins Programm für mehr Sicherheit		SZ	09.11.2005	PD	Harte Nachricht	169, 5/6

143

Gewalt in Vorstädten flaut nur leicht ab	Wieder Autos, Busse und Schulen in Frankreich angegriffen / Debatte über bessere Eingliederung in Deutschland	SZ	09.11.2005	PD	Harte Nachricht	169, 3/6
Aufruhr der Benachteiligten: Paris verhängt Ausgangssperren, und Berlin denkt über		SZ	09.11.2005	PD	Kolumnentitel	169, 1/6
Ein Gesetz gegen den Flächenbrand	Die Franzosen wollen Ruhe, und die Regierung ruft den Ausnahmezustand aus	SZ	09.11.2005	PD	Kommentar	168, 3/3
Das Feuer der Wut	Zu Hause fühlen sich die Jugendlichen nur in ihrem Territorium, und auch das bietet ihnen keine Chance - die Gewalt wird so zur Normalität	SZ	09.11.2005	PD	Reportage	167, 1/1
Gefühl der Malaise		SZ	09.11.2005	PD	Pressespiegel	168, 2/3
Paris ruft Notstadt aus	In Vorstädten sind nun Ausgangssperren möglich	SZ	09.11.2005	PD	Harte Nachricht	165, 1/1
Aufstehen gegen die Erniedrigung	"Wir sind kein Abfall" - warum ein Jugendlicher der Kriminalität abge-schworen hat und trotzdem für die	SZ	10.11.2005	PD	Bericht	172, 4/5
Immer mit dem Schlimmsten rechnen	Eine Trabantenstadt bei Lyon hat aus früherer Gewalt ihre Lehren gezogen - doch dem Frieden traut niemand so richtig	SZ	10.11.2005	PD	Bericht	172, 2/5
Unruhen in Frankreich: Der Politik fehlt eine einheitliche Strategie gegen das Elend in den Vororten		SZ	10.11.2005	PD	Kolumnentitel	172, 1/5
Krawalle flauen ab	Weniger Brandstiftungen in	SZ	10.11.2005	PD	Harte Nachricht	171, 1/1
Wo ist der Präsident	Franzosen rätseln über das Verhalten von Jacques Chirac	SZ	10.11.2005	PD	Bericht	172, 5/5
Aufstand der Ghettos	Brixton, Los Angeles, Paris: Die Unruhen in den Banlieues und ihre Vorläufer	SZ	10.11.2005	PD	Zeitgeschichtliche Darstellung	173, 1/2
Der unheimliche Code	Gelenkter Krawall? Frankreichs Polizei sperrt Webtagebücher	SZ	10.11.2005	PD	Bericht	173, 2/2
Paris will ausländische Randalierer ausweisen	Innenminister Sarkozy: Es ist unerheblich, ob sie sich legal oder illegal im Land aufhalten / Gewalt ebbt leicht ab	SZ	11.11.2005	PD	Harte Nachricht	176, 1/1

144

Minister fürs Grobe	Ausgerechnet der Mann, der den Aufruhr noch anheizte und nun um jeden Preis Ordnung schaffen will, hatte zuvor Brücken zu Immigranten gebaut	SZ	11.11.2005	PD	Bericht	175, 1/1
Licht, Luft und Randale: Welche Verantwortung tragen Architekten und Stadtplaner für die exzessive Gewalt in den französischen Vorstädten?		SZ	12.11.2005	PD	Bericht	178, 1/1
Weiter Krawalle in Frankreich	Aufruhr verlagert sich immer mehr in die Provinz	SZ	12.11.2005	PD	Bericht	177, 1/1
Frankreich und die Folgen: Was Deutschland aus den Unruhen im Nachbarland lernen kann		SZ	14.11.2005	PD	Kolumnentitel	179, 1/4
Notstand in Frankreich soll bis Februar gelten		SZ	15.11.2005	PD	Anreißer	180, 1/1
Warum brennt Frankreich erst jetzt?	Die amerikanische Soziologin Saskia Sassen über die Krawalle in den Vorstädten, Medien als Werkzeuge und die Waffen der Schwachen	SZ	15.11.2005	PD	Meinungsinterview	184, 1/1
Revolte der Überflüssigen	Brennende Vorstädte, radikaler Ausschluss	SZ	15.11.2005	PD	Problemdarstellung	183, 1/1
Chirac sieht Frankreich in einer Identitätskrise	Präsident will Jugendlichen neue Orientierung geben / Notstand soll bis Februar verlängert	SZ	15.11.2005	PD	Bericht	182, 1/1
Weitere drei Monate Notstand	Frankreichs Regierung erhält Zustimmung im Parlament	SZ	16.11.2005	PD	Meldung	188, 1/1
Parlament in Paris billigt Notstand bis Februar		SZ	16.11.2005	PD	Anreißer	186, 1/1
Chiracs Republik		SZ	16.11.2005	PD	Kommentar	187, 1/1
Paris sieht Polygamie als Ursache für Unruhen	Arbeitsminister Larcher: Kinder, die aus Vielehen stammen, zeigen häufig assoziales Verhalten	SZ	17.11.2005	PD	Bericht	189, 1/1
Gut gemeint	Frankreichs Vorstädte: Das Feuer der Wut [/] SZ vom 9. November	SZ	17.11.2005	PD	Leserbrief	190, 3/3
"Die Ausgrenzung bekämpfen"	Warum Migranten revoltieren	SZ	18.11.2005	PD	Meinungsinterview	191, 5/5
Die Fremdheit der Aderen	Frankreich diskutiert über die Vielweiberei - und verdrängt die wesentlichen Ursachen der Krawalle	SZ	18.11.2005	PD	Bericht	191, 2/5

Ende einer großen Vsion	Stadt, Vorstädte, Gewalt: Ist die Archetektur verantwort-	SZ	21.11.2005	PD	Problemdarstellung	194, 1/1
Weltfremder Geist	Frankreichs Vorliebe für theoretische Ausbildung: Zur Misere der jugendlichen Ghet-to-Bewohner gehört, dass es kaum Lehr-stellen gibt	SZ	22.11.2005	PD	Problemdarstellung	195, 1/1
Ein Lichtblick am Silvesterhimmel	In den Pariser Vorstädten brennen zu Neujahr weniger Autos als befürchtet, auch sonst scheint die Lage beruhigt	SZ	02.01.2006	PD	Bericht	209, 1/1
Paris beendet Ausnahmezustand		SZ	03.01.2006	PD	Meldung	210, 1/1
		SZ	04.01.2006	PD	Kommentar	211, 1/1
Sarkozy greift durch	Frankreichs Innenminister will Kri-minalität weiter senken	SZ	13.01.2006	PD	Bericht	212, 1/1
Paris bekämpft Jugendarbeitslosigkeit		SZ	17.01.2006	PD	Meldung	213, 1/1
Gleiche Ungleichheit für alle	"Die Unruhen waren Ausdruck für das dramatische Scheitern unserer Integrationspolitik" - Ein Gespräch mit dem französischen Soziologen und Gewaltforscher Michel	SZ	26.10.2006	PD	Meinungsinterview	223, 4/5
		SZ	26.10.2006	PD	[Bild]	223, 5/5
Wo die Wut wohnt	Clichy-sous-Bois - Der Absturz eines einst idyllischen Pariser Vororts	SZ	26.10.2006	PD	Zeitgeschichtliche Darstellung	223, 3/5
Metro nach Mali	Es kann jeden Moment wieder losgehen: Eine Reise in die Banlieue von Paris	SZ	26.10.2006	PD	Reportage	223, 2/5
Vor einem Jahr gingen die französischen Vorstädte in Flammen auf: Die Situation ist heute genauso expolsiv wie damals		SZ	26.10.2006	PD	Kolumnentitel	223, 1/5
Zweimal Frankreich		SZ	27.10.2006	PD	Kommentar	225, 1/1
Zweimal Frankreich		SZ	27.10.2006	PD	Anreißer	224, 1/1
Paris ist überall	Eine Tagung über "interkulturelle Konflikte"	SZ	09.11.2005	SD	Bericht	170, 1/1
Abkehr von der Gleichheit	Elite-Hochschulen öffnen sich zögerlich für Minderheiten	SZ	10.11.2005	SD	Bericht	172, 3/5
Erdogan ruft Türken in Europa zur Ruhe auf		SZ	09.11.2005	SD	Meldung	169, 6/6
Tiefensee will Spaltung	Designierter Bundes-	SZ	09.11.2005	SD	Bericht	169, 4/6

der Städte überwinden	bauminister: Deutschland muss sich mehr um seine Problemgebiete kümmern					
"Die Sprache ist der Schlüssel"	NRW-Integrationsminister Laschet für mehr Förderung	SZ	09.11.2005	SD	Meinungsinterview	169, 2/6
Die Entdeckung der Türken		SZ	09.11.2005	SD	Kommentar	168, 1/3
Anbiederung an Paris		SZ	15.11.2005	SD	Kommentar	181, 1/1
Kein Grund zur Panik	Die Lage ist schwierig - doch die sozialen Netzwerke funktionieren in Deutschland leidlich	SZ	14.11.2005	SD	Kommentar	179, 4/4
Der Gewalt zuvorkommen	Die Polizei versucht, mit Moscheevereinen zu kooperieren	SZ	14.11.2005	SD	Bericht	179, 3/4
Beunruhigender Misserfolg	Mitsprache, Diskriminierungsverbot, bessere Sprachkenntnisse - im Nachbarland hat versagt, was in Deutschland erst	SZ	14.11.2005	SD	Bericht	179, 2/4
Jugend ohne Job	Nirgendwo in Europa gibt es mehr Arbeitslose unter 25 Jahren als in Frank-	SZ	07.11.2005	SD	Bericht	157, 5/5
Kein Vergleich zu Frankreich	Hilfsprogramme sollen Problemgruppen integrieren	SZ	08.11.2005	SD	Bericht	164, 4/5
Leben am Rand	In den Städten haben sich Viertel herausgebildet, in denen Armut und Arbeitslosigkeit	SZ	08.11.2005	SD	Bericht	164, 3/5
Sperrvermerk auf Integration	Freistaat kürzt Zuschüsse für Krise auf ein Minimum	SZ	08.11.2005	SD	Bericht	164, 2/5
Jugend-Krawalle in Frankreich: Kinder von Einwanderern schotten sich auch in Bayern immer mehr ab		SZ	08.11.2005	SD	Kolumnentitel	164, 1/5
Kopftücher und Kapuzen		SZ	08.11.2005	SD	Kommentar	162, 2/3
Brutale Angriffe auf die neue Heimat	Der islamistische Terror wendet sich zunehmend gegen Europa. Häufig sind die Täter radikalisierte Einwanderer	SZ	08.11.2005	SD	Bericht	161, 6/6
"Wir brauchen Ausbildungsplätze"		SZ	08.11.2005	SD	Meinungsinterview	164, 5/5
Lauter Weckruf über den Kanal	Die Briten betrachten ihre eigene Minderheitenpolitik als Erfolgsmodell - aber auch sie fürchten sich	SZ	08.11.2005	SD	Bericht	161, 3/6

147

"In zehn Jahren haben wir Paris hier"	Auch in Deutschland wächst die Zahl frustrierter Migrantenkinder ohne Jobs und ohne	SZ	08.11.2005	SD	Bericht	161, 2/6
Ende der Liberalität	Niederlande ziehen die Zügel an	SZ	08.11.2005	SD	Bericht	161, 1/6
Frankreich brennt		SZ	07.11.2005	SD	Pressespiegel	158, 2/2
Die ganz neue soziale Frage	Eine gute Sozialpolitik ist die beste Kriminalpolitik - in Frankreich und in	SZ	08.11.2005	SD	Kommentar	162, 1/3
Wohnviertel sozial mischen	Formen des Zorns / SZ vom 12./13. November	SZ	28.11.2005	SD	Leserbrief	196, 2/2
Frankreich begrenzt Benzinverkauf		SZ	27.12.2005	SD	Meldung	208, 1/1
Chirac stichelt gegen Sarkozy	Mit Attacken auf den Rivalen versucht der Präsident, sein Image zu verbessern	SZ	14.12.2005	SD	Bericht	206, 1/1
Machtlos im Élysée		SZ	14.12.2005	SD	Kommentar	205, 1/1
Oase in der Vorstadtwüste	Nabelschau französischer Kunst: Das neue Museum "Mac/Val" in der Banlieue-Gemeinde Vitry-sur-Seine	SZ	13.12.2005	SD	Bericht	204, 1/1
Sarkozy unerwünscht	Frankreichs Innenminister saft Reise nach Martinique	SZ	09.12.2005	SD	Bericht	201, 1/1
Revolte der Entsorgten	Das Buch zum Aufstand der Vorstädte: Der Soziologe Zygmunt Bauman studiert den Menschnmüll der	SZ	05.12.2005	SD	Kritik	199, 1/1
Humanitäre Geste	Polygamie ist in Deutschland verboten - dennoch wird zähneknirschend akzeptiert, das manche Familien so	SZ	18.11.2005	SD	Bericht	191, 3/5
Soziale Stadtgesellschaft selbstverständlich	Verantwortung von Architekten und Stadtplanern für Gewalt: Formen des Zorns / SZ vom 12./13. November	SZ	28.11.2005	SD	Leserbrief	196, 1/2
Wo die harte Hand versagt	Nicolas Sarkozy: Glück in der Politik, Pech in der Liebe	SZ	19.11.2005	SD	Glosse	193, 1/1
Das Sagen haben die großen Brüder	Viele in dem Migran-ten-Viertel erkennen, dass sie für den sozia-len Frieden selbst etwas tun müssen - doch für ihre Kinder sehen sie schlechte Chancen	SZ	19.11.2005	SD	Reportage	192, 1/1

Polyandrie		SZ	18.11.2005	SD	Harte Nachricht	191, 4/5
Villepin will Zuzug strenger regeln		SZ	30.11.2005	SD	Meldung	198, 1/1
Mit Geld nicht zu lösen	"In zehn Jahren haben wir Paris hier" / SZ vom 8. November	SZ	17.11.2005	SD	Leserbrief	190, 2/3
Nicolas Sarkozy ist neuer Präsident	Der konservative Politiker setzt sich gegen die Sozialistin Ségolène Royal durch / Hohe Wahlbeteiligung	SZ	07.05.2007	SD	Bericht	228, 1/1
Angst vor heißer Wahlnacht	Französische Polizei befürchtet Unruhen in den Vorstädten	SZ	05.05.2007	SD	Bericht	227, 1/1
Der wahre Kampf kann beginnen	In ihrem Duell werden Ségolène Royal und Nicolas Sarkozy versuchen, die Franzosen mit einfachen Botschaften zu mobilisieren	SZ	24.04.2007	SD	Bericht	226, 1/1
Die großen Gräben	Frankreich gerät erneut in Aufruhr, weil Politiker entrückt und Jugendliche falsch ausgebildet sind	SZ	22.03.2006	SD	Kommentar	219, 1/1
Störer des Glasperlenspiels	In Frankreich wird wieder der Revolutionsmythos beschworen	SZ	18.03.2006	SD	Problemdarstellung	216, 1/1
Grieche müsste man sein	Zwischen "Caché" und Cassavetes - ein Gespräch mit dem Filmemacher Michael Haneke	SZ	26.01.2006	SD	Meinungsinterview	214, 1/1
		SZ	06.12.2005	SD	Leserbrief	200, 1/1
Viel Weib, viel Streit	Kulturgeschichte der Polygamie	SZ	18.11.2005	SD	Bericht	191, 1/5
Gerechte Elite	Der Direktor der Pariser 'Sciences Po' kämpft für bessere Karrierechancen der Armen	SZ	12.12.2005	SD	Bericht	202, 1/1
		Welt	12.10.1990	PRD	Anreißer	11, 1/1
Blutige Straßenschlachten treiben Lyon immer tiefer in das Chaos		Welt	12.10.1990	PRD	Bericht	12, 1/1
Pariser Banlieues nicht mit Ramallah vergleichbar		Welt	08.11.2005	MD	Leserbrief	43, 2/2
Frankreichs Krawall [...]	Engländerin in Paris	Welt	08.11.2005	MD	Internetspiegel	43, 1/2
Brennende Autos / Gute Anarchie / Vorschläge nach Paris		Welt	09.11.2005	MD	Internetspiegel	48, 1/2
Wahre Propheten	Rapper aus den französischen Vorstädten warnen seit den frü-	Welt	09.11.2005	MD	Weiche Nachricht	49, 1/1

	hen neunziger Jahren vor dem Ausbruch von Krawallen					
Für André GLucksmann folgen die Unruhen in Frankreich dem Muster der		Welt	10.11.2005	MD	Weiche Nachricht	53, 1/1
Ursachen der Gewalt		Welt	10.11.2005	MD	Internetspiegel	52, 1/3
Verklärung von Gesetzesbrechern		Welt	15.11.2005	MD	Kommentar	66, 1/1
Frankreichs Sender üben Selbstzensur	Fernsehen zeigt keine brennenden Autos mehr und verschweigt die Orte der Randale	Welt	15.11.2005	MD	Bericht	68, 1/1
Endlich ein neues Feindbild gewonnen		Welt	15.11.2005	MD	Leserbrief	67, 1/1
Gefährliches Frankreich [...]	Warnung vor Frankreich	Welt	24.11.2005	MD	Internetspiegel	77, 1/1
Rasse oder Klasse	Der Philosoph Alain Finkielkraut schreibt den Vorstadt-Unruhen in Frankreich eine "ethnisch-religiöse" Dimension zu. Darf er das?	Welt	07.12.2005	MD	Essay	82, 1/1
Gefahrenpotentiale nur schwer beherrschbar		Welt	09.12.2005	MD	Leserbrief	84, 1/1
Vom Fundamentalismus der		Welt	10.12.2005	MD	Anreißer	86, 1/1
Das Böse aus der Vorstadt	*Michael Wieviorka* ergründet die Gewalt	Welt	11.03.2006	MD	Kritik	106, 1/1
Frankreich		Welt	31.10.2006	MD	Pressespiegel	139, 1/1
Note: 2		Welt	26.11.2005	PD	Kommentar	78, 2/2
Krawalle greifen auf weitere Pariser Vororte über		Welt	02.11.2005	PD	Meldung	21, 1/1
Wilde Nächte in Chlichy	Viele der Pariser Vororte leiden unter Armut, Arbeitslosigkeit und fehlenden Perspektiven	Welt	03.11.2005	PD	Bericht/ Problemdarstellung	24, 1/1
Jugendrevolte eskaliert		Welt	03.11.2005	PD	Meldung	22, 1/1
Chirac fordert Jugend zur Ruhe auf	Krawalle in den Pariser Vororten weiten sich aus - Innenminister Sarkozy bleibt trotz Kritik bei seinem Null-Toleranz-	Welt	03.11.2005	PD	Bericht	23, 1/1
Villepin beruft Krisensitzung des Kabinetts ein	Wieder Straßenschlachten in Pariser Vororten	Welt	04.11.2005	PD	Bericht	26, 1/1
In Pariser Vortorten schießen Randalierer auf die Polizei		Welt	04.11.2005	PD	Meldung	25, 1/1
Rechtsfreie Räume		Welt	04.11.2005	PD	Kommentar	27, 1/1
Frankreichs Krawalle weiten sich aus	Jugend-Randale erreicht die Provinz - Innenminister Sarkozy angefeindet - 519	Welt	05.11.2005	PD	Harte Nachricht	30, 1/1

	Autos ausgebrannt					
Ghettos in Flammen	Die Gewalt in den maroden Pariser Vorstädten weitet sich aus. Für viele Experten ist Frankreichs Integrationspolitik	Welt	05.11.2005	PD	Bericht/ Reportage	32, 1/4
Eine Intifada in Europa		Welt	05.11.2005	PD	Kommentar	33, 1/1
Welche Unruhen?	Während die Vorstädte brennen, geht das bürgerliche Paris seiner Wege	Welt	05.11.2005	PD	Reportage	34, 1/1
Frankreichs Modell		Welt	05.11.2005	PD	Kommentar	31, 1/11
Wie alles begann - der Stand der Ermittlungen		Welt	05.11.2005	PD	Harte Nachricht	32, 3/4
Anarchie in Frankreichs Stadt-		Welt	06.11.2005	PD	Bericht	141, 1/1
Krawalle erreichen das Zentrum von Paris	Polizei bekommt Unruhen nicht in den Griff - 1300 Autos angezündet - Staatspräsident Chirac beruft Sicher-	Welt	07.11.2005	PD	Bericht	35, 1/1
"Momo, wir werden hier alles kurz und klein schlagen"		Welt	07.11.2005	PD	Weiche Nachricht	36, 3/4
		Welt	07.11.2005	PD	[Bild]	36, 1/4
Die großen Brüder		Welt	07.11.2005	PD	Weiche Nachricht	36, 4/4
Der Staat integriert nicht		Welt	07.11.2005	PD	Kommentar	37, 1/1
"Wir suchen, suchen und finden nichts"	Wer als Jugendlicher in einer Vorstadt von Paris wohnt, bekommt nur schwer einen Job - Eine Momentaufnahme	Welt	07.11.2005	PD	Bericht/ Reportage	38, 1/1
Mit der Dämmerung kommt der Ausnahmezustand	In Saint Denis bei Paris lassen arbeitslose Immigrantenkinder ihrem Haß freien Lauf - Eindrücke der	Welt	07.11.2005	PD	Reportage	36, 2/4
Die Hoffnungslosigkeit der organisierten Ödnis	Verfallene Betongebirge und einförmige Wohnriegel: Städteplaner und Architekten konzipierten die	Welt	08.11.2005	PD	Zeitgeschichtliche Darstellung	40, 3/3
Versagende Integration		Welt	08.11.2005	PD	Kommentar	42, 1/1
Auf den Barrikaden	Die aktuellen Revolten in Frankreich folgen nur scheinbar dem Vorbild der großen Revolution	Welt	08.11.2005	PD	Zeitgeschichtliche Darstellung	44, 1/1
Ratlose Republik	Frankreich brennt seit elf Nächten. Politiker,	Welt	08.11.2005	PD	Bericht	40, 1/3

	Soziologen, Kommentatoren und Kirchenvertreter suchen nach Erklärungen, Thesen, Deutungen					
Ruf nach Schußwaffeneinsatz	Unruhen in Frankreich fordern erstes Todesopfer - Regierung erwägt Ausnahmezustand für	Welt	08.11.2005	PD	Bericht	39, 1/1
Notstandsgesetze gegen Krawalle in Frankreich	Ausgangssperre für Minderjährige in Amiens	Welt	09.11.2005	PD	Bericht	45, 1/1
Paris verstärkt Kampf gegen Randalierer	Gesetz aus Zeit des ALgerienkrieges reaktiviert - Vorerst Verzicht auf Einsatz der Armee - Programme für Prob-	Welt	09.11.2005	PD	Bericht	46, 2/5
"Dieser Haß ist wie ein Vulkan, der erloschen war und nun ausbricht"		Welt	09.11.2005	PD	Meinungsinterview	46, 3/5
Südafrikanische Lösung	Das französische Sozialmodell hat sich mit einer Kaste von Ausgegrenzten eingerichtet	Welt	10.11.2005	PD	Essay	52, 2/3
Frankreich verhängt Ausnahmezustand in 38 Städten		Welt	10.11.2005	PD	Bericht	50, 1/1
Paris erwägt Ausweitung des Notstandsrechts	Bürger der Problemviertel unterstützen die französische Polizei - Sozialprogramme für	Welt	10.11.2005	PD	Bericht	51, 1/5
Fußballer-Appell		Welt	10.11.2005	PD	Meldung	51, 2/5
Gewalt in Frankreich geht langsam zurück		Welt	11.11.2005	PD	Anreißer	54, 1/1
Polizisten vom Dienst suspendiert		Welt	11.11.2005	PD	Meldung	56, 2/2
Mehr als 2000 Festnahmen		Welt	11.11.2005	PD	Meldung	60, 1/1
Apartheid in Europa		Welt	12.11.2005	PD	Essay	61, 1/1
Apardheit in Europa		Welt	12.11.2005	PD	Anreißer	57, 1/1
Unruhen in 160 französischen Städten	463 Autos angezündet - Innenminister Sarkozy kritisiert erneut Teile der Jugend als "Rowdys"	Welt	12.11.2005	PD	Bericht	58, 1/1
Frankreichs Polizei rechnet mit Ende der Krawalle		Welt	14.11.2005	PD	Meldung	62, 1/1
Frankreichs Regierung will Notstandsrecht um weitere drei Monate verlängern		Welt	15.11.2005	PD	Bericht	65, 2/3
"Immigranten leben in einem Zwitterraum"	Der Ökonom Anthony Giddens gibt dem Reformstau die Schuld an den Kra-	Welt	15.11.2005	PD	Meinungsinterview	65, 1/3

	wallen in Frankreich					
Jugendkrawalle: Paris verlängert den Ausnahmezustand		Welt	15.11.2005	PD	Bericht	64, 1/1
Paris bleibt nur Appeasement	Um die Kämofe zu beenden, wird Frankreich die Rebellen fördern müssen	Welt	16.11.2005	PD	Kommentar	69, 2/2
Chirac diagnostiziert eine Sinnkrise in Frankreich		Welt	16.11.2005	PD	Bericht	69, 1/2
Notstand verlängert		Welt	17.11.2005	PD	Meldung	72, 2/3
Le Pen nennt Chirac den eigentlichen Brandstifter	Führer der Nationalen Front hofft auf neue Wähler	Welt	17.11.2005	PD	Bericht	72, 3/3
"Ich weiß genau, wo du wohnst"	Interview mit einem Gendarmen, der in einem Pariser Vorort arbeitet	Welt	17.11.2005	PD	Meinungsinterview	72, 1/3
Frankreichs Polizei sieht wieder normale Lage in den Vororten		Welt	18.11.2005	PD	Meldung	74, 1/1
Alles wird der Polizei überlassen		Welt	19.11.2005	PD	Kommentar	76, 1/1
Schwarze gründen in Paris Verband gegen Diskriminierung		Welt	28.11.2005	PD	Meldung	79, 1/1
Frankreich verschärft sein Einwanderungsgesetz	70 Prozent der Franzosen befürworten Sarkozys harte Haltung während der Unruhen - Zustimmung setzt Premier unter Druck	Welt	01.12.2005	PD	Bericht	80, 1/1
Paris reagiert auf Unruhen in Vorstädten mit Abschiebungen		Welt	06.12.2005	PD	Meldung	81, 1/1
Ein Pogrom gegen die Republik	Der Philosoph *Alain Finkielkraut* über die gewalttätigen Krawalle in Frankreichs Vorstädten	Welt	10.12.2005	PD	Meinungsinterview	87, 2/2
		Welt	10.12.2005	PD	[Bild]	87, 1/2
"Gesetz der Schande"	In Frankreich ist nach den Unruhen eine Debatte über die Kolonialgeschichte entbrannt	Welt	16.12.2005	PD	Zeitgeschichtliche Darstellung	89, 1/1
Aufstand der Vorstädte		Welt	27.12.2005	PD	Kommentar	91, 1/1
Chirac hebt Ausnahmezustand auf	Rückkehr zur Normalität - Nationalisten sprechen von	Welt	04.01.2006	PD	Bericht	95, 1/1
Französische Arroganz		Welt	04.01.2006	PD	Kommentar	96, 1/1
In den Pariser Vororten herrrscht trügerische Ruhe	Nach den Krawallen vom Herbst hat sich das Leben in den Banlieues nicht grundlegend verändert -	Welt	19.05.2006	PD	Bericht	116, 1/1

	Kritik am neuen Einwanderungsgesetz					
Unruhen in Pariser Vororten flammen wieder auf	Jugendliche zünden Autos an und liefern sich Straßenschlachten mit der Polizei - Sarkozy will Jugendstrafrecht	Welt	01.06.2006	PD	Bericht	118, 1/1
Frankreich fürchtet sich vor den "kleinen Faschisten"	Vor einem Jahr brachen in den Vororten von Paris Unruhen aus - Der Staat hilft mit Sozialprogrammen, doch die Gewalt	Welt	26.10.2006	PD	Bericht	134, 1/1
Brodelnde Vorstädte		Welt	26.10.2006	PD	Anreißer	133, 1/1
Ratlose Republik		Welt	27.10.2006	PD	Kommentar	131, 1/1
Paris droht mit harten Strafen		Welt	27.10.2006	PD	Anreißer	132, 1/1
Krawalle in Frankreich		Welt	30.10.2006	PD	Anreißer	136, 1/1
Überlebender von Clichy-sous-Bois verurteilt		Welt	13.01.2007	PD	Meldung	125, 1/1
Im Bus durch die Banlieue im Norden von Paris		Welt	30.03.2007	PD	Reportage	122, 1/1
"Erziehung zum Haß"	"Ist das deutsche *Integrationsmodell* gescheitert? Der Schriftsteller *Peter Schneider* über türkische Zwangsheiraten, islamische Patriarchen und die	Welt	09.12.2005	SD	Problemdarstellung	85, 1/1
"Nicht überall, wo Gymnasium draufsteht, ist auch Gymnasium drin"	Pisa-Chef: Schulen sind nicht sozial ungerechter geworden - Große Kompetenzunterschiede zwischen Ländern - Sitzenbleiber verbessern sich kaum	Welt	04.11.2005	SD	Bericht	28, 1/1
Trotz "Chaostagen" sind Frankreich und Deutschland nicht zu vergleichen		Welt	05.11.2005	SD	Harte Nachricht	32, 2/4
Sarkozy will in den Elysée	Die Krawalle könnten Frankreichs Innenminister ein Stück weiter auf dem Weg zur Präsidenschaft	Welt	05.11.2005	SD	Bericht/Kommentar	32, 4/4
"Die Krawalle werden kommen"		Welt	06.11.2005	SD	Meinungsinterview	143, 1/1
Eine neue Bildungskatastrophe		Welt	06.11.2005	SD	Kommentar	142, 1/1
"Integration geht nur über Arbeit"		Welt	08.11.2005	SD	Meinungsinterview	40, 2/3

Asylbewerber sollen fortan großzügiges Bleiberecht bekommen		Welt	08.11.2005	SD	Meldung	41, 1/1
		Welt	09.11.2005	SD	Kolumnenlead	46, 1/5
"Wir versuchen, die Konflikte zu lösen"	In den sozialen Brennpunkten deutscher Städte fürchtet man keine Gewaltausbrüche, sondern Arbeitslosigkeit und Armut - Ein Besuch in kritischen	Welt	09.11.2005	SD	Bericht	46, 4/5
Deutschland diskutiert Wege zu besserer Integration von Zuwanderern		Welt	09.11.2005	SD	Bericht	46, 5/5
Sarkozy gießt nur weiter Öl ins Feuer		Welt	09.11.2005	SD	Leserbrief	48, 2/2
Gefährliche Subkultur		Welt	10.11.2005	SD	Leserbrief	52, 3/3
Vier Integrationsmodelle im		Welt	10.11.2005	SD	Bericht	51, 3/5
In Köln und Berlin brennen erneut Autos		Welt	10.11.2005	SD	Meldung	51, 4/5
Das Aufenthaltsrecht soll reformiert werden		Welt	10.11.2005	SD	Bericht	51, 5/5
Wieder brennende Autos in Deutschland		Welt	11.11.2005	SD	Meldung	55, 1/1
"Deutschland hat es mit seinen Türken besser"	Die frenzösische Soziologin und Historikerin Dominque Schnapper rechnet mit der verfehlten Integrationspolitik ihres Landes ab	Welt	11.11.2005	SD	Meinungsinterview	56, 1/2
Bald Normalszustand in ganz Europa		Welt	12.11.2005	SD	Leserbrief	59, 1/1
Rußland blickt nach Frankreich	Die Ausschreitungen in Paris kommen den Nationalisten in Moskau gerade recht, um Stimmung gegen alle Fremden zu ma-	Welt	15.11.2005	SD	Harte Nachricht	65, 3/3
Die beiden Leitkulturen	Eine Besinnung auf die Zehn Gebote gilt als verdächtig. Derweil wird der Vormarsch des Islam akzeptiert	Welt	16.11.2005	SD	Essay	70, 1/1
Gebt dem Kaiser, was des Kaisers ist	Integration in der Antike: Nicht am Zustrom von Immigranten zerbrach das alte Rom, sondern am aufgeblähten	Welt	17.11.2005	SD	Zeitgeschichtliche Darstellung	73, 1/1
"Ich bin nicht Pessimist, sondern Realist"	Islam-Experte Hans-Peter Raddatz fordert einen ehrlichen Dialog über die Schattenseiten des Islam	Welt	17.11.2005	SD	Meinungsinterview	71, 1/1

155

DANN der großen Städte	Die "Urban Age"-Konferenz preist London als metropolitanes Vorbild	Welt	18.11.2005	SD	Harte Nachricht	75, 1/1
Chroniken des Scheitern		Welt	26.11.2005	SD	Kommentar	78, 1/2
Sarkozy unerwünscht	Frankreichs Innenminister sagt Reise nach Martinique	Welt	09.12.2005	SD	Bericht	83, 1/1
Gerichtsurteil: Französische Rapper dürfen vom Minister-mord sinden		Welt	17.12.2005	SD	Glosse	93, 1/1
Romantiker mit offenen Augen	Eine Begegnung mit *Camille de Toledo*, dem Hoffnungsträger einer neuen, schwärmerisch-realistischen Linken	Welt	17.12.2005	SD	Kritik	92, 1/1
Pars erleichtert über geringe Krawallschäden		Welt	02.01.2006	SD	Harte Nachricht	94, 1/1
"Integration bedeutet auch, sich anzupassen"		Welt	11.01.2006	SD	Meinungsinterview	6, 1/1
Banlieue		Welt	12.01.2006	SD	Kritik	100, 1/1
Frankreichs Innenminister Sarkozy attackiert Chirac	Politiker wirft dem Präsidenten Zaudern vor	Welt	13.01.2006	SD	Bericht	97, 1/1
Villepin präsentiert Konzept gegen Jugendarbeitslosigkeit		Welt	17.01.2006	SD	Harte Nachricht	98, 1/1
Chiracs Atomdoktrin	*Frankreichs Präsident* verblüfft mit seiner Drohung *präziser Nuklearschläge*. Sie entspricht aber seiner Politik seit 1995	Welt	21.01.2006	SD	Bericht	99, 1/1
Von den Vorstädten in die Klassenzimmer	In Frankreich nimmt die Gewalt an den Schulen zu - Erziehungsminister will hart durchgreifen	Welt	26.01.2006	SD	Bericht	101, 1/1
Guter Junge, böser Junge	Radau als Beruf: Deutschlands führender Skandal-Rapper Bushido beim Heimspiel in Berlin	Welt	31.01.2006	SD	Weiche Nachricht	102, 1/1
Heilig oder scheinheilig?	Auch die Franzosen haben Schwierigkeiten mit	Welt	11.02.2006	SD		103, 1/1
Kultur der Einschüchterung	Zeichner werden bedroht, Lehrer geben auf, Künstler resignie-ren. Im Zuge des Karikaturenstreits häufen sich in Europa Fälle von Selbstzen-sur	Welt	16.02.2006	SD		104, 1/1

"Milieu der sozialen Verwerfungen"	Neuköllns Bürgermeister Busch-kowsky (SPD) über Jugendgewalt, Menschen am Rande der Gesellschaft und den Film "Knallhart"	Welt	19.02.2006	SD		3,1/1
Beust will Islam-Unterricht an Schulen		Welt	22.02.2006	SD		4, 1/1
Judenmord in Frankreich		Welt	24.02.2006	SD		105, 1/1
Gewerkschaften und Studenten lehnen Gespräche mit de Villepin ab		Welt	14.03.2006	SD	Meldung	2, 1/1
Studenten weiten Proteste gegen Arbeitsmarktpolitik aus	Frankreichs Premier will an Reform festhalten	Welt	15.03.2006	SD	Bericht	108, 1/1
"Dem Libanon ähnlich" - wie der Publizist Michel Gurfinkiel Frankreichs Zukunft sieht	Michel Gurfinkiel fürchtet das Ende des homogenen Nationalstaates und schildert die Folgen des europäischen Appeasements	Welt	16.03.2006	SD	Meinungsinterview	7, 1/1
Privilegierte auf den Barrikaden		Welt	19.03.2006	SD	Kommentar	8, 1/1
Das "Gesetz für Chancengleichheit"		Welt	20.03.2006	SD	Bericht	107, 1/1
Älter als jede Revolution	Frankeichs Studenten wollen zurück in den Mutterschoß des glücklichen Mittelsmaßes	Welt	21.03.2006	SD	[Bild]	111, 2/2
Das lebende Paradoxon	Die aktuelle Revolte hat nichts mit 1968 aber sehr viel mit dem Chaos in den Vororten zu tun	Welt	21.03.2006	SD	Kommentar	111, 1/2
Grand Nation hinterm Betonwall		Welt	06.04.2006	SD	Kommentar	113, 1/1
"Europa wird islamistisch"	Die Christen werden zur Minderheit in Europa. Gegen den Iran braucht es Härte. Amerika ist bedroht. Ein Gespräch mit dem renommierten Islamwissenschaftler Berhard Lewis	Welt	09.04.2006	SD		114, 1/1
Auf Sarkozy ruht alle Hoffnung		Welt	18.05.2006	SD		115, 1/1
Sarkozys Präsenz		Welt	01.06.2006	SD		119, 1/1
Krawalle in Pariser Vorstädten		Welt	01.06.2006	SD		117, 1/1
Sarkozys Mann für die Minderheiten	Arno Klarsfeld soll als Vermittler im Streit um das neue Aufenthalts-recht in Frankreich die Gemüter beruhigen	Welt	29.07.2006	SD		124, 1/1

157

Alain Juppé kehrt in die französische Politik zurück	Sarkozys Gegner in der UMP hoffen auf Ex-Premier	Welt	08.08.2006	SD	127, 1/1
Opposition wirft Sarkozy "Jagd auf Kinder" vor	Französischer Innenminister will Abschiebung aller Einwanderer mit Angehörigen im Heimatland - Kritiker fordern zum Verstecken der	Welt	18.08.2006	SD	126, 1/1
Le Pen will es noch einmal wissen	Der Parteivorsitzende der *Nationalen Front* hält Innenminister Sarkozy für ein Fliegengewicht und hofft auf *Frankreichs Präsidentschaft*	Welt	06.09.2006	SD	128, 1/1
Frankreichs Regierung droht nach Krawallen mit harten Strafen	Vor dem Jahrestag der Vorort-Unruhen stecken bewaffnete Randalierer Busse in Brand - Paris will 35 Milliarden Euro für Sanierung ausgeben	Welt	27.10.2006	SD	Bericht	130, 1/1
Große Präsenz der Polizei soll Krawalle in Paris verhindern		Welt	28.10.2006	SD	Meldung	135, 1/1
Schäuble: Muslime müssen sich in Deutschland besser integrieren		Welt	30.10.2006	SD	Bericht	138, 1/1
Junge Frau nach Brandanschlag in Frankreich lebensgefährlich verletzt	Präsident Chirac verurteilt die Tat als "niederträchtigen Akt" - Gewalt fiel am Jahrestag der Vorort-Unruhen allerdings geringer als erwartet aus	Welt	30.10.2006	SD	Bericht	137, 1/1
Viel Geld, wenig Geist	*Benjamin Berton* ist der Soziologe unter den jungen französischen Autoren. Jetzt hat er über die neuen Reichen einen Roman	Welt	02.12.2006	SD	129, 1/1
Aufstehen, immer aufstehen	Nicolas Sarkozy, französischer Innenminister, wird heute zum Spitzenkandidat der Konservativen für die Präsidentschaftswahlen gekürt. Er rechnet mit einem Sieg, obwohl er in den	Welt	14.01.2007	SD	140, 1/1
Als "erster Flic" Frankreichs fühlt sich Sarkozy wohl	Dem Präsidentschaftskandidaten der Bürgerlichen kommen die Unruhen in Paris	Welt	30.03.2007	SD	123, 1/1

	zugute - Im Tross des Wahlkämpfers					
Eine gelangweilte Nabelschau ersetzt die politische Debatte	Über Frankreichs egozentrischen Wahlkampf	Welt	31.03.2007	SD		121, 1/1
Arbeit aufwerten, Einwanderung zügeln	Wie der konservative französische Präsidentschaftskan-	Welt	03.04.2007	SD	Bericht	13, 1/1
Frankreich wappnet sich gegen den Terror	Al-Quaida-Experte: "Heute müssen wir uns nicht mehr fraagen, ob es Anschläge geben wird, sondern wann und	Welt	14.04.2007	SD	Bericht	16, 1/1
Französische Evolution		Welt	20.04.2007	SD	Bericht	17, 1/1
Spiel mit nationalen Mythen	*Frankreich* vor der *Wahl*: Die möglichen Präsidenten setzen in der Endrunde auf die patriotische Karte. Versuch eines *Psychogramms* der Kandidaten	Welt	21.04.2007	SD	Bericht	18, 1/1
Verletzt, gerade wegen fortgeschrittener Integration		Welt	08.05.2007	SD	Essay	19, 1/1
Zurück zum Kern	Die Zukunft der Städte liegt in ihren Zentren: Der 34. Deutsche Städtetag in München diskutiert die Integration von Migranten	Welt	23.05.2007	SD	Bericht	120, 1/1

8.5 Diskurstypen und ihre diachrone Verteilung

(A) Diachrone Diskurstypenverteilung im ND (Primärtextkorpus)

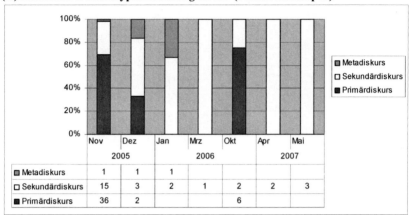

	Nov	Dez	Jan	Mrz	Okt	Apr	Mai
	2005		2006			2007	
▣ Metadiskurs	1	1	1				
☐ Sekundärdiskurs	15	3	2	1	2	2	3
■ Primärdiskurs	36	2			6		

(B) Diachrone Diskurstypenverteilung der WELT (Primärtextkorpus)

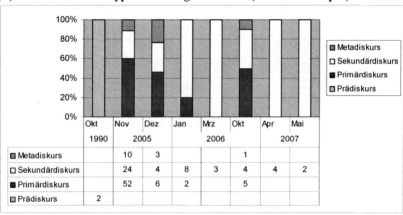

	Okt	Nov	Dez	Jan	Mrz	Okt	Apr	Mai
	1990	2005		2006			2007	
▣ Metadiskurs		10	3			1		
☐ Sekundärdiskurs		24	4	8	3	4	4	2
■ Primärdiskurs		52	6	2		5		
▣ Prädiskurs	2							

(C) Diachrone Diskurstypenverteilung in der SZ (Primärtextkorpus)

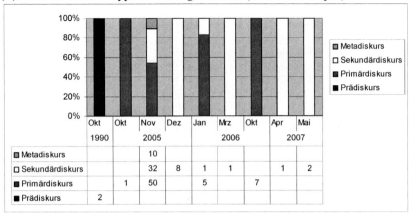

(D) Metadiskursive Anteile in Artikeln des Primär- und Sekundärdiskurses (Diachron; Primärtextkorpus)

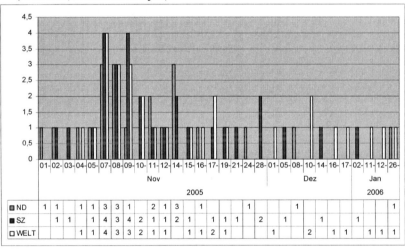

161

(E) Diachroner und intermediärer Vergleich des Primärdiskurses (Primärtextkorpus)

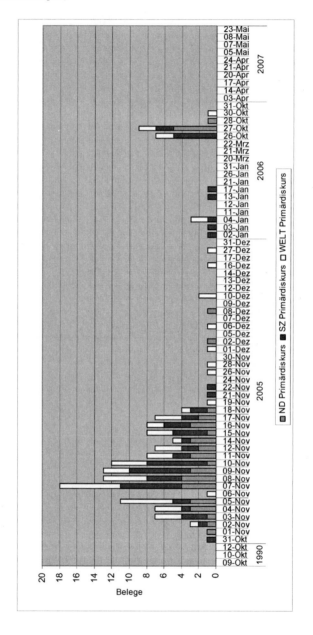

8.6 Zur Verteilung von Rubriken

(A) Textbelege nach Rubriken (im Primärdiskurs des Primärtextkorpus)

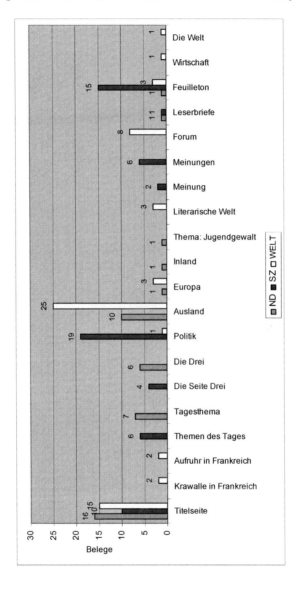

(B) Diachrone Verteilung der Rubriken im Primärdiskurs des ND

			Titel-seite	Tages-thema	Die Drei	Ausland	Europa	Inland	Thema: Jugend-gewalt	Leserbrie-fe	Feuilleton
2005	Nov	01-Nov			1						
		02-Nov				1					
		03-Nov				1					
		04-Nov	2				1				
		05-Nov	1	2							
		07-Nov	1			2		1			
		08-Nov	2			1					1
		09-Nov	1			2					
		10-Nov	1								
		11-Nov	1			1			1		
		12-Nov	2								
		14-Nov	1		1					1	
		15-Nov	1								
		16-Nov	2			1					
		17-Nov				1	1				
		18-Nov			1						
	Dez	02-Dez				1					
		08-Dez				1					
2006	Okt	27-Okt	1	4							
		28-Okt				1					

(C) Diachrone Verteilung der Rubriken im Primärdiskurs der SZ

			Titelseite	Themen des Tages	Die Seite Drei	Politik	Meinung	Mei-nungen	Leserbrie-fe	Feuilleton
2005	Okt	31-Okt				1				
	Nov	02-Nov				1				
		03-Nov	1			1		1		
		04-Nov			1					

2006		05-Nov	1							1			
		07-Nov	1		3					1		2	
		08-Nov	2		1							1	
		09-Nov	1			1	3			2			
		10-Nov	1				4					2	
		11-Nov				1	1						
		12-Nov					1					1	
		14-Nov					1						
		15-Nov	1				1					2	
		16-Nov	1				1			1			
		17-Nov					1				1		
		18-Nov			2								
		21-Nov										1	
		22-Nov										1	
	Jan	02-Jan				1							
		03-Jan					1						
		04-Jan							1				
		13-Jan					1						
		17-Jan					1						
	Okt	26-Okt										5	
		27-Okt	1						1				

(D) Diachrone Verteilung der Rubriken im Primärdiskurs der WELT

			Titelseite	Aufruhr in Frankreich	Krawalle in Frankreich	Politik	Ausland	Europa	Forum	Literarische Welt	Feuilleton	Wirtschaft	Die Welt
2005	Nov	02-Nov				1							
		03-Nov	1				2						
		04-Nov	1				1		1				
		05-Nov	2		2				1		1		
		06-Nov	1										
		07-Nov	1				5					1	

165

		08-Nov	1	2					1		1		
		09-Nov	1				2						
		10-Nov	1					2	1				
		11-Nov	1					1					
		12-Nov	1				1			1			
		14-Nov					1						
		15-Nov	1				2						
		16-Nov					2						
		17-Nov					3						
		18-Nov					1						
		19-Nov							1				
		26-Nov							1				
		28-Nov				1							
	Dez	01-Dez					1						
		06-Dez					1						
		10-Dez								2			
		16-Dez									1		
		27-Dez											1
	Jan	04-Jan					1		1				
2006	Okt	26-Okt	1				1						
		27-Okt	1						1				
		30-Okt	1										

8.7 Verteilung von Textsorten

(A) Textsorten im Primärdiskurs
(Intermediärer Vergleich des Primärtextkorpus')

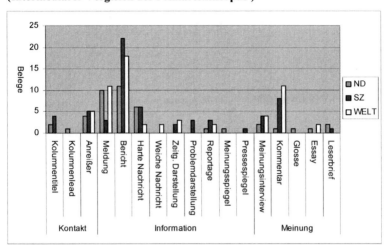

(B) Textsorten im Sekundärdiskurs
(Intermediärer Vergleich des Primärtextkorpus')

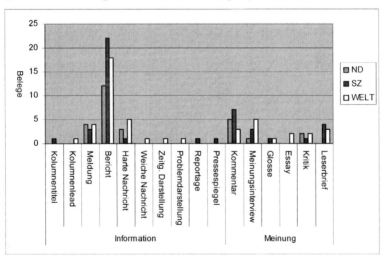

(C) Textsorten im Metadiskurs
  (Intermediärer Vergleich des Primärtextkorpus')

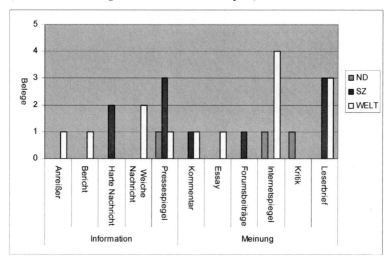

8.8 Verteilung der Bildberichterstattung im Primärdiskurs

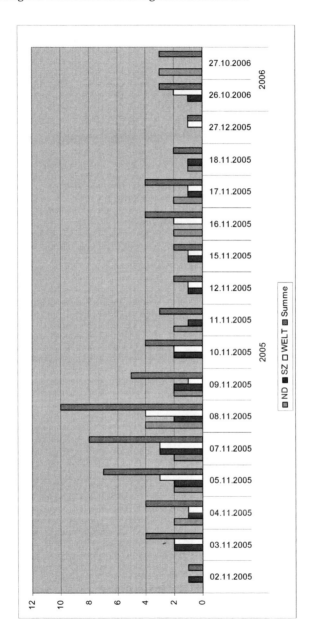

8.9 Diskursimport und Diskursexport-Verhältnisse der Belegseite [161, 1-6/6]

(1) und (2): Rubrik und Seitenlead eröffnen den semantischen Raum und aktivieren implizit („Thema des Tages") wie explizit das diskursive Wissen zu den *schweren Ausschreitungen in Frankreich* (Primärdiskurs). (3) Bild und Bildtext zum Primärdiskurs der UNRUHEN konstituieren – in Augenhöhe platziert – den semantischen Raum mit den Konzepten <Gewalt, Zerstörung, Tod> in kausaler Verbindung mit <misslun-

gener Integration> (*Scheitern der französischen Integrationspolitik*). Der „Lexikonartikel" (4) verknüpft metasprachlich sowie in seiner (qua Textsorte) deklarativen Deutung von *Quartiersmanagement* die <zerstörerischen Unruhen> kausal mit dem Konzept <Ballung von Fremden> und legt zusammen mit (1), (2), (3) und (6) den Grundstein (*Befürchtungen, dass vergleichbare Unruhen auch anderswo ausbrechen könnten*) für den in den weiteren Artikeln der Seite konstituierten Diskursimport. Der Primärdiskursartikel (6) unterstützt (4), in dem er das Konzept der <Fremde> und des <Nicht-Einheimischen> direkt auf die französische Situation anwendet (*Einwanderer*); vgl. dazu auch oben 4.3.1. Zugleich erfährt der Primärdiskurs einen Diskursexport aus den Sekundärdiskurs-Artikeln (5) und (8), in denen die URSACHEN-Konzepte <[gefährlicher] Islamismus> und <misslungene Integration> sowie das Begegnungskonzept <assimilierende Integration> dominant konstituiert werden. Der Sekundärdiskurstext (9) expliziert schließlich die in den vorherigen Artikeln nur angedeutete Grundtendenz (*Der islamistische Terror wendet sich zunehmend gegen Europa. Häufig sind die Täter radikalisierte Einwanderer*) und rundet damit (auch in der Textanordnung) den semantischen Raum ab, in dessen Zentrum die an die deutschen Adressaten mahnend gerichtete Aussage gipfelt: „*In zehn Jahren haben wir Paris hier*" (Sekundärdiskurs, (7)).

8.10 Tabelle zu (Text-) Bild-Diskursen im Primär- und Sekundärdiskurs[174]
(nach Datum sortiert)

BeNu	Med.	DT	Datum	FOK	Handlungstyp	Konkrete Bild-Text-Handlung	Kotext	Kontext
144, 1/1	SZ	PRD	09.10.1990	RP/AS; EX	Genrebild trotz Ereignisangaben: Prädizierung von "Straßenschlachten"; vier vermummte Polizisten greifen einen Jugendlichen in ihrer Mitte; legt den 'Gewaltagens' auf die Polizei, die Schuld hierfür jedoch auf die Jugendlichen ("Straßenschlachten mit der Polizei lieferten sich Jugendliche"; Fokus auf	illustrieren ("Straßenschlachten mit der Polizei lieferten sich Jugendliche"), Schmerzen und Gewalt zum Ausdruck bringen	Vermummte Uniformierte: Polizei in beängstigender Form	Titel, Untertitel, Body
147, 1/1	SZ	PD	02.11.2005	RP/AS	Genrebild (zum erste Mal das Sujet: Feuerwehrleute beim Löschen eines brennenden Autos), prädiziert die "Unruhen"	illustrieren ("Feuerwehrleute versuchen [...] ein in Brand gestecktes Fahrzeug zu löschen. Auch in der Nacht zum Dienstag dauerten die Unruhen an.")	brennendes Fahrzeug, Uniformierte mit Schlauch; Zeichen für Zerstörungen	Body: "haben Jugendliche [...] Autos angezündet"
148, 1/1	SZ	PD	03.11.2005	RP/AS	Genrebild mit Ereignispotentialen: Brennendes Fahrzeug in der Nacht	repräsentierten ("Konflikt zwischen jugendlichen Immigranten und der Polizei") und exemplifizieren ("[Randalierer] steckten mehr als 60	Brennendes Fahrzeug: Prototyp für Zerstörung und Unruhe/ Unordnung	Interseitenverweise
150, 1/1	SZ	PD	03.11.2005	RP/AS; DI	Genrebild mit Ereignispotential: Ausgebranntes Fahrzeug (LKW); Ortsangabe; es ist nicht abklärbar, ab wann das Genrebild als Ereignisbild zu betrachten ist (nachdem es auf der Titelseite war? Vgl. 148,1/1 gleicher Ausgabe)	illustrieren ("Ausgebrannt: Ein Lkw am Morgen nach den Randalen in Aulnay-sous-Bois."), den Innenminister zu anderem, wirksamen "Kurs" gegen die Unruhen auffordern ("Der harte Kurs [...] bleibt umstritten")	Ausgebranntes Fahrzeug: Zeichen für Zerstörung und Unruhe/ Unordnung; Zeichen für die Unruhen?	Body, Beititel und Titel weisen auf ausgebrannte Fahrzeuge hin; Bild hat insofern exemplifizierende Funktion
24, 1/1	WELT	PD	03.11.2005	RP/AS, EX,DI	- Bild 1 [Hochhäuser]: Genrebild <Trostlosigkeit, Leere, Kälte> [AS/ EX] - Bild 2 [sitzende Moslems]: Ereignisbild (Ortsangabe; widerspricht dem ansonsten bekannten Bild von betenden Moslems; hier: in der Runde, unterschiedlich sitzend, - Bild 3 [Abgebranntes Gebäude]: Ereignisbild (Ortsangabe, Detailangabe über den - Bild 4 [lodernde Flam-	- Bild 1: illustrieren, aufmerksam machen auf, anteilnehmen (Trostlosigkeit), appellieren (Intertextuell, letzter Satz: "Aber es gibt keine Wohnungen, es gibt keine Arbeit, und der Bürgermeister hat kein Geld. Das ist es, was man Sarkozy sagen muß") - Bild 2: illustrieren, belegen und überzeugen (intertextuell:	4 Bilder: - Feuer (Großbild), - Hochhaussiedlu - sitzende Moslems, - abgebranntes Gebäude mit Feuerwehrleuten	- Zusammenschau von insg. 4 Bildern, drei kleinen in der Mitte des Artikels, eines am linken Rand (25x8)

---

[174] BeNu = Korpusbelegnummer; DT = Diskurstyp (PRD = Prädiskurs; PD = Primärdiskurs; SD = Sekundärdiskurs; MD = Metadiskurs); FOK = Funktionsoberklasse (AS = Assertiva; RP = Repräsentativa; DI = Direktiva; EX = Expressiva; DE = Deklarativa; KO = Kommissiva)

					men]: Ereignisbild (Orts- und Datumsangabe, Akteurbenennung; Text übernimmt zudem zeitliche Transformation: "Allein in diesem Vorort steckten Jugendliche [...] in Brand"))	"Dennoch wäre es falsch, die Unruhen [...] mit dem Islam in Verbindung zu bringen."); Bild 3: Illustrieren, Aufmerksamkeit erregen, verpflichten; Bild 4: Ereignis Illustrieren (Brände) und als Genre der textuellen Transformation zu Verfügung → Bilder-Text-Handlung: illustrieren und belegen ("Armut, Arbeitlosigkeit und fehlende Perspektiven" [Untertitel]; lodernde		
22, 1/1	WELT	PD	03.11.2005	RP/AS	Ereignisbild mit Genrepotential → durch PRD (in Frankreich brennen häufiger Autos) sowie durch die allgemeine Assoziation <ausgebrannte Autos = etwas unnormales>; ferner werden die abgebildeten Jugendlichen nicht näher benannt. Ereignisfunktion übernehmen Titel ("eskaliert") und Bildtituli ("Jugendliche im Pariser Vorort Sevran nach der sechsten von Gewalttätigkeiten überschatteten Nacht in Folge"), wobei der temporale und Ereignisgliedernde Zusatz ("in Folge") das	gibt als wahr an, belegt und illustriert (Unruhe, Unnormalität)	Zerstörte Autos in Frontalperspektive, im Hintergrund 2 vermummte Jugendliche auf einem anderen Auto(dach) stehend	In der Mitte der Titelseite gelegen; Überschrift: "Jugendrevolte eskaliert"
235, 1/1	ND	PD	04.11.2005	RP/AS	Genrebild (identisch mit 101, 1/ 1 u.a.) - "Brennende Autos" als Beispiel für die Unruhen	illustrieren ("Brennende Autos")	Kapuzenträger vor Flammen mit beschwörender Gestik; Typikalität erinnert je nach Rezipient (v.a. jüngerer Rezipienten, was beim ND derzeit fraglich ist) an Gangster-Prototyp	nichts auffälliges; Bild rekurriert v.a. auf Chaos und "Flammen"
234, 1/2	ND	PD	04.11.2005	RP/AS	Genrebild: Keine Ereignisexplikation; prädiziert "Chaos" (brennendes Fahrzeug mitten auf der Straße) und "Schlachten" (Kolonne bewappneter Polizisten auf dem Weg an dem brennenden Auto vorbei)	illustrieren ("Chaos", "Schlachten")	Typikalitäten: Brennendes Fahrzeug für Unruhe, Hinweis für Unnormalität; Reihe gepanzerter Uniformierter für bewappnete,	Das Bild wirkt prädizierend auf 234, 1/ 1 ("Flächenbrand")

							organisierte Gruppe	
151, 1/1	SZ	PD	04.11.2005	RP/AS	Genrebild: Prädiziert JUGENDLICHE (Gruppe Jugendlicher steht anteilnahmslos vor Rauchwand)	illustrieren ("Eben noch Kämpfer ohne jede Regel, im nächsten Augenblick normale Nichtstuer")	Jugendgruppe, teilweise Kapuzenträger können nach dem Lesen des Bodys in Zukunft sicher prototypischer rekonstituiert werden	Im Body wird mehrfach auf die Jugendlichen rekurriert, insb. auf die hier abgebildeten Kapuzenträger, die die Abgebildeten als "Brandstifter"
26, 1/1	WELT	PD	04.11.2005	RP/AS	- Bild 1 [Feuerwehrmänner; klein]: Genrebild (Konkretion des Löschobjektes) mit Genrepotential (Brand - Bild 2 [Autowracks vor Markt; groß]: Genrebild (Orts- und Zeitangabe)	- Bild 1: illustrieren (Brand und Brände) - Bild 2: illustrieren (anhaltende Unruhen), Verwunderung ausdrücken und appellieren etwas zu tun ("noch immer stehen die abgebrannten Autowracks der Straßenkämpfe [...]		
237, 3/3	ND	PD	05.11.2005	RP/AS; EX	Genrebild: Ausgebrannte Fahrzeuge (27 Busse) als Beispiel für die Unruhen	illustrieren ("27 Busse gingen [...] in Flammen auf"); Text übernimmt zeitliche Prädizierung. In Verbindung mit dem Titel ("Regierung ratlos") kann der abgebildete Polizist mit gesenktem Haupt als Gestik der 'Ratlosigkeit'	Uniformierter vor ausgebrannten Fahrzeugen: Unruhe	Beititel und (evtl.) Titel-Kontext
236, 1/1	ND	PD	05.11.2005	RP/AS; DE	Genrebild bzw. Genrebildprägung ("Paris im Herbst 2005: Feuerwehr im Dauerein-satz")	illustrieren ("Feuerwehrleute im [...]einsatz"), den Sachverhalt als typisch markieren und als 'Epoche' ("Paris im Herbst 2005") deklarieren	Brennendes Gebäude und Uniformierter: Typikalität von Feuer und Feuerwehr	Kontext maßgeblich zum Beititel, gering zu Titel ("Unruhen") und Body ("Brandstifter")
154, 1/1	SZ	PD	05.11.2005	RP/AS; DI; DE	- Bild 1 [Feuerwehrleute vor Brand]: Genrebild - prädiziert die Unruhen - Bild 2 [Polizist vor Reihe ausgebrannter Busse]: Ereignisbild - brennende oder ausgebrannte Fahrzeuge sind in dieser Zeit prototypisch zur Rekurrierung (mit dem Konzept <Zerstörung>) auf die Ereignisse in Frankreich	- Bild 1: illustrierend ("versuchten Feuerwehrleute, den Brand [...] zu löschen") - Bild 2: illustrierend ("27 Linienbusse in einem Depot in Brand"), deklarieren ("Polizei war macht-los" - Polizist aus der Rückperspektive mit gesenktem Haupt die Reihe der Busse entlang gehend), auffordernd (etwas gegen die Unruhen und die Machtlosigkeit der Polizei zu tun)	Ausgebrannte Fahrzeuge und Uniformierte; Prototyisch für Zerstörung und 'Unruhen'/ Unordnung; Unruhenrekurri erung	Kein besonderer Hinweis

174

155, 1/2	SZ	PD	05.11.2005	RP/AS; KO; DI	Genrebild: prädiziert bzw. versinnbildlicht die Aussage des 'Öl ins Feuer gießen' ("Huile" ist auf der Kanne lesbar), wie sie insb. Sarkozy immer wieder zugerechnet wird; als (Hand-) "Zeichnung" erkennbar	humoristisch illustrieren ("Die vornehme Art zu löschen": Chirac als König im Hintergrund, Sarkozy kleiner mit Ölkanne und Schnupftuch über das Feuer gebeugt), verspricht, als Karikatur humoristisch zu sein, fordert auf, sich den Unruhen richtig anzunehmen (nicht mit 'arroganter'	Handzeichnung unter der Rubrik "Meinungen" konstituiert Karikatur; Handzeichnungen lassen sehr viel leichter Figuren und Szenen prototypisch erfassen	Handzeichnung unter der Rubrik "Meinungen" konstituiert Karikatur
32, 1/4	WELT	PD	05.11.2005	RP/AS; DI	- Bild 1 [brennendes Gebäude]: Ereignisbild (Ortsangabe und implizite Deixis ["Kaufhausbrand"] - Bild 2 [Reihe ausgebrannter Busse]: Ereignisbild (Ortsangabe) - Bild 3 [Polizist mit Gasgewehr]: Intertextuell wie interpikturell als genrehaft (Polizei sei nicht in der Lage, "der Gewalt Herr zu werden"; Chaos illustrierend) - Bild 4 [Hochhäuser und Ortsschild]: Ereignisbild (Orts-, Zeit- und Ereignisangaben; steht für den Anlass der Unru-	- Bild 1: illustrieren ("Kaufhausbrand") - Bild 2: illustrierend (ausgebrannte Busse) - Bild 3 und 4 ohne direkte Tituli; - Bild 1-4 haben interpikturell die Bild-Text-Handlung: illustrieren (Chaos, Unruhe)	Bilder illustrieren Zerstörung (Feuer bzw. Folgen von Feuer)	Bilder stehen in losem Verbund mit dem Fließtext, haben keine eigentliche Handlungsfunktion; Intertextualität mit Titel ("Ghettos in Flammen")
30, 1/1	WELT	PD	05.11.2005	RP/AS	Genrebild: Ortsangabe; Untertitel abstrahiert das Ereignis jedoch als "Zerstörung"; textuelle Prägung des zunächst singulären Bildes als genrehaft (als exemplarisch für Zerstörung)	illustrieren ("Zerstörung"), in-Frage-stellen und deklarieren ("Die Polizei sieht ein 'spielerisches Element'"; d.h. Kontrastierung der Aussage mittels Bild ["Zerstörung"] und Zitat-als-Distanzmarkern)	Brennendes Fahrzeug als Prototyp für die Unruhen in Frankreich (das Fahrzeug wird als solches nicht mehr fokussiert, sondern abstrahiert: "Zerstörung") sowie Feuer als Stereotyp für Gefahr und Gewalt	Bild steht in direktem Kontext zu Meldungstitel ("Frankreichs Krawalle") und Untertitel ("Jugend-Randale")
34, 1/1	WELT	PD	05.11.2005	RP/AS; EX	Singuläres Bild, jedoch ohne Orts- und Zeitangabe; Beititel und Fließtextbelege weisen das Bild als Genrehaft aus ("Der Kellner ist weiß, der Gemüsehändler ist weiß. [beide nicht abgebildet]. Farbige sind kaum zu sehen in den besseren Vierteln von Paris, wo die nationalen Eliten sich bleiben"; "In den Bars und Bistros sieht man sie nie [...]"). Genrehaft: eine farbige Frau; keine brennende, sondern ruhige Szenerie	illustrieren (Ruhe im bürgerlichen Paris), zur Anteilnahme bewegen (gegenüber farbigen "Banlieusards")	Farbige Frau links im Bild; Ganzansicht; Blick zu Boden gewandt; Mimik erkennbar unfröhlich; im Hintergrund Laden ("Jazzclub")	Keine Hinweise

				(Titel: "Welche Unruhen?")			
32, 4/4	WELT	SD	05.11.2005	RP/AS	Ereignisbild: Fließtext rekurriert auf ein Ereignis, in dem Villepin Sarkozy in Schutz nimmt, um sich selbst dabei öffentlich zu positionieren ("in der Nationalversammlung [...]"). Die Köpfe der Abgebildeten richten sich in von einanderander abgewandte Richtungen, Beitext: "Duell"/ "Sarkozy (l.) und Premier Villepin (r.)"; genrehaft: Politiker bei Pressekonferenz	illustrieren (Sarkozy und Villepin in der Nationalversammlung/ im "Duell"); belegen ("Duell" zwischen Sarkozy und Villepin),	2 in Anzug Gekleidete vor Mikrofonen → Typkalisierung: Politiker bei einer Pressekonferenz	Steht im Kontext zu 32, 2/ 4: - Hochschlagende Flammen - hier Beititel: "Selbst die Unruhen [...]"
32, 2/4	WELT	SD	05.11.2005	vgl.32,1/ 4; Bild1	vgl. 32, 1/ 4; Bild 1	vgl. 32, 1/ 4; Bild 1	vgl. 32, 1/ 4; Bild 1	vgl. 32, 1/ 4; Bild 1
143, 1/1	WELT	SD	06.11.2005	RP/AS; DI	- Bild 1 [Rücken von Polizisten auf Straße]: Ereignisbild mit Diskursexport- Funktion (Ereignisangabe ohne Zeitangabe; "Polizisten bewachen die Straßen von Burmingham" [=Beititel]; "Die Krawalle werden kommen" [=Titel]) - Bild 2 [Zwei Feuerwehrleute vor brennendem Fahrzeug]: Ereignisbild mit Genrepotentialen (Orts- und Ereignisangaben, jedoch keine Zeitangabe) → Beide Bilder haben Genre-Potentiale, da keine konkrete Zeitangaben das Ereignis eingrenzen, sondern vielmehr variabel lassen für die Übertragung auf mögliche Unruhen in Deutschland	- Bild 1 und 2: illustrieren (Unruhen), auffordern, Vorkehrungen in Deutschland zu treffen (vgl. Titel und Lead), warnen (vor den Folgen von Unruhen)	Bilder rekurrieren auf einen gleichen Stereotyp (Unruhen/ Angst vor Gewalt und Zerstörung), haben jedoch keine bildeigene Typikalität (höchstens Bild 2: das brennende Auto zu dieser Zeit eng verbunden mit der Ausmaß-Schilderung der frz. Ereignisse	Bild 1 und 2 stehen im gleichen textuellen Zusammenhang
240, 1/3	ND	PD	07.11.2005	RP/AS; EX	- Bild 1: Unruhen-Genrebild (Keinerlei Ereignisangabe): Rückenperspektive, Polizisten mit Helm unter dem Arm vor einem brennenden Fahrzeug stehend - "Machtlose Polizisten: Mehr als 3000 Autos [...] in Flammen aufgegangen" - Bild 2: Grafik (Frankreich- und	- Bild 1: illustrieren ("in Flammen aufgegangen"), Ratlosigkeit/ Niedergeschlagenheit/ - Bild 2: Örtliche Orientierung geben	Regungslose Uniformierte vor brennendem Fahrzeug	keine explizite Rekurrenz (außer Beititel)
239, 2/2	ND	PD	07.11.2005	RP/AS	Genrebild für Unruhen ("Brennende Bus im Pariser Vorort [...]")	illustrieren ("Brennender Bus")	Ausgebranntes Fahrzeug und Uniformierter: Prototyp für Unruhe/ Zerstörung	Kontext zu 239, 1/ 2: durch die dort konstituierten Appelle erhält das Bild auch appellativen, warnenden

								Charakter (als Warnung vor Unruhen in Deutschland)
156, 1/1	SZ	PD	07.11.2005	RP/AS	Genrebild: prädiziert Unruhenfolgen ("Zeugnis der Zerstörung") und konstituiert das Bild als 'Beispiel für die Unruhen'	illustrieren ("Zerstörung") und deklarieren ("Regierung steht den Randalierern [...] hilflos gegenüber")	Farbiger Jugendlicher; nicht identifizierbare Trümmer	Bild steht als Beispiel für die Zerstörung der Unruhen ("Aufruhr in Frankreich" = Obertitel); meine direkten Body-Bild-Verweisstrukturen
157, 2/5	SZ	PD	07.11.2005	RP/AS; DE	- Bild 1 [Feuer löschender Feuerwehrmann]: Genrebild mit Unruhen-Ereignispotential - Bild 2 [Grafik: Landkarte mit ungleichmäßigen Sternen]: Genrebild mit Bild 1 deklarativer Funktion	- Bild 1 und Bild 2 liegen gemeinsam mit dem Titel ("'Wir sind im Krieg'") in wechselseitiger Beziehung: Bild 2 illustriert ("'Krieg'"; Symbole auf Landkarte, wie sie sonst für Terroranschläge oder Kriegsschauplätze Verwendung finden) und deklariert damit das darunter angeordnete Bild 1 als exeplarischer 'Schauplatz des Krie-	löschender Feuerwehmann: Zerstörung/ Schaden; Sternartige Symbole: Indexikalische Zeichen für Anschläge (vgl. Kriegsberichterstattung)	s. Bild-Text-Handlung
159, 1/2	SZ	PD	07.11.2005	RP/AS	Genrebild: prädiziert und versinnbildlicht metaphorisch die "Spirale der Gewalt"	illustrieren ("Die Spirale der Gewalt: Vorstadt-Treppenhäuser kennen in Frankreich vor allem einen Weg - den nach unten." und die Situation bedauern	Treppenhaus	Signalwörter ("Bastion des Absurden" = Untertitel; scheinbarer Widerspruch mit Weltwissen: Treppenhäuser gehen nicht nur nach unten) prädizieren das Bild als metaphorisch zu verstehen
36, 1/4	WELT	PD	07.11.2005	RP/AS;	- Bild 1 [Feuerwehrmann läuft auf Kamera zu; heller Lichtschein im Hintergrund]: Ereignisbild (Ortsangabe "Evreux", Ereignisangabe "Ein Feuerwehrmann [...]"); - Bild 2 [Silbriges Netz]: Ereignisbild (Ereignisangabe; Deutungshilfe ("zertrümmerte[...] - Bild 3 [Gruppe aus Uniformierten und Nicht-Uniformierten]: Ereignis-	Bild 1-4: illustrieren und Sachverhalt belegen ("Zerstörung"), warnen (vor ähnlichen Ereignissen)	Alle Bilder stehen für Teilereignisse der Unruhen, werden aber als genrehaft, d.h. 'typisch' für die Unruhen an sich konstituiert ("Bilder der Zerstörung")	Bildertitel: "Bilder der Zerstörung"

					bild (Zeitangabe, Ereignisangabe (Festnahme "jugendlicher Randalierer, die das Chaos [...] tragen"); - Bild 4 [Kinder vor ausgebranntem Gebäude]: Ereignisbild (Zeitangabe "Am Morgen danach", Personenangabe,			
38, 1/1	WELT	PD	07.11.2005	RP/AS; EX; DI	Genrebild: Keine Orts- oder Zeitangaben; hingegen emotionalzustandsattribuierend ("Vorstadt-Tristesse") bei genrehaften Bildelementen (Ausgebrannte Autokarosserie vor Grafiti-Mauerwerk; in frontaler Ganzkörperperspektive ein farbiger Junge auf der Karosserie sitzend, niedergeschlagene Mimik)	illustrieren ("Tristesse"; "Verzweiflung"; "Perspektivlosigkeit"), zur Einfühlung in die Situation und Anteilnahme auffordernd, überzeugen (von Perspektivlosigkeit - vs. Brennende Autos)	Potentiale typikaliserter Bildelemente: - Ausgebranntes Fahrzeug: "Tristesse"; negative - Farbiger Junge mit herunterhängen den Schultern und in sich verschränkten Händen: Traurigkeit/ "Verzweiflung"	Im Kontext stehen Texttitel ("Wir suchen, suchen und finden nichts"), Bildbeititel ("Tristesse"; "Verzweiflung"), Obertitel (""Perspektiv losigkeit"")
36, 2/4	WELT	PD	07.11.2005	RP/AS;	Ereignisbild (Ortsangabe), jedoch mit Genrefunktion (Bild steht in keinem direkten Kontext zum Text; Ortsangabe des Bildes deckt sich nicht mit Ortsangaben des Bodys!)	illustrieren ("Ausschreitungen" [=Beititel], "Ausnahmezustand" [=Titel]), Sachverhalt belegen (Ausnahmezustand/ Chaos), warnen vor ähnlichen Situationen (angezündete Autos; Ausnahmezustand)	Brennendes Fahrzeug, davor Feuerwehrman n (in Aktion); brennende Dinge als Gefahr- Anzeiger	- Bild steht in keinem direkten Kontext zum Text (Ortsangabe des Bildes deckt sich nicht mit Orten des - Interpikturalit ät mit weiteren Bildern der Seite (36, 1/ 4), die ebenfalls Ereignisbilde r, in Bezug auf die Reportage jedoch genre-Einfluss nehmen
242, 1/2	ND	PD	08.11.2005	RP/AS; KO	Genrebild: brennendes Fahrzeug und löschender Feuerwehrmann ist häufiges 'Sujet'	illustrieren ("Pariser Vorstädte brennen"), sich selbst zur Auskunft verpflichtend ("haben andere Ziele... Seite 11")	Brennendes Fahrzeug und Uniformierter mit Schlauch	
245, 1/1	ND	PD	08.11.2005	RP/AS	Genrebild: Trümmer mit Feuerwehrmann ("Zerstörtes Textillager"); das Bild erinnert stark an die Ereignisbilder von 'Ground Zero' (in Anbetracht der Rezipienten	illustrieren ("Zerstörtes [Textillager]")	Trümmer; Konstellation erlaubt Verknüpfungen zum Ereignisbild 'Ground Zero'	Beititel, Titel ("Chaos")

178

242, 2/2	ND	PD	08.11.2005	RP/AS;	liegt diese Wirkung wohl eher am Rande des Möglichen) Genrebild (nur Ortsangabe) - "nach einer weiteren Nacht der Verwüstung"; konstituiert das Abgebildete als Beispiel	illustrieren ("Verwüstung")	Gruppe Uniformierter, Steine/ Scherben auf dem Boden: keine Typikalität für 'Normalität'	Titel ("Gewaltwelle") und Beititel ("weitere[...] Nacht der Verwüstung") konstituieren das Bild in einen größeren zeitlichen und räumlichen
246, 1/1	ND	PD	08.11.2005	RP/AS	Genrebild für Unruhen, jedoch stark polysem und ohne Hinweisreize nicht mit 'Unruhen' in Verbindung zu bringen; das Bild ist auf Grund seiner Beschaffenheit nur schwer mit 'Zerstörung' verbindbar (dies nur, wer den Schein aus dem Himmel mit den eingesetzten Polizeihubschraubern assoziiert). Wer hingegen stärker auf <Widerstandskonzepte> im Bezug auf die Unruhen geprimt ist, könnte in dem Lichtschweif eine positiv konnotierte	illustrieren ("Pariser Brände" = Obertitel)	nichts erkennbar	Allein der Obertitel erlaubte eine Monosemierung; alles andere, insb. der Titel, weisen auf Metaphorik von Wiedergegebenem hin
247, 1/1	ND	SD	08.11.2005	RP/AS; DI	Unruhen- Genrebild: Ausgebranntes Auto (wenngleich Ort für Berlin markiert: "am Wikingerufer")	illustrieren ("ausgebrannter Polo"), an die Unruhen in FR erinnernd und mahnend, zu besserer Integration auffordern	Ausgebranntes Fahrzeug: zu dieser Zeit Prototyp für die Frankreich-Unruhen	Das Bild spricht gegen die Intention des Titels ("Moabit liegt nicht in Paris"), denn es erinnert zu diesem Zeitpunkt vor allem an die Unruhen-Bilder
244, 1/1	ND	SD	08.11.2005	DI; KO	Karikatur konstituiert und kritisiert deutsche Politik als eine Politik, die Integration als "Spezialdisziplin" und nicht als ganzheitliches Problem ansieht (vgl. 239, 1/ 2); ferner konstituiert sie ein Politisches Missverständnis, wie gegen Gewalt vorzusorgen sei (nämlich nicht mittels medizinischer "Impfungen")	Zeichnung verpflichtet sich, ironisch zu sein; appelliert bzw. drängt auf Änderung der Sozial- und Integrationspolitik in Deutschland	Zeichnung im Kommentarteil: in der Regel Karikatur	Einordnung unter Rubrik "Meinung" und im Kontext der Textsorte "Kommentar"

179

160, 1/2	SZ	PD	08.11.2005	RP/AS	Genrebild: prädiziert und exemplifiziert das Ereignis	illustriert ("In Toulouse werfen Randalierer Steine auf Polizisten und Feuerwehrleute. Sie [...] Stadt war wie viele andere Kommunen [...] Schauplatz von Unruhen") und belegen (Jugendliche	Kapuzenträger, Vermummte farbige Jugendliche: Könnten mittlerweile direkt mit Unruhen assoziiert werden	Verweis auf Bericht gleicher Seite (160, 2/ 2)
163, 1/1	SZ	PD	08.11.2005	RP/AS	Ereignisbild: Ausgebranntes Fahrzeug steht mittlerweile prototypisch für die frz. Unruhen als Ereignis ("Jeden Morgen dasselbe Bild: Autos, die von Jugendlichen die Nacht zuvor in Brand gesetzt worden	exemplarisch illustrieren ("Autos, die von Jugendlichen die Nacht zuvor in Brand gesetzt worden waren"), als Ereignis deklarieren (Bestimmung des Bildes als typisches)	Ausgebranntes Fahrzeug vor Hochhauswand : Prototypisches Unruhen-Bild	Bild und Beititel redaktionell nachträglich hinzugefügt worden zu sein
161, 2/6	SZ	SD	08.11.2005	RP/AS	Genrebild mit starken Ereignisbild-Potentialen: Keine explizite Bildrekurrierung, lediglich Nebenmeldung (Verzeichnung des "ersten Toten". Das Bild rekurriert stark auf die Unruhen als 'Gewalt'-Ereignis (Gepanzerte Polizisten in Reihe aus der Rückenperspektive auf Hochhäuser zubewegend). Prädiziert Gründe für Furcht vor Unruhen in Deutschland ("'In zehn Jahren haben wir Paris hier'"); Bild ist polysem einsetzbar	illustrieren ("Unruhen", "Gewalt")	Gepanzerte Uniformierte bei Nacht: erinnert an Bürgerkriegsbilder	Keine explizite Bild-Text-Intertextualität; Das Bild, in Seitenmitte dargestellt, dient wohl am stärksten der Kontaktaufnahme (auf diesen Artikel als zentralen Artikel der Seite) sowie der semantischen Vorprägung ('Gewalt', 'Bürgerkriegs
162, 1/3	SZ	SD	08.11.2005	RP; KO; DI	Genrebild: Politiker löscht brennendes Auto mit Frankreichkennung „(F)", während in seinem Rücken Hochhäuser ("Soziale Not") rauchen; prädiziert den Unruhen-Diskurs	illustriert ("In Frankreich brennen Autos und Gebäude. In Deutschland brennt die neue soziale Frage" = Body), verpflichtet sich, metaphorisch und komisch zu sein (Handzeichnung: Karikatur), deklariert rauchende Hochhäuser bzw. die dt. Sachverhalte als "Soziale Not" (= Banner im Bild), fordert auf, eine andere "Löschpriorität" (= Beititel) zu wählen (d.h. vorsorgend zu agieren)	Handzeichnung : Karikatur; Politiker als Feuerwehmann und Hochhäuser sind klar (prototypisch) zu erkennen	s. Bild-Text-Handlung

39, 1/1	WELT	PD	08.11.2005	RP/AS; DI	Ereignisbild mit Genrepotentialen: Ereignis ("Leere Hülse einer Schrotpatrone hält ein Polizist als Beweis [...] in die Kamera"); Genrehaft (Markierung der Situation durch Polizist mit Patrone im Fordergrund als	illustrieren und belegen ("Leere Hülse einer Schrotpatrone hält ein Polizist als Beweis [...] in die Kamera"), auffordern ("Ruf nach Schußwaffeneinsatz" [= Titel])	Genrehaft (Markierung der Situation durch Polizist mit Patrone im Fordergrund als bedrohlich)	Titel-Bild-Intertextualit ät
40, 1/3	WELT	PD	08.11.2005	RP/AS, DE	- Bild 1 [FR- Karte mit Punkten]: Grafik, genrehaft (Karte mit Punkten von 'Anschlägen': "Schwerpunkte der - Bild 2 [vermummte Jugendliche in Frontalperspektive]: Ereignisbild (Ereignisangabe: Wer, wo, was)	- Bild 1: illustrieren (Ausmaß der Unruhen), belegen (Krisenhaftigkeit, vgl. Body), deklarieren (Kartenpunkte = "Schwerpunkte der - Bild 2: illustrieren (Jugendliche werfen Steine), deklarieren ("Randalierer"), deklarieren (vorliegen von Gefahr: Aufnahme aus der Wurfzielperspektive gegenüber den	s. Handlungstyp	Bild und Body stehen nur im gemeinsa-men semantische n Raum; keine explizite und direkte Bildrekurrier ung im Body
44, 1/1	WELT	PD	08.11.2005	RP/AS, DE	Ereignisbild: Sturm auf die Bastille (nach Hippolyte Lalaisse; Ereignisbezeichnung, Wann, Wo, Wer)	illustrieren ("Sturm auf die Bastille"), benennen/ deklarieren (Beginn des "Mythos der Revolution"; Deklaration des Dargestellten als zumindest teilweise fiktiv [Ausmaß und Folgen])	Soldatengemen ge als Reizsignal für Kriegstypologie n	Titel-Bild-Äußerung: "Auf den Barrikaden" schafft den semantische n Raum für den Über-gang der fiktiven Welt ("Revoluti-on") mit der realen Welt (kleine "Revolten")
40, 3/3	WELT	PD	08.11.2005	RP/AS; EX; DI	- Bild 1 [inhaltlich identisch mit dem Bild aus 26, 1/ 1, jedoch unterschiedliche Beitexte, hier]: Genrebild ("Drei besonders scheußliche Beispiele eines städtbaulichen Alp- - Bild 2 [Hochhäuser, davor zubetonierte Fläche]: Genrebild (vgl. Bild 1) - Bild 3 [Polizei vor Hochhäusern]: Genrebild mit Ereignisbezug (vgl. Bild 1 & "in dem jetzt die Gewalt regiert")	Bild 1-3: illustrieren ("Beispiele"), belegen (negative Konnotation), negative Emotionen zum Ausdruck bringen (Kälte ["Gebirge"], "Hoffnungslosigkeit", Angst ["Alptraum", "menschenfeindlich"]), auffordern (ähnliche Architekturen zu verhindern)	Möglich: Abbildungen von Hochhäu-sern prototy-pisch eher negativ konno-tiert	Die In-Reihe-Darstellung der Bilder 1-3 setzt die behandelten Hochhäuser / Plattenbauw eise allein schon durch ihre zahlenmäßig e Häufigkeit in den Fokus
248, 1/1	ND	PD	09.11.2005	RP/AS; DI	Genrebild mit Ereignispo-tentialen (zweiter Ord-nung): Durch die Explika-tion (Plakataufschrift: "Stop a la violence") im Bild sowie mit dem Beiti-tel ("Pariser Demonstran-ten fordern den Stopp der Gewalt") könnte das Bild	illustrieren ("Pariser Demonstranten"), zum Ende der Unruhen bzw. dazu nutzende Maßnahmen ("Logements - Femmes - à l'Education") auffordern	Menschen mit Plakat auf der Straße: typisch für Demonstratione n	Steht in keinem direkten, eher dem Textinhalt entgegnen-den Kontext-verhältnis: Aufruf zu

					innerhalb eines beschränkten Zeitfensters eindeutig zugeordnet werden			konkreten Maßnahmen ("Logements - Femmes - à l'Education" ["Unterkunft - Frauenrechte - Ausbildung"]; "Liberté - Egalité - Fraternité") 'statt' Ausnahmezustand (der wird im Text jedoch neutral bis positiv denotiert)
250, 1/2	ND	PD	09.11.2005	RP/AS; DI	Genrebild mit Ereignispotential (Plakataufschrift "Face au mépris de Sarkozy: La dignité et le dialogue pas la violence")	illustrieren ("Würde und Dialog [...] fordert [...] dieser Pariser"), Konsens von Forderungen der FKP-Politikerin und dem gemeinen Mann auf der Straße illustrieren ("fordert auch dieser Pariser" [= Beititel]; "'Wir brauchen den Dialog'" [= Titel; Body]), auf dieser Basis 'Würde und Dialog' fordern	Person (unter Personen) mit handbeschriebenem Schild auf der Straße: typisch für Protest-Situation	Direkte Verweisrelation: - zum Beititel: Deixis ("die- - zum Titel: "fordert auch dieser Pariser" [= Beititel]; "'Wir brauchen den Dialog" [= Titel;Body]
169, 3/6	SZ	PD	09.11.2005	RP/AS	Genrebild mit Ereignisbildpotential: die Darstellung von frz., gepanzerten Polizisten vor Hochhaus oder Brand aus Rückenperspektive erscheint immer häufiger; konkret hat das Bild jedoch prädizierende Funktion (Illustration der frz. Polizeiarbeit)	illustrieren ("Wache am brennenden Bus: Frankreichs Polizisten versuchen, weitere Unruhen [...] zu verhindern")	Uniformierte mit Helmen vor Brand; Bürgerkriegsstimmung	Illustriert den Titel ("Gewalt [...] flaut nur leicht ab") mit dem Fokus auf "Gewalt"
167, 1/1	SZ	PD	09.11.2005	RP/AS	Genrebild: prädiziert die Unruhen aus der Sicht der Polizei ("Warten auf Krawall")	illustrieren ("Warten auf Krawall", drei Polizisten auf ein Hochhaus blickend, aus der Rückenperspektive)	Uniformierte	Bild hat keinen Body-nahen Semantikbezug
46, 3/5	WELT	PD	09.11.2005	RP/AS	Genrebild: Keine Ereignisangaben, vielmehr Vergleich ("Fußball spielen wie Zidane")	illustrieren ("Fußball spielen"; "Jungen"; Farbige ["Cités"])	Keine relevante Typologie (Fußball: sich bewegende Menschen; Ball)	kein Hinweis
46, 4/5	WELT	SD	09.11.2005	RP/AS	3 Bilder [Feuerwehrleute vor brennenden Fahrzeugen]: Ereignisbild (Ereignisangaben), jedoch zu dieser Zeit mit starken Genre- Potentialen; daher bedarf es auch in der Textangabe eines speziellen, komparativen Hinweises ("Französische	illustrieren ("Fahrzeuge brannten"), deklarieren (nicht mit Frankreich vergleichbar), Aufmerksamkeit auf sich ziehen (Bilder: Sorge; Text: Beruhigung)	Es ist davon auszugehen, dass zu dieser Zeit brennende Autos, ohnehin Prototyp für Zerstörung und Unruhe, hier auch singulär prototypisch	3 Bilder mit ähnlichem Inhalt illustrieren die Anzahl brennender Autos in Berlin ("fünf")

							mit den frz. Ereignissen verankert sind	
172, 2/5	SZ	PD	10.11.2005	RP/AS	Gernebild: prädiziert die ORTE im Unruhen-Diskurs ("Am Rand der französischen Städte türmen sich die Probleme")	illustrieren ("Ballungsraum", "türmen"), die großen Dimensionen der Probleme symbolisierend/	Hochhäuser auf engem Raum	keine besonderen Hinweise
173, 1/2	SZ	PD	10.11.2005	RP/AS; DE	Gernebild(konstellation): Drei von ihnen (Unruhen in den USA) prädizieren das vierte Bild (Unruhen in FR); die Leseangabe ("von links oben im Uhrzeigersinn") fügt das Unruhen-Bild in die 'Reihe der Vorgänger-Unruhen' ein	illustrieren ("Unruhen"), drei Bilder deklarieren das Vierte als zu ihnen in einer Reihe gehörig ("Die Unruhen in den Banlieues und ihre Vorläufer" = Untertitel)	auf allen Bildern sind Farbige zu sehen, auf dreien zeichnet sich Chaos ab (Feuer, Rauch, Steinewerfer, Uniformierte)	Die vier Bilder bzw. das 4-Bild-Konstellation prädiziert direkt den Body; auf einem der Bilder ist ein Peacezeichen zu sehen, auf das im Text Bezug genommen wird
51, 1/5	WELT	PD	10.11.2005	RP/AS	Ereignisbild: Ortsangabe, kein expliziter Bezug zum Body; Bezüge möglich zu "Verwüstungen"	illustrieren (Zerstörung eines Geschäftes), Beleg für die Folgen der Unruhen ("als Randalierer Feuer legten"); Verständnis schaffen (Kontext Titel: "Paris erwägt Ausweitung des Notstandsrechts")	Feuerwehrmän ner am Rand, verkohlte Objekte; Stereotypie lediglich im semantischen Verbund von Feuerwehrmän ner und Verkohltes → Ursache 'Feuer', → Einordnung	Beititel, Titel; keine expliziten Body-Bezüge
52, 2/3	WELT	PD	10.11.2005	RP/AS	Ereignisbild (Ort- und Zeitangabe) doch mit sehr starkem genrehaftem Potential ("'Auch ohne Unruhen sind die Vorstädte voll abgebrannter Autos'"; textuelle Expansion des Ereignisses in Raum und Zeit); spätestens hier Kipppunkt von Ereignis-zur Genrebildern (wenn nicht vorher; vgl. Bilder zu brennenden Fahrzeugen in Berlin)	illustrieren ("Vorstädte voll abgebrannter Autos"), belegen (eines größeren Ereigniskomplexes) zeigen	brennendes Fahrzeug und offensichtlich in Aktion befindlicher Menschenumris s (Wurfhaltung); nicht stereotyp, doch genrehaft (Stereotyp ist allein das brennende Fahrzeug für 'gefährliche Situation')	Außer dem Bildbeititel, der zu Teilen als Zitat des Bodys gekennzeich net ist, gibt es keine direkte Verbindung von Bild zum Text. Andersrum hingegen kann v.a. das textualisierte Konzept <Kriminalität> visuell interpretiert
51, 4/5	WELT	SD	10.11.2005	RP/AS; DI	Ereignisbild (Bildobjekt- und Ortsangabe) mit Genre-Potential (ausgebranntes Fahrzeug)	die Zerstörung illustrieren ("ausgebranntes Autowrack"; "wrack" betont den zerstöreri-schen Charakter) und appellieren, die Ruhe zu bewahren, doch	Verkohlte Autokarosserie: zu dieser Zeit Prototyp bei der Rekurrierung auf die Unruhen vor dem Kon-	steht im semanti-schen Raum des Unru-hendiskurses (vgl. 51, 1/5)

						Konsequenzen für die deutsche Integrationspolitik ziehen ("'Stimmung nicht aufheizen'"; "einige Defizite")	zepthintergrund der <Zerstörung>	
253, 1/1	ND	PD	11.11.2005	RP/AS; DE; KO	Genrebild: Symbol Trikolore und handgezeichneter Wahlspruch (nach Art. 2 der V. Republik: "Liberté, Egalité, Fraternité"	illustrieren (Trikolore), die Unruhen als "französische" und mit dem Wahlspruch zusammenhängende deklarieren, verpflichtet sich selbst als feststehendes Symbol zu fungieren (feste Referentialität)	Trikolore als feststehendes Symbol; Handzeichnung	
256, 1/1	ND	PD	11.11.2005	KO; DI,DE	Genrebild: Handzeichnung, ungewöhnliche Kombination verschiedener Symbole, Malerkürzel weisen auf Karikatur hin	verpflichtet sich selbst, ironisch zu sein (d.h. doppelbödig), kritisiert (und fordert damit Alternatives) die Regierungspolitik, mit Gewalt (Armee im Hintergrund) und Ideologie ("Liberté, Egalité, Fraternité") die Unruhen (brennendes Fahrzeug) zu unterdrücken (Sanduhrsand rieselt auf das brennende Fahrzeug), deklariert den Sachverhalt als sich so wiederkehrend (Sanduhr: auf der einen Seite Trikolore und "Liberté, Egalité, Fraternité", auf der anderen Seite das	Symbole: Sanduhr, Auto, Armee, Trikolore	Die Karikatur kritisiert die bestehenden Abläufe und Reaktionen in Frankreich; der umliegende Body schlägt Alternativen vor (Titel, Untertitel)
254, 1/2	ND	SD	11.11.2005	RP/AS; EX; DI	Genrebild: Niedergeschlagene Mimik eines farbigen Jugendlichen, hat prädizierende Funktion	illustrieren ("sie", implizit: Einwanderer ← "Asyl- und Einwanderungspolitik" [= Untertitel]), Niedergeschlagenheit und Perspektivlosigkeit ausdrücken (Niederblickende Augen, Trauer-Mimik; "Welchen Platz finden Sie in dieser Gesellschaft"), zu "neue[r] [und] nachhaltiger	Person mit niedergeschlagener Mimik (Augen, Mund): Emotion der Trauer und Melancholie (sehr gut erkennbar)	Beititel, Titel und Bild stehen in einem gegenseitigen Prädizierungsverhältnis
176, 1/1	SZ	PD	11.11.2005	RP/AS; DE	Genrebild: Prädiziert die Rekurrierung auf die Verhängung des Notstands	illustrieren ("Ausgangssperren - auf Französisch couvre feu"; Schild mit entsprechender Aufschrift im Bild) und deklarieren (das abgebildete Schild wird als Beleg und Deklarativum für die Wirksamkeit des Notstandsrechts konstituiert: "Die	keine besonderen Hinweise	Bild prädiziert den Artikel, der selbst wiederum keinen direkten Bildbezug nimmt

						Ausgangssperren [...] zeigen erste Wirkung"), kritisieren (den Einsatz des Notstandsrechts als Ausschlussmechanismus: "Bannmeile um die Banlieues" [=implizites Wortspiel] - Bildinhalt: "Couvre - Feu [...] ACCESS INTERDIT"		
56, 1/2	WELT	SD	11.11.2005	RP/AS; (DE)	Genrebild (keine nähere Spezifikation als Ereignis): "Polizisten [gehen] schärfer gegen Randalierer vor". Das Bild hat Beispielcharakter.	Es sind zwei Lesarten möglich: (A) Das Bild (Polizeikontrolle eines Farbigen) relativiert die 'Schärfe' und damit auch den Vorwurf des Mißhandelns (vgl. 56, 2/ 2) (B) Der Bilduntertitel soll die dargestellte Szene als "schärfer" illustrieren, wenn nicht gar deklarieren und damit dem Vorwurf des Mißhandelns widersprechen; → wahrscheinlicher ist (A), da in 56, 2/ 2 der Vorwurf des Mißhandelns eher relativiert zu werden	3 Personen, 2 in Uniform und weißhäutig, 1 farbig mit gespreizten Armen und Füßen bauchseitig gegen die Wand gelehnt; Prototyp einer Personendurchsuchung	steht im Kontext mit 56, 2/ 2
178, 1/1	SZ	PD	12.11.2005	RP/AS; EX	Genrebild mit (erklärten) starken Ereignisbild-Potentialen: Kinder vor Hochhausbautenkulisse; prädiziert die Ortsumgebung der Unruhen	illustrieren ("Häuser"; "Blick auf [...] französische Menschen-Baustelle"), Gefühl der Einsamkeit und Isolierung ausdrückend (Kinder zwischen karger Hochhäuser- und Betonlandschaft) und Bild/ Dargestelltes als Banlieue-prototypisch deklarieren ("eine typische französische Menschen-Baustelle")	Hochhäuser: bei LeserInnen des Mittelstandes (SZ-üblich) negativ denotiert und als Zeichen von Sozialhilfe o.ä. geprägt	Der Body verweist nicht direkt, jedoch indirekt auf das Bild bzw. das Bild exemplifiziert die Body-Text-Sachverhalts konstitution (-)
61, 1/1	WELT	PD	12.11.2005	RP/AS; EX; DI;	Genrebild (trotz Orts- und unpersönlicher Personenangabe); Beitext abstrahiert das Dargestellte, indem die Perspektive der 'anderen' (Vorortbewohner) als eine entmenschlichte Perspektive (Assoziation in Beitext und Bildelement [Personenverbotsschild] zu Hundeverbotsschildern) eingenommen wird und auf die konkrete Situation semantisch übergestülpt wird: "Wir müssen draußen bleiben: Im Untergrund-bahnhof	illustrieren ("Apartheid" - 'Trennung, Isolation'), auffordern, Anteil (an Kälte, Isolation) zu nehmen, Emotion ausdrücken (gefühlte Kälte und Leere)	sehr großes Bild, dunkle Farben und geringe Helligkeit, Beton, Belüftungsrohr, im Schatten stehende Person an eine Säule gelehnt: Leere, Kälte	Bild, Beitext, Titel (vgl. anderweitig)

185

					von Nanterre wartet ein Mann auf den Bus"); Genrebild für Isolation, menschliche Kälte, nicht brechbare Perspektivlosigkeit (Betonraum)			
179, 2/4	SZ	SD	14.11.2005	RP/AS; EX	Genrebild/ Ereignisbild: Rauchende Trümmer, Hochhaus im Hintergrund und Jugendliche in Kapuzenpollovern bilden drei von vier wiederkehrenden Bildmotiven ab; Ereignisbild, das - im Bezug auf den Text prädizierenden Charakter hat: potentielle Unruhen und ihre Folgen (Zerstörung) in Deutschland	illustrieren ("niedergebrannte Fabrik"), Gefühl der Überraschung über das Ausmaß der Unruhen vermitteln ("hat alle überrascht") und Bildgegenstand als Folge von "Gescheiterte[r] Integration" deklarieren	Hochhaus im Hintergrund; rauchende Trümmer; Jugendliche in Kapuzenpullover → drei Unruhen-prototypische Motive	Bild hat für den SD lediglich eine semantische Funktion: Bedrohung durch Folgen von Unruhen in Deutschland konstituieren
184, 1/1	SZ	PD	15.11.2005	RP/AS	Genrebild: Gruppe vermummter Jugendlicher; Bild hat AKTEUR- prädizierende Funktion	illustrieren ("Jugendliche"), deklarieren ("Die Wut der zweiten Generation")	Vermummte Jugendliche	Kein direkter Zusammenhang zwischen Bild und Body; Bild scheint nachträglich redaktionell
68, 1/1	WELT	MD	15.11.2005	RP/AS; Metaakt	Weder Genre- noch Ereignisbild; das Bild für sich hat Genrepotential (ausgebranntes Fahrzeug), wird durch den Beitext aber semantisch destabilisiert; die Bildperspektivität wird zum Gegenstand gemacht ("Programme zeigen nur noch die ausgebrannten Autowracks am Morgen danach"; Modalisierung: Modaladverbien ("nur noch") zeigt an, dass es außer dieser noch eine andere Berichterstattung gab/ gibt); neue Klasse an Bild-Text-Handlungstypen:	illustrieren ("ausgebrannte Autowracks"), selbstverweisen und sich selbst (bzw. eines Teils) perspektivieren (nicht als Teil des Diskurses, sondern als Diskursträger)		
65, 1/3	WELT	PD	15.11.2005	RP/AS; EX	Ereignisbild (Ereignisangabe: Ort, Zeit, Akteure) mit Genrepotential (Uniformierte, Gepanzerte)	illustrieren ("Polizisten bereiten sich [...] auf ihren [...] Einsatz gegen die [...] Randalierer vor"), soll das Gefühl (von Ausnahmezustand und damit verbundenen Ängsten)	Uniformierte, Gepanzerte; prototypisch mit Heer/ Ausnahmezustand [i.w.S.] verbindbar	Bild und Text zeigen keine unmittelbare semantische Nähe, sind aber im gleichen semantischen Raum
264, 2/2	ND	PD	16.11.2005	RP/AS; DI	Genrebild: Farbiger mit Schild	illustrieren ("'Gesindel' empört sich", "engagieren sich zahlreiche Bürger", die Regierung zu Einsicht auffordern ("Regierung setzt weiter uneinsichtig auf Härte")	Menschenmenge mit Plakaten in der Höhe: Protoypische Demonstration	Bild hat keinen Beititel, bezieht Denotation von Titel und Body

265, 1/1	ND	PD	16.11.2005	RP/AS; DI; EX	Bild 1: Unruhen-Ereignisbild: Farbiger in Vollperspektive mit Plakat, Aufschrift: "Nous sommes tous des racailles!" - "Wir alle sind Gesindel" [= Beititel]; zumindest noch bis 2007 (Wahlkampf Sarkozys) ist der Ausdruck "Gesindel" im Zusammenhang mit frz. Farbigen eindeutig dem Unruhen-Ereignis zuordbar; d.h. das Ereignisbild wird maßgeblich durch das Wort "racailles" konstitu- - Bild 2: Genrebild für friedliche (!) Protestdemonstration: Menschenauflauf mit Plakaten der Aufschrift "Für das Recht auf eine Zukunft - Schule, Ausbildung, Arbeit,	illustrieren (friedliche "Demonstration"), die frz. Regierung (zur Änderung ihres politischen Kurses) auffordern, Unzufriedenheit ausdrücken (Mimik: ernsthafter Ausdruck neben Plakat; und Gestik: verschrenkte Arme)	Menschenaufla uf (u.a. mit Kindern) und Plakate als typisch für friedliche Demonstratio-nen	steht im Kontext zum Titel (vgl. ebd.)
69, 1/2	WELT	PD	16.11.2005	RP/AS; EX	Ereignisbild: Personenangabe, Deixis ("(l.)")	illustrieren ("Chirac und [...] Sarkozy"), melancholisches Gefühl vermitteln ("Sinnkrise" = Titel; Niedergeschlagene Mimik beider, passive Gestik), deklarieren ("Chirac und sein [...] parteiinterner Rivale [...] Sarkozy", nimmt Bezug auf die Reihung der dargestellten Personen [Sarkozy hinter Chirac])	keine Hinweise	Titel, Body und Bildbeititel fokussieren auf pejorative Inhalte ('Versagen', 'Verlust' und 'Abschied')
69, 2/2	WELT	PD	16.11.2005	RP/AS	Genrebild (trotz Ereignisanteile): Brennendes Fahrzeug als exemplarisch stehend für Unruhen ("Nächtliche Krawalle, diesmal in [...]")	illustrieren ("Nächtliche Kra-walle") und belegen (Ereignis)	Brennendes Fahrzeug als Prototyp für Gefahr und Unordnung	Keine direkten Bezüge außer dem gemeinsame n semantische n Raum des Unruhen-
70, 1/1	WELT	SD	16.11.2005	RP/AS; DE; DI	Genrebild: Zwei Kirchentürme (rk/ islam) als Vergegenständlichung "beider Leitkulturen" [= Titel]	illustrieren ("Laurenti-uskirche", "Minarett der Moschee von Usingen in Taunus"), exemplifizieren und symbolisch deklarie-ren ("Kampf der Kultu-ren"), zum Handeln (gegen Islamisierung des Landes) auffor-dern (mittels textuali-sierter Gefahrkonzep-te)	Moscheemina-rett und Kir-chenturm: in der WELT durchaus als Prototyp für die Konzepte <Islamisierung> und <Kampf der Kulturen> denkbar	Bild steht in einem ikoni-schem Ver-hältnis zum Bilduntertitel, sowie in einem sym-bolischen Verhältnis zu Titel und Body ("Die beiden Leitkulturen"; "Kampf der Kulturen")

266, 1/1	ND	PD	17.11.2005	RP/AS	Genrebild: Kontrolle von Jugendlichen	illustrieren ("Kontrolle Jugendlicher in Evreux")	Uniformierte und Nicht-Uniformierte mit Papieren: Prototypsche Polizeikontrolle	Kein direkter Kontext zu Titel oder Body
189, 1/1	SZ	PD	17.11.2005	RP/AS	Ereignisbild-Motiv: Ausgebranntes Fahrzeug in Frontalperspektive	Sachverhalt deklarieren ("Relative Ruhe"), exemplifizierend illustrieren ("nur noch 163 Autos [brannten],		
72, 1/3	WELT	PD	17.11.2005	RP/AS; DE	Ereignisbild (Ereignisangabe: Ort, Person) mit Genrepotential (aus der Perspektive von Polizisten im Einsatz)	illustrieren (Polizisten auf "Patroullie"), den Sachverhalt (als gefährlich und bürgerkriegsähnlich) deklarieren (Polizisten mit Schild, unmittelbare Perspektive)	Uniformierte als Polizei gekennzeichnete ("Gedamerie") mit Schildern und Helmen: möglicher Prototyp für gewaltsame Beendigung von Unruhebewegu	Titel und Body konstituieren eine Gefahrensituation für die (abgebildeten und befragten) Polizisten
73, 1/1	WELT	SD	17.11.2005	RP/AS; EX	Ereignisbild ("Plünderung Roms durch die Vandalen im Jahre 455") als Genrehintergrund für die Unruhen (Body: "Botschaft für die Gegenwart")	illustrieren (Parallelen zwischen antiker und heutiger Vorstellung von Kulturkämpfen); Gewalt, Schmerz und Hilflosigkeit ausdrücken (Mimik, Gestik, Kampf-Sujet)	Zeichnung: weist Bild als fiktives aus	Kein Kontext zum Titel, jedoch zum Untertitel, zu Body und Beititel: "Botschaft"
267, 1/2	ND	PD	18.11.2005	RP/AS	Genrebild: Mikrofone, Politiker und 'normale Bürger' im Gespräch - mit Ereignis- und Personenangaben; Body prädizierend ("Was aber hat Frankreichs größte Linkspartei zu sagen?")	illustrieren ("Hollande (rechts) und [...] Aubry [...] diskutieren mit Einwohnern der nordfranzösischen Stadt über die Welle der Gewalt"; verpflichtet sich	Mikrofone ("RTL") und Fotoapparat weisen auf Exklussivität des Ereignisses hin	
191, 2/5	SZ	PD	18.11.2005	RP/AS	Genrebild mit starken Ereignisbild-Elementen: Ausgebrannte Fahrzeuge, Hochhäuser, hellhäutige Marktbesucher	illustrieren ("Alltag in Clichy-sous-bois", "ausgebrannte[...] Autowracks")	Ausgebrannte Fahrzeuge, Hochhausfassade: Typische Motive der Unruhen	Kein direkter Body-Kontext; Bild dient lediglich der Illustrierung des Ereignisses (Unruhen)
91, 1/1	WELT	PD	27.12.2005	RP/AS	Genrebild (Unruhen: Fahrzeuge in Flammen, Kapuzenträger, d.h. Jugendliche): Keine Ereignisnennung	illustrieren ("Aufstand der Vorstädte" [= Titel]; "Gewaltorgie" -> Kapuzenträger dem Feuer zugewandt, beschwörender Gestik); den Sachverhalt (als gefährlich) deklarieren	Brennende Fahrzeuge, Kapuzenträger; Prototyp für 'Gangster' (Rapabbildungen usw.) und 'Gefahrensituation'	Bild hat keinen Beititel; Kontext nur zu Titel und Body
101, 1/1	WELT	SD	26.01.2006	RP/AS;	Genrebild (identisch mit Bild aus 91, 1/ 1; dient der Übertragung und Expansion des Ereignisses; "Brennende Autos in Paris: Die Gewalt ist nicht mehr offen sichtbar, aber nicht verschwunden"): Jugendliche vor brennen-	illustrieren ("Brennende Autos"), sich selbst auflösen ("Gewalt nicht mehr offen sichtbar, aber nicht verschwunden"), behaupten (Brennende Autos in den Klassenzimmern: "Von den Vor-	Kapuzenträger mit beschwörender Gestik, brennende Fahrzeuge als Prototypen für 'Gangster' und Unruhe/ Chaos (= Gefahr)	Titel, Beititel und Bild stehen im Kontext-Verhältnis

					den Fahrzeugen; ein Jugendlicher mit beschwörender Gestik, dem Feuer zugewandt	städten in die Klassenzimmer" [= Titel]		
293, 1/1	ND	SD	20.03.2006	RP/AS; DE	Genrebild (zu den Studentenprotesten) mit prädizierender Funktion für Vorstadt-, Studenten- und 1.Mai-Unruhen; kein Beititel; Ursachen-Prädizierung: Kein Mitspracherecht in der Demokratie	illustrieren ("Schrei der Ohnmächtigen"= Body), die Gesellschaftssituation als nicht funktionierende Demokratie deklarieren	Frau in Vollperspektive, geknebelt: Typische Darstellung von (verordneter) Sprachlosigkeit	Body ("Schrei der Ohnmächtigen")
111, 2/2	WELT	SD	21.03.2006	RP/AS; EX	Ereignisbild (Ereignisangabe: "Rue Saint-Denis, Fest des 30. Juni 1878 von Claude Monet"), zugleich Genrebild ("Die Allkompetenz des französischen Staates hat alles überdauert" - 'Permanenz → Gerade gemalte/ sog. künstlerische Bilder aus dem Bereich Kunst erlauben den leichten Zugang zwischen Ereignis- (Konkreter Sinn, diskursiv frei, Ziel: kommunikative Perspektivität) und Genrebildern ('tieferer Sinn', diskursiv reglementiert, Ziel: kognitive	illustrieren ("Rue Saint-Denis, Fest des 30. Juni 1878"), Emotion der Geschlossenheit ausdrückend (Einheitliche Fahnen; dürfte von unterschiedlichen Rezipienten lediglich unterschiedlich konnotiert, nicht jedoch unterschiedlich denotiert sein)	Französisches Flaggenmeer; bekanntes Bild von Monet	Das Bild kann via Interseiten-Konnektion mit dem Titel ("Revolution") sowie mit dem Inhalt aus 111, 1/ 2 in Verbindung gebracht werden; Konnexion: Gleichklang ("Revolution") und räumliche Nähe
289, 1/1	ND	PD	06.06.2006	RP/AS	Genrebild: Feuerwehrmänner vor brennenden Fahrzeugen	deklarieren die Unruhen als "Vorstadtaggressionen" bzw. illustrieren deren Folgen	Uniformierte mit Schlauch und Feuer: Prototyp für Gefahr und Zerstörung	
223, 5/5	SZ	PD	26.10.2006	RP/AS; EX	Genrebild - mit Ereignispotentialen: Das Bild (abgebildet sind zwei Kindergesichter und Teil einer Aufschrift ("Zyed") sowie Hinterkopf eines Jugendlichen, der dem Plakat zugewandt steht) prädiziert die Zeitungsseite, indem sie den (vielzitierten) Anlass der Unruhen abbildet. Ereignispotential erhält das Bild im Kontext zu seinem Beititel und dem Kolumnentitel, mit dem der semantische Raum der Unruhen eröffnet wird	illustrieren ("Das Foto [...] zeigt Zyed Benna und Bouna Traore, die am 27.10.2005 starben. Ihr überlebender Freund Muhttin schrieb darunter: 'Ich denke an euch'.", das Gefühl der Trauer ausdrücken	drei Gesichter, keine Typikalität erkennbar	vgl. Bild-Handlungstyp
133, 1/1	WELT	PD	26.10.2006	RP/AS	Genrebild (identisch mit 101, 1/ 1 und 91, 1/ 1): Erkennbare Flammen hinter Gruppe von Menschen, einer davon hebt die Arme - "Brodelnde Vorstädte"	illustrieren ("Brodelnde Vorstädte"), in Erinnerung rufen (Unruhen)	Flammen, Fahrzeug und Menschen; Für Prototypik kann allein das Feuer (als Gefahr) erkannt werden (kleines Bild)	Titel, Untertitel

134, 1/1	WELT	PD	26.10.2006	RP/AS; DE	- Bild 1 [Polizist vor brennendem Auto]: Genrebild ("Ein Polizist [...] nach Unruhen in einem Pariser Vorort") - Bild 2 [Ausgebrannte Busse]: Genrebild ("Jugendliche zünden [...] sogar ein Busdepot an"); der Modalpartikel ("sogar") konstituiert zwar Ereignishaftigkeit, aber das Bild kann nicht eindeutig zugeordnet werden - Bild 3 [Grafik: Frankreichkarte mit Punkten, daneben Balkendiagramm]: Genrebild im Hinblick auf	- Bild 1-3: illustrieren ("Unruhen") - Bild 2: Fassungslosigkeit im Hinblick auf das Ausmaß der Zerstörungen ausdrücken ("zün- - Bild 3: Unruhen (wie Anschläge) als (bisheriger) Gipfel zunehmender Gewalt (vgl. Diagramm) deklarieren ("Unruhe-herd")	- Bild 1-2: Feuer und ausgebrannte Fahrzeuge mit Uniformiertem als Prototypen für Unruhen-/ Chaos-Anzeiger - Bild 3: Karte mit Punkten als Prototyp für punktuelle Anschlags-/ Kriegsereignisd arstellung	<Zunehmend e Gewalt> des Bodys und das Grafik-Diagramm (Bild 3) stehen in implizitem Kontext; Bild 1-2 stehen in unzähligen impliziten Rekurrenzve rweisen (vgl. EREIGNIS und ORTE)
283, 1/1	ND	PD	27.10.2006	RP/AS; DI	Genrebild mit Ereignispotential: Voraus-gesetzt, der Anlass der Unruhen (Tod zweier Jugendlicher am "27. Oktober 2005") ist be-wusst, kann das Bild als Ereignisbild	Anlass in Erinnerung rufen, auffordern, die Ursachen der Unruhen zu bekämpfen	3 Jugend-Gesichter, 2 erkennbar aufgedruckt, eines als Farbiger er-kennbar	Keine explizite Verbindung, nur implizit; vgl. Handlungsty p
130, 1/1	WELT	PD	27.10.2006	RP/AS	Genrebild: Ausgebranntes Fahrzeug (Bus) aktiviert Semantik der Vorstadt-Unruhen (zumindest in diesem Kontext)	illustrieren ("ausgebrannte[r] Nahverkehrsbus"), den Sachverhalt als 'zu den Unruhen gehörend' deklarieren	Ausgebranntes Fahrzeug: Prototyp für Unruhe(n)	Beititel, Untertitel ("Jahrestag der Vorort-Unruhen")

Claudia Fraas / Michael Klemm (Hrsg.)

Mediendiskurse

Bestandsaufnahme und Perspektiven

Frankfurt am Main, Berlin, Bern, Bruxelles, New York, Oxford, Wien, 2005.
VI, 370 S., zahlr. Abb. und Tab.
Bonner Beiträge zur Medienwissenschaft.
Herausgegeben von Caja Thimm. Bd. 4
ISBN 978-3-631-53421-2 · br. € 59.70*

Die Beiträge des Bandes nehmen aus unterschiedlichen Perspektiven den Zusammenhang von gesellschaftlichem Wissen und (massen)medialen Diskursen in den Blick und machen deutlich, dass die an Foucault orientierte linguistische Diskursforschung ihren Kinderschuhen inzwischen entwachsen ist. Der Band dokumentiert den Status quo und zeigt Perspektiven auf, die sich für eine Weiterentwicklung der text- und medienlinguistischen Diskursanalyse eröffnen: erstens die theoretisch-methodische Fundierung und Präzisierung relevanter Begriffe und geeigneter Instrumentarien, zweitens die Einbeziehung Neuer Medien und nonverbaler Zeichenformen (z.B. Bilder). Die empirischen Analysen beziehen sich auf aktuelle oder historische Diskurse, unter anderem zum 11. September 2001 und zum Irak-Krieg, zur Wehrmachtsausstellung, zur Asyldebatte, zum Mediendiskurs der DDR und zur Diskussion um die Rechtschreibreform.

Aus dem Inhalt: Mit Beiträgen von: Hans-Jürgen Bucher · Una Dirks (unter Mitarbeit von Gabriele Kohlmeyer) · B. Odile Endres · Claudia Fraas · Fritz Hermanns · Michael Klemm · Klaus-Peter Konerding · Stefan Meier · Swen Osterkamp / Walter Kindt · Steffen Pappert · Christoph Sauer · Wilfried Schütte · Oliver Stenschke · Franc Wagner · Daniela Wawra · Martin Wengeler

Frankfurt am Main · Berlin · Bern · Bruxelles · New York · Oxford · Wien
Auslieferung: Verlag Peter Lang AG
Moosstr. 1, CH-2542 Pieterlen
Telefax 00 41 (0) 32 / 376 17 27

*inklusive der in Deutschland gültigen Mehrwertsteuer
Preisänderungen vorbehalten
Homepage http://www.peterlang.de